Nos bastidores da alma

JULIANO FAGUNDES

Romance ditado pelo espírito Célia

© 2019 por Juliano Fagundes
© iStock.com/Anna_Om

Coordenadora editorial: Tânia Lins
Coordenador de comunicação: Marcio Lipari
Capa e projeto gráfico: Equipe Vida & Consciência
Preparação e revisão: Equipe Vida & Consciência

1ª edição — 1ª impressão
2.000 exemplares — março 2019
Tiragem total: 2.000 exemplares

CIP-BRASIL — CATALOGAÇÃO NA PUBLICAÇÃO (SINDICATO NACIONAL DOS EDITORES DE LIVROS, RJ)

F141n
    Fagundes, Juliano
    Nos bastidores da alma / Juliano Fagundes. - 1. ed. - São Paulo : Vida &Consciência, 2019.
    288 p. ; 23 cm.

    ISBN 978-85-7722-576-7

    1. Romance brasileiro. I. Título.

19-54921   CDD: 869.3
                                  CDU: 82-31(81)

Todos os direitos reservados. Nenhuma parte desta edição pode ser utilizada ou reproduzida, por qualquer forma ou meio, seja ele mecânico ou eletrônico, fotocópia, gravação etc., tampouco apropriada ou estocada em sistema de banco de dados, sem a expressa autorização da editora (Lei nº 5.988, de 14/12/1973).

Este livro adota as regras do novo acordo ortográfico (2009).

Vida & Consciência Editora e Distribuidora Ltda.
Rua Agostinho Gomes, 2.312 — São Paulo — SP — Brasil
CEP 04206-001
editora@vidaeconsciencia.com.br
www.vidaeconsciencia.com.br

Agradecimentos

Muito obrigado a Ivana Raisky, ex-presidente da FEEGO - Federação Espírita do Estado de Goiás, pela amizade e por todo o apoio que nos têm dado, aos amigos Ângelo Dias, Odelita Rosa e Fátima Salvo pelo olhar crítico e pelo tempo que empreenderam na análise e correção dos originais; e, finalmente, um grande obrigado à minha esposa Eliane Gonzaga pelo apoio irrestrito e carinho com que vem acompanhando cada trabalho nosso na seara cristã.

SUMÁRIO

PRÓLOGO 5

PRIMEIRA PARTE 21
   1 – A mudança 22
   2 – Um novo lar 36
   3 – O reencontro 63

SEGUNDA PARTE 77
   1 – A vida real 78
   2 – O fantasma no espelho 102
   3 – Conheça a ti mesmo 130

TERCEIRA PARTE 133
   1 – Novo auxílio 134
   2 – Missionária 154
   3 – Berço de médiuns 174
   4 – Novos desafios 193
   5 – Ponte entre mundos 209
   6 – Herança maldita 221
   7 – Uma nova esperança 243
   8 – Tempo de colheita 268

PRÓLOGO

Eu me lembro até hoje. Recordo-me com todas as cores. Era janeiro de 1972, e eu acordara muito radiante aquele dia. Eram 8h43 da manhã de um sábado lindo. O sol batia à minha janela, estava quente, muito quente, e eu não dormira muito bem por causa dos pesadelos. Foi uma longa noite, mas, ao acordar, sentia-me leve, renovada, pronta para mais um dia. Eu tinha 16 anos na época.

Nunca sabemos o que vai nos acontecer. Deus não nos deu esse dom. O futuro para nós é uma incógnita. Eu sempre acordava disposta, mas naquele dia, apesar dos pesadelos (que deveriam, talvez, me entristecer) acordei mais radiante do que nunca. Hoje penso que, talvez, durante a madrugada, eu tivesse sido avisada sobre "algo", um acontecimento que iria mudar meu destino. Mas na época, naquele dia em especial, não havia como eu saber que iria desencarnar.

Não sofri em demasia ao desencarnar, não obstante, o fato de não ter tido educação religiosa. Uma pena ter demorado a descobrir os valores cristãos, embora nunca seja tarde. No meu caso, tive que encarar a saudade e a distância.

É difícil organizar as palavras quando falamos por intermédio de um encarnado, mas a emoção que expresso é a mesma que sinto. Vivemos momentos tão preciosos ao lado das pessoas, quando encarnados, que é sempre uma pena precisar partir. Mas é inevitável partirmos, porque o nosso lugar, a nossa casa verdadeira, nos espera.

O que nos acontece faz parte de um plano, na maioria das vezes, arquitetado por nós mesmos.

Ainda conservo os aspectos físicos da época de meus 16 anos. Era muito bonita e não quis modificar isso. Tive medo, quando acordei aqui, de estar desfigurada ou algo assim. Tolices de recém-desencarnados.

No momento em que levaram meu corpo para o hospital, já estava desencarnada, mas lembro-me de ser colocada na maca e de ir de ambulância até o pronto-socorro. Eu ainda achava que estava entre os vivos e acompanhei meu corpo com naturalidade. Estava muito fraca, quase sem voz. Não havia dor, mas uma fraqueza, uma incapacidade de me mover. Confusa, divagava: "Teria ficado tetraplégica? Era possível, afinal, existem tantas pessoas que ficam nessas condições após um acidente...".

Mas não era nada demais. Felizmente, embora não compreendesse bem naquele momento, apenas havia desencarnado, não ficariam sequelas do acidente!

Fui muito bem-recebida num hospital-escola no mundo espiritual, por uma carinhosa enfermeira chamada Celi, que depois descobri ter sido minha mãe em várias encarnações, e por um amigo chamado Niras, que me deu um presente inesquecível.

Estendeu-me a mão aberta, onde havia uma pequena caixa de madeira. No início, relutei, ele insistiu.

— É um presente de você para você mesma.

Peguei a caixinha sem pronunciar nenhuma palavra. Pensei estar ficando louca ou com algum distúrbio causado pelo acidente. Era uma pequena caixa, que mais se assemelhava a um baú. Estava com a tampa de encaixe fechada. Abri curiosa para ver o que continha de tão especial: um broche de minha querida mãe. Não minha mãe "atual", de minha mais recente encarnação, mas outra mãe que, na época, eu não sabia como poderia ter. Um objeto que eu havia plasmado, antes de retornar à matéria, e deixado aos cuidados dele para que me entregasse.

O broche tinha um único objetivo: auxiliar-me a recordar de eventos acontecidos em uma encarnação pregressa, que culminaram no meu desencarne em um trágico acidente, ainda jovem, em minha última experiência terrena.

E mesmo não recuperando a memória de imediato, a partir daquele momento minha vida tomou novos e inesperados rumos.

Fiz questão de ir ao meu velório. Era o que mais queria, me ver e rever minha família, saber se tudo era verdade ou uma estranha brincadeira, como essas da TV. Ansiosa, apertava a mão de Celi. Era tudo muito estranho. Tinha medo de me ver, tinha medo de rever algum conhecido. Passamos por algumas pessoas chorosas, até que Celi parou diante de uma porta de vidro, dessas de correr.

— Pode entrar, Célia. Essa tarefa é sua.

Como estava aberta, entrei. A sala estava repleta de pessoas, ao fundo da sala havia um caixão sobre uma mesa de pedra. Ao lado, pude ver três grandes coroas de flores com mensagens: "Célia, amada filha, te amamos eternamente"; "Que Deus esteja contigo. Dos amigos da Escola Francisco de Assis"; "Célia, anjo do Senhor, que Jesus a acompanhe pela eternidade. Família".

Meu pai, que estava ao lado do caixão, virou-se e me fitou diretamente nos olhos. Seu rosto estava vermelho e parecia muito abatido.

— Pai! — gritei.— Eu não morri, papai, eu estou viva!

Corri entre os presentes e, quando abri os braços para abraçá-lo, notei que não percebera minha presença, desviando o olhar e debruçando-se sobre o caixão. Emudeci, afinal, como não podia me ver? Ele chorava com meu rosto sem vida entre suas mãos.

— Meu bebezinho, você foi embora para sempre, eu não pude salvá-la. Devia tê-la levado até seu curso!

Aproximei-me e o abracei com carinho. Minhas lágrimas se juntaram às dele. Foi quando ele olhou para cima, como se percebesse algo, e fitou o "horizonte" por alguns instantes. Seus olhos se voltaram para os lados, como se esperasse ver alguém especial. Então, fechou-os e baixou a cabeça. Eu chorava muito e dizia a ele que tudo ficaria bem.

— Amo você, papai — o abracei com força e beijei seu rosto quente. Era uma cena muito triste de se ver.

Tudo aquilo era muito estranho, parecia que eu estava no velório de outra Célia. Estava deitada entre flores, serena como num sono profundo, maquiada, para disfarçar a brancura cadavérica. Minhas bochechas nunca estiveram tão rosadas e, apesar de tudo, não era como se fosse eu, porque eu estava viva, bem ali, em pé. Não havia sensação alguma por aquela "desconhecida", ali deitada, sem vida. Tinha a sensação de estar no velório de outra pessoa.

Olhei para Celi parada na porta me observando e sorrindo sem graça. Veio até mim.

— E então?

— Se isso for a morte, então a morte não existe. Não sou eu neste caixão, eu estou bem aqui, viva, ao seu lado.

E, após receber alta do hospital em que estive internada, fui imediatamente encaminhada a uma escola para recém-desencarnados. Logo à primeira vista, o lugar impressionou-me. Havia um grande muro branco, com colunas e detalhes que me pareciam arquitetura grega. Um grande portão branco de grades se levantava à nossa frente. Havia muitas árvores e plantas na entrada e por todo o quarteirão. Era tudo muito novo, bem arrumado, era um lugar lindo. Havia uma escadaria à nossa frente. Subi aqueles degraus de pedra imaginando que lugar chique era aquele em que ia morar. Ao chegar ao topo, vi as grandes portas da entrada e o nome em relevo "Escola Maria de Nazaré".

Entrei no quarto em que iria ficar. Era enorme, com armários, prateleiras e havia também duas camas. Vi que era uma suíte e havia um espaço como uma salinha ao fundo, com uma mesa redonda, cadeiras, sofás e uma estante abarrotada de livros. A janela, parecendo ocupar a parede toda, estava fechada por persianas.

— Seus livros e objetos estão como você deixou. Sua colega de quarto chegou um pouco antes, está aqui há alguns meses, talvez ela tenha mudado alguma coisa de lugar.

— Como não me lembro de nada daqui, não vou me importar — respondi.

— Célia, pode ficar à vontade, sua cama é esta, e no guarda-roupa tem de tudo um pouco. Vamos deixar você por alguns minutos para ir se ambientando, mas voltamos logo para mostrar o resto do lugar.

— Tudo bem... Aliás, qual o nome da minha colega de quarto?
— Keila.

Tratei logo de ir "fuçando" em tudo, estava morta de curiosidade. Abri os armários, conferi o banheiro, olhei até debaixo das camas. Havia realmente muitos livros na estante, mas só reconheci o Novo Testamento. Tudo era tão diferente, tão divertido, estava me sentindo como uma criança que acabara de ganhar muitos brinquedos.

De repente, uma voz desconhecida me tirou de minhas reflexões.

— Oi, bom dia!
— Oi... Oi... Bom dia! — respondi meio assustada.
— Você é a Célia?
— Sim, sou eu.
— Meu nome é Keila, acho que vamos ser colegas de quarto por tempo indeterminado.

Keila era uma garota magra, alta e falante, de cabelos cacheados e bem pretos. Ela usava grandes óculos arredondados sobre o rosto excessivamente sardento e parecia *nerd*, como aquelas garotas da escola, estudiosas, que sempre sabiam as matérias. Keila tinha um grande sorriso e uma mania de olhar por cima dos óculos, o que fazia parecer que estava sempre analisando tudo.

Acabamos por nos tornar grandes amigas.

Nas aulas, as matérias eram tantas e pareciam tão interessantes, mas eu nem imaginava o que aprenderia. Um dia, interpelei minha tutora:

— Mas, Celi, para que tantas disciplinas?

— Você ainda é jovem, não pela idade, mas jovem desencarnada, digo, ainda não conhece nada por aqui. Não sabe nada sobre si mesma, não tem noções religiosas muito consistentes, apenas superficiais.

Você está aqui, nesta colônia, porque tem equilíbrio, disciplina, inteligência desenvolvida, disposição para aprender e, além disso, muitas pessoas que gostam de você a aguardavam. É um grande privilégio desencarnar e logo acordar em uma colônia espiritual. Grande parte da humanidade abre os olhos nas trevas, abandonada na lama pela vida cheia de ignorância, desregramentos e vícios. Você é uma privilegiada, Célia, prova de que o amor de Nosso Mestre Jesus se estende a todos nós e Suas lições podem nos auxiliar em todos os momentos. Isso é uma das coisas que deve aprender sobre o poder de Deus em nossa vida.

Quando encarnada, eu sempre achava esses assuntos sobre Jesus meio piegas, mas, à medida que Celi falava, fui absorvendo suas palavras e percebi o quanto ela brilhava. Fui aos poucos sendo embalada por sua voz doce e a emoção tomou conta de mim.

— Deus está vivo em nós, Célia, somos herdeiros de grandes poderes e grandes responsabilidades, e você tem um longo e luminoso caminho à frente.

Será que um dia eu seria capaz de entender todas as palavras de Celi? Tudo me parecia tão abstrato e distante. As religiões pelo mundo afora estavam pregando sobre isso — a divindade e o que nos acontece depois da morte.

Era tudo muito novo para mim. Se houvesse passado mais tempo na Terra, talvez tivesse aprendido mais sobre todos esses assuntos, mas agora era tarde e teria que correr atrás do tempo perdido.

Certa vez, ainda preocupada com o fato do broche não ter me despertado antigas recordações, interpelei Celi sobre o fato, que me elucidou pacientemente.

— Célia, o espírito, quando já está suficientemente desprendido da matéria, aos poucos, vai se recordando de sua vida pregressa. Se eu lhe dissesse tudo o que quer ouvir, será que você acreditaria? Seria como contar uma história qualquer, e o mais agravante de tudo, Célia, é que eu estaria lhe contando a sua história, conforme minhas opiniões e minhas observações. Provavelmente você não ia se identificar com nada que eu lhe dissesse. É sério o que digo. Falar-lhe sobre sua mãe de outra vida não vai ajudá-la a se lembrar.

Franzi a testa e mordi os lábios com um pouco de raiva. As palavras duras de Celi foram como um punhal me atravessando o peito. Mas Celi era uma presença muito forte, e sua autoridade sobre mim era tamanha que baixei a cabeça em sinal de respeito.

— Vá até o seu quarto e faça uma prece, Célia, peça a Deus que lhe revele o que quer saber. Com o tempo, você mesma se recordará. Liberte-se das impressões da carne. Quando seu espírito estiver mais livre e ainda não se lembrar, conversaremos novamente sobre isso.

"Mas quanto tempo será isso?", pensei. "Um mês, um ano, dez anos?". Só dependia de mim essa descoberta. Com apenas alguns dias de desencarnada, não era capaz de fazer nada de diferente do que fazia quando encarnada. Ainda não sabia o que era ser um espírito de verdade.

Conheci novos professores, versados nas mais incríveis habilidades. Entendi, após algum tempo, que era um ser etéreo, imaterial, invisível, energia pura encerrada em um perispírito que me dava forma, me dava voz e registrava tudo o que acontecia, desde o começo dos tempos. Os dias foram se desenrolando em meses. Descobri que tinha luz própria (apesar de tímida), que podia voar (ainda não muito alto e nem por muito tempo), me movimentar com a velocidade do pensamento (ou quase) e ainda ouvir os pensamentos alheios em determinadas situações (ou seja, raramente).

A vida na Terra é muito rude e pesada perto da vida espiritual. Uma das coisas que mais me chamou a atenção foi o fato de que eu desencarnara sem débitos em relação a esta última existência, pois o meu acidente havia sido motivado por erros diversos de uma vida pregressa. Havia nascido em situação já predeterminada, e toda a minha família estava envolvida neste "resgate".

Com o tempo, uma coisa foi ficando muito clara pra nós: iríamos reencarnar em algum momento do nosso futuro, e as aulas de evangelização — na Terra — eram extremamente necessárias a todos. Era de suma importância que aprendêssemos o máximo possível sobre como viver na Terra sob as luzes da Doutrina Cristã, como nos comportarmos quando voltássemos à carne. No mundo espiritual, aprendíamos muito, era claro, mas só no contato com os encarnados poderíamos nos preparar para a vida no mundo terrestre. Já havíamos entendido alguma coisa sobre a vida do espírito, mas deveríamos saber ainda mais sobre o que era a vida corpórea. Era fundamental não perdermos o vínculo com os encarnados e o dia a dia junto às tentações da carne.

No mundo espiritual tudo era muito lindo, mas era uma realidade que nos afastava mais e mais das sensações da matéria. Sem o contato com a rotina da Terra, nos tornaríamos "alienados" da vida material e, quando voltássemos, correríamos o risco de pôr tudo a perder, sonhando com mundos etéreos.

O intercâmbio era a única forma de nos mantermos "pé no chão" ante nossa realidade espiritual e o futuro material que nos aguardava. Para nós, a evangelização na Terra poderia ser chamada de "aulas de conduta encarnada", onde aprenderíamos qual a melhor maneira de viver, de volta ao corpo.

Foi quando recebi autorização para estudar e trabalhar em uma casa espírita na Terra.

Notei que, de certa forma, o trabalho na casa espírita era uma extensão do meu trabalho na colônia. Continuei organizando coisas, encaminhando desencarnados e conversando um pouco com todos os que tinham dificuldades. Celi devia me achar com cara de psicóloga ou algo assim, mas ela dizia que eu tinha facilidade em me expressar, por isso, estudava outro idioma na Terra, mas que eu mesma havia suprimido esse "dom" de outras vidas.

Achava os encarnados engraçados. Quando seus salões, em dia de reunião pública, agregavam cem pessoas, já se alegravam comemorando a "casa cheia". Mal sabiam eles da assembleia desencarnada, que em minhas contas chegava a duas mil pessoas. Eram multidões que iam à casa, vindas até de outros países.

Foi então, graças ao trabalho mediúnico oferecido pela casa espírita onde atuava, que pude, finalmente, entender o significado do broche. Convidada por Niras para experimentar o choque anímico como forma de me ajudar a restaurar meu perispírito, ainda sequelado pelo acidente sofrido no mundo físico, ingressei em uma reunião mediúnica. Posicionei-me, e Niras, tocando o centro frontal da médium e, ao mesmo tempo, o meu, fez ligação entre nós duas. Senti grandes doses de energia serem transferidas da médium para mim. Quase perdi a respiração e, sentindo uma forte vertigem, pensei estar caindo. Era como se um grande choque me derrubasse. Por mim passaram cenas em grande velocidade que após algum tempo desaceleraram e vi que estava à porta de uma festa. Usava um lindo vestido, mas algo estava errado. Eu sentia raiva, muita raiva, e meu rosto estava molhado. Passei as mãos sobre os olhos e vi se sujarem de maquiagem preta. Eu chorava.

Vou contar agora o que me disseram, porque não me lembro bem. No plano físico, a médium Vanessa gritava aos prantos.

— Afaste-se de mim! Vai embora, me deixe em paz! Ele é só meu, você perdeu!

A médium gritava e se debatia na cadeira. Seus braços, gesticulando, afastavam um inimigo invisível.

— Me solta! Me solta, vadia!

E deu um golpe no ar. Fez-se, então, silêncio, por alguns segundos.

— Meu Deus! O que eu fiz?

E caiu em pranto convulsivo.

— Por que fez isso, Vânia? Não podia simplesmente me deixar em paz? E agora? Não fui eu quem provocou isso, não foi culpa minha!

O médium doutrinador tentava de todas as formas acalmar o espírito comunicante, ou seja, uma Célia que inconscientemente fazia a catarse de toda uma existência anterior à recente. Acordei no dia seguinte e apenas lembro-me de que abri os olhos e não reconheci onde estava. Aos poucos, minha memória foi voltando, lembrei-me da reunião e do contato com a médium. Depois, observando mais atentamente os detalhes do quarto em que me encontrava, reconheci que local era aquele.

— Célia? Já acordou?

— Mamãe!

Quanta emoção senti naquele instante. Não há como explicar o que se passou dentro de mim. Mamãe estava sentada em uma larga poltrona próxima à cama. Em um salto, pulei em seus braços. Sim, Celi era minha mãe de uma vida passada. Como não pensei nisso antes? Como não percebi? Como pude ignorar tantos sinais, com tanta empatia entre nós duas?

13

Todo esse amor, todo esse amparo que recebi todo esse tempo. Como Deus é grandioso em nossas vidas. Agradeci-Lhe mil vezes por finalmente poder enxergar a verdade.

— Célia, minha filha. Não aguentava mais esperar por esse momento. Orei tanto para que recobrasse suas memórias!

Apesar da inenarrável alegria, os equívocos que cometera, que a impediram de encarnar comigo e motivaram minha trágica desencarnação, ainda estavam velados.

Até que, retornando ao meu aposento, busquei o broche mais uma vez, e, tendo-o em mãos, incrível fenômeno se fez.

Sem aviso, caí em um turbilhão de sensações, emoções sem nome, que passaram a me dominar. Minha mente foi retrocedendo no tempo em velocidade surpreendente, como na reunião da qual participei na casa espírita em que perdi os sentidos. Fechei os olhos e deixei-me levar pela vertigem, como uma montanha-russa rumo ao passado.

As lembranças foram caindo à minha frente, pesadas, reais, se empilhando de maneira desordenada. O caos se instalava dentro de mim, mas, segundos depois, uma lógica se fez entre todas elas, entrelaçando-as de maneira a formar uma trágica história. Para mim chegava, finalmente, a verdadeira "hora do espelho", onde eu teria que encarar todos os meus erros do passado.

Fui transportada ao Rio de Janeiro, no bairro do Flamengo, região nobre da zona sul, na década de 1920. Eu tinha 16 anos e era uma garota muito parecida com a que sou hoje. Estava apaixonada, sonhando com um rapaz que conheci na rua de casa.

A avó dele morava perto, e ele sempre andava de bicicleta, por ali, subindo a rua até o armazém e depois retornando. Nossa idade e classe social eram próximas. Eu gostava de ficar na porta de casa, e sempre que ele passava me cortejava. Eu adorava e retribuía a atenção. Meus pais eram bastante controladores, mas a paixão me queimava por dentro. Até quando resistiria? Não saberia dizer.

Certa feita, uma amiga querida passou à tarde em casa, a pedido de minha mãe que lhe tinha grande afeição. Enquanto tomávamos o lanche no pequeno gramado diante da nossa casa, Júlio passou e nos viu através do portão de grades baixas, e me acenou. Devolvi o aceno, sorrindo. Vânia, percebendo o disfarçado *affair*, disse:

— Célia, aquele não é o Júlio Alcântara?

— Sim, é... Mas como você sabe?

— Ele é amigo de um amigo meu. Já o vi algumas vezes — disse maliciosamente.

Cravei os olhos em Vânia. Sabia que a família dela frequentava muitas festas e ela também. Uma pontada de ciúme feriu meu peito.

— E onde costuma vê-lo?

— Ah, por aí... Você sabe. Meu pai não perde uma, está sempre em bailes, mansões ou clubes. E nós também, claro. Você é que anda por fora de tudo.

Realmente, não me interessava por eventos sociais, mas em uma cidade elegante como o Rio, com cassinos e tanto movimento, com certeza muitas pessoas deveriam se encontrar com frequência.

— Mas você ainda é uma criança, Vânia. Nem deveria estar zanzando por aí.

— Ah, Célia, com certeza criança eu não sou. Já fiz sexo, sabia?

— Mesmo? Me conta tudo!

E Vânia, ainda um bebê para a sociedade, passou a tarde narrando suas desventuras de moça que descobriu cedo demais os prazeres que existem entre um homem e uma mulher. Considerava-me inocente, e suas histórias foram me despertando para um lado meu, que eu ainda desconhecia. Descobri, entre outras coisas, que ela tinha um namorado às escondidas, e que Júlio era amigo desse rapaz.

Vânia possuía um esquema bem planejado para poder encontrá-lo. Como ele ficava sozinho à tarde, em sua casa, ela tinha que "rebolar" para fugir ao controle dos pais para vê-lo na folga semanal dos empregados. Depois de muita conversa, acabou me convencendo também a ver Júlio às escondidas. E fazia questão

15

que nosso primeiro encontro fosse também na casa de seu namorado, já que eram amigos, assim que chegasse o dia em que ela iria até lá.

Ela possuía um grande poder de persuasão, e como eu estava louca de desejo, resolvi pagar pra ver. Após a aula, fomos até, minha casa e, pedindo permissão à minha mãe, Vânia conseguiu minha "carta de alforria", e, juntas, fomos à casa de seu namorado misterioso. Eu estava nervosa e envergonhada e, chegando lá, encontrei Júlio no sofá, provando um licor. Cumprimentamo-nos e começamos a conversar com entusiasmo. Ele era tudo de bom, bonito, educado e atencioso. Por fim, nos beijamos ardentemente, quando nos encontramos a sós. Durante algumas horas namoramos, falamos sobre nossos sonhos e traçamos planos. Vânia, perdida em algum lugar da casa, com certeza estava trancada com seu amante em um dos quartos.

Antes de anoitecer, partimos. Nas semanas seguintes, dei várias escapulidas para encontrar Júlio, jogando-me vorazmente em seus braços. Estava amando. Em minha mente juvenil conjecturava mil maneiras de apresentá-lo à minha família. Sentia-me suja, criminosa e, apesar da excitação que isso me causava, sabia ser errado.

Júlio, então, me deu uma ideia. Haveria uma festa dali a poucos dias, e nossas famílias iriam participar. Era a chance de aproximar nossos pais. Acreditávamos que tudo acabaria bem.

Dias depois, ao contar a novidade a Vânia, ela não recebeu muito bem o plano. Seu relacionamento não ia bem e contou que ele talvez fosse estudar em São Paulo, por isso, havia grande desentendimento entre eles. Eu, por outro lado, encontrava, há muito tempo, Júlio, em locais variados e estávamos cada vez mais apaixonados um pelo outro.

No dia da festa, me arrumei lindamente, meu vestido era claro e brilhante. Enfeitei o cabelo com um broche de minha mãe, que eu adorava. Seria o dia decisivo. Ao chegar à festa, o ambiente estava badaladíssimo. As mesas do grande salão estavam todas ocupadas, e os garçons iam e vinham apressados. Sentei-me com meus pais em mesa reservada, junto a amigos, e ficamos a conversar. Quando não me aguentava mais de ansiedade, levantei-me para tomar um pouco de ar e, quem sabe, encontrar Júlio.

Logo o vi conversando com um dos garçons a um canto, segurando um copo de uísque. Acenando, me chamou, e fui discretamente ao seu encontro.

— Achei que não viesse!

— Não perderia isso por nada. Falei com meu pai sobre você.

— E ele?

— Gostou da ideia.

Rimos da situação. Ofereceu-me um gole, e tomei todo o conteúdo do copo fazendo careta, e ele me perguntou:

— Não tem medo de se embebedar?

— Ah, não, sabe que não sou de beber. Só estou tomando um gole para acalmar a ansiedade.

Estava nervosa com tudo isso. Pegamos mais uma dose e fomos passear um pouco pelo jardim do clube. Algum tempo depois, enquanto andávamos, vi ao longe Vânia discutindo com seu namorado, parecendo bem irritada. Minhas lembranças neste ponto se tornam nebulosas, menos nítidas, acredito que pelo efeito do álcool que estava ingerindo na ocasião. Após alguns minutos, Júlio pediu licença para ir ao banheiro, entregando-me o copo cheio. Resolvi esperar onde estava. Minha cabeça rodava um pouco, eu estava leve e feliz. Então bebi todo o uísque.

Ouvia os sons da festa e resolvi me virar para olhar o movimento e me deparei com Júlio, já de regresso. No entanto, em questão de segundos, uma sórdida cena se desenrolou bem diante de meus olhos: Vânia, saída não sei de onde, rapidamente foi de encontro a Júlio, puxa-o pelo braço e avançou sobre ele com lascívia incompreensível, na tentativa de roubar-lhe um beijo. Fiquei fora de mim. Gritei a pleno pulmões ao ver a cena e corri para a rua. Queria sair daquele local, fugir daquela cena nauseante. Todos perceberam meu pânico e vieram atrás de mim.

Quando parei, minha cabeça rodava. Abaixei-me e apoiei as mãos nos joelhos. Estava quase sem fôlego. Júlio repetiu meu

17

nome várias vezes. Eu sabia que ele não tinha culpa do desequilíbrio de minha "amiga". Mas justo Vânia me trair daquela forma? No ímpeto de sua raiva infeliz, tentou acabar com minha felicidade, se atirando aos braços de Júlio, que eu tanto amava. Minha maior "arma" era o amor verdadeiro, e a dela? Sexo? Prazer imediato? Era apenas isso que ela tinha a oferecer, nada mais.

Mesmo desnorteada, ouvi quando chegaram ruidosamente. Levantei a cabeça e vi que os três me olhavam espantados. As lágrimas verteram de meus olhos. Júlio me olhava assustado. Tive vergonha por ele me ver naquela situação. Passei as mãos no rosto, para limpar o pranto abundante, e minha maquiagem borrou meu rosto, sujando meus dedos.

— Você me traiu, Vânia! Você era minha amiga, como pôde?!

Por dentro, eu queimava de ódio. Estava totalmente desequilibrada. Encarei Vânia com os olhos cerrados e vi que ela também chorava e parecia mais assustada que todos.

— Célia, me perdoe. Eu não sabia que você estava nos vendo. Eu não fazia ideia do que estava fazendo.

— Vamos embora, Júlio. Me leve para longe desses miseráveis.

— Célia, me escute.

— Ele é só meu, Vânia! Você perdeu! Só meu, entende?! Ele nunca ficaria com você, uma mulherzinha vulgar.

Virei-me para ir embora e dei-lhes as costas. Vânia, em um salto, agarrou meu braço, puxando-o com violência. O movimento brusco rasgou meu vestido. Meu seio ficou à mostra. Envergonhada e irada, perdi a cabeça.

— Afaste-se de mim, Vânia! Me solte!

E golpeei-a com tanta força que mal vi quando ela recuou vacilante, tropeçando nas pedras que calçavam a rua. Sob o efeito da bebida, Vânia não conseguiu se equilibrar e, tentando segurar-se, em vão, caiu, batendo violentamente com a cabeça em um bloco de concreto que formava o meio-fio. Com a violência do meu golpe, o broche que segurava meu cabelo desprendeu-se, espatifando-se no chão. Seus pequenos brilhantes voaram como fogos de artifício.

Eu, a tudo assistia e também sob efeito do álcool, não consegui reagir, nenhum de nós conseguiu, assistindo a tudo em câmera lenta. Toda a cena aconteceu em dois segundos, mal respirávamos. O som do impacto nos despertou desse transe macabro.

— Vânia? Meu Deus, o que foi que eu fiz...?

Seu corpo jazia inerte. A cabeleira desgrenhada sobre o rosto, o vestido desarrumado, a face suja de maquiagem, que escorria junto às lágrimas. Para mim, o tempo parou ali, e o desmaio veio logo em seguida.

Foram momentos muito tristes, desesperadores. Fatalmente nosso passado reserva surpresas e nem sempre agradáveis. Somos todos como um baú cheio de mistérios.

Durante um tempo, fiquei arrependida de ter buscado meu passado. Acredito que nós ainda estamos despreparados para enxergarmos quem fomos e o que fizemos. Deus é sábio em suas leis eternas e imutáveis. O esquecimento do passado é uma bênção.

Após muito choro e lamentação, pude conversar com mamãe sobre tudo o que vira através do broche que me dera. E, por meio de nossos diálogos, tudo foi ficando mais claro para mim. Ela, obviamente, havia sido minha mãe naquela trágica existência no Rio de Janeiro. Tivemos uma vida opaca e triste, em que nenhum de nós chegou à velhice.

Dia após dia, mamãe, em nossos encontros, ia me contando tudo do que se lembrava. No mundo espiritual, Vânia havia se arrependido amargamente de suas atitudes. Após um período de grandes revoltas, perdida em trevas, recompôs-se e entendeu que foi o pivô de toda a tragédia. Perdoou-me e quis de alguma forma me recompensar e se ofereceu, depois de alguns anos de estudo e preparo, para ser minha futura mãe.

Meu amado também voltou ao meu lado, mas na forma de meu irmão caçula, com quem sempre tive grande afinidade. O namorado de Vânia também retornou conosco, mas como meu irmão mais velho. E meu pai? Bem, meu pai faz parte de uma longa história, pois já é meu genitor há três encarnações (ou mais). É uma alma que só me deu alegrias e, apesar do amor por minha mãe, resolveu voltar à carne sem ela, apenas para cuidar de nós quatro. E mamãe, na qual nunca vira nenhuma pontada de ciúme, pacientemente aguardava seu retorno à pátria espiritual.

    E o meu papel nisso tudo? Desencarnando aos 16 anos, resgatava um débito do passado ao tirar acidentalmente a vida de minha amiga, também aos 16 anos, um sacrifício que, através da dor, faria com que minha família buscasse a religião como forma de consolo pela minha trágica ausência. Assim, os auxiliaria a adquirir importantes valores espirituais, missão que, disse mamãe, abracei com muito empenho.

    E por fim, o broche. Esse símbolo da minha existência anterior, que me ajudou a recuperar minhas recordações mais importantes, um elo entre o passado e o futuro. Um adereço que minha mãe usava no Rio de Janeiro, que eu adorava pegar emprestado e que depois se tornou um presente, de mim para mim mesma, para que me recordasse que tudo tem um preço e um simples ato pode ecoar por anos sem fim.

PRIMEIRA PARTE

1
A mudança

Na escola Maria de Nazaré, localizada em uma pequena cidadela do mundo espiritual, primeira instituição que me acolhera quando desencarnei, os dias passavam salutares. Meu tempo ali chegava ao fim, foram quatro anos após minha chegada ao mundo espiritual. Mamãe falou-me sobre isso em um dia de verão, bem cedo. Batendo à porta do quarto, notei sua presença radiante[1], antes que pronunciasse uma única palavra.

— Entre, mamãe!

A presença de minha mãe era um verdadeiro bálsamo. Foi a primeira pessoa a me receber no Mundo Maior e, desde então, se desdobrava em cuidados maternos.

Foi uma grata surpresa quando descobri que ela havia sido minha mãe por várias encarnações e, mesmo não tendo ocupado esse papel na última encarnação, aprendi a chamá-la de "mamãe" por respeito e consideração por nossa história juntas, em outras

---

1 Questão 282, de *O Livro dos Espíritos*, de Allan Kardec, sobre a forma como os desencarnados se comunicam ou notam a presença um do outro: "Como os espíritos se comunicam entre si?". R: "Eles se veem e se compreendem; a palavra é material: é o reflexo da faculdade espiritual. O fluido universal estabelece entre eles uma comunicação constante; é o veículo de transmissão do pensamento, como o ar é para vós o veículo do som. Uma espécie de telégrafo universal que liga todos os mundos, permitindo aos espíritos corresponderem-se de um mundo a outro".

épocas, e pelo amor filial que passei a sentir quando, gradualmente, me recordei de muitos momentos em que vivemos juntas.

— Bom dia, Célia! Vejo que se levantou cedo hoje. Tudo já está arrumado!

— Na verdade, mamãe, ainda não dormi. As atividades na casa espírita atravessaram a madrugada. Algumas entidades foram enviadas para atendimento, e fiquei lá para recebê-las.

— Está muito dedicada. Não se sente cansada?

— Não muito. Tenho dormido poucas horas por semana, apenas evito ficar mais de dois dias sem descanso. As reuniões de desobsessão consomem muitos de nossos fluidos.

— Sim, muitos. Célia, eu...

— Não diga nada, mãe. Já sei o que vai me dizer. Fui autorizada a partir, não é?

Mamãe, então, com um grande sorriso nos lábios, abraçou-me. Uma lágrima desceu por sua face até encontrar meu rosto. Foram quatro anos de muitas emoções.

— Já avisei a colônia sobre sua ida. Aliás, não só a sua, estão indo para lá muitos jovens. Nossas turmas estiveram bem cheias nesses últimos anos.

Realmente, ali era a primeira parada para os jovens que quitavam graves débitos e que haviam desencarnado por repentinas doenças ou algum tipo de acidente "imprevisível". Celi não iria comigo nessa nova viagem, e isso me entristecia em demasia. Após a descoberta dessa grande mãe, de relembrar o amor que sentia por ela e nos tornarmos melhores amigas, o tempo urgia, indicando que nossos caminhos, pelo menos temporariamente, deveriam se desvencilhar.

Meu jovem coração doía só de pensar. Há tempos que, intimamente, sabia que minha estadia na cidadela havia acabado. Via novas garotas se multiplicando e tomando o lugar das veteranas nas funções. Perdia meu espaço dentro da instituição, pois estava atuando cada vez mais na crosta. Era um processo natural. Os estudos já não me satisfaziam e quando queria aprender coisas novas, tinha de encarar os livros, que eram meu maior consolo.

Meu tempo no pequeno hospital-colônia se esgotara em vívidos quatro anos. Eu e uma garota novata dividíamos o quarto da escola havia alguns meses. Muito esperta e ingênua, Clarisse tornou-se como uma irmã caçula. Meiga e atrapalhada, ela tinha muita dificuldade em aceitar a vida no Mundo Maior, longe da família e dos amigos.

No fundo dos olhos de Clarisse, eu via grandes chamas ardentes de um passado muito intenso e sabia que a timidez da garota era fruto da fuga de si mesma, determinada antes de sua última encarnação[2]. A convivência me permitiu ter essas percepções de sua vida anterior, mas ela mesma não fazia a menor ideia dos débitos adquiridos no passado.

A lembrança de uma vida anterior, na maioria das vezes, se torna um problema. Muitos espíritos se arrependem desse conhecimento, pois, junto com as lembranças, estão as antigas mágoas, os desejos, muitas vezes, deturpados e as inúmeras decepções, que tornam a vida no mundo espiritual um pouco mais amarga, alimentando a expectativa sobre o "recomeço" em uma nova existência. Em muitos desencarnados, principalmente aqueles que eu via sendo atendidos na casa espírita, a consciência latejava desesperadamente.

Mamãe e eu conversamos por mais alguns minutos até que o relógio marcasse o início de mais um dia escolar. Sozinha novamente, aquietei-me um pouco e pude notar o quanto estava cansada. Havia trabalhado muito durante a madrugada e o sono veio, sem preparo e sem aviso.

Já havia alguns dias, estava tendo repetidos sonhos. Via do alto a cidade e, aos poucos, ia descendo, descendo, até vislumbrar meu antigo lar. Do alto, tudo era muito silencioso e solitário. Aproximei-me do teto e passei a ouvir vozes num sussurro. Conversavam, riam, andavam, discutiam... Vi meu pai através das paredes da construção. Parecia velho e frágil. Era uma visão turva da

---

[2] Emmanuel, no livro *Religião dos Espíritos*, psicografado por Francisco Cândido Xavier, no capítulo Esquecimento e reencarnação, esclarece que: "Encetando uma nova existência corpórea, para determinado efeito, a criatura recebe, desse modo, implementos cerebrais completamente novos, no domínio das energias físicas, e, para que se lhe adormeça a memória, funciona a hipnose natural como recurso básico...".

realidade, como se estivéssemos imersos em um líquido translúcido. Meu pai, então, me olhou bem nos olhos, como se pudesse me ver. Encarou-me por alguns segundos, talvez esperando minha reação, depois se virou e voltou aos seus afazeres.

Acordei assustada e, realmente, flutuava sobre a cama. Senti-me como uma assombração desses filmes de terror. Meu corpo todo estava rígido, tenso. Uma forte conexão com meu pai estava se formando, e me lembrei das palavras de Celi quando me contou que dali a poucos dias ele estaria comigo.

Olhei para o lado e vi Clarisse. O sol começava a se pôr, mas ela já dormia profundamente e não me acordou ao chegar. "Culpa da timidez", pensei. Retornando ao leito, dormi profundamente e, dessa vez, sem sonhos e sem brincadeiras de levitação. Quando acordei, já era noite alta. Realmente havia "apagado" o dia todo. Clarisse ainda dormia. A necessidade de sono dela era imensa, porém, quando seu espírito estava em estado de vigília, ela esforçava-se para a realização das atividades diárias. Via nela a luta íntima, o duro confronto entre espírito e matéria, que se realizava diariamente. Diversas vezes, peguei-a chorando. Para ela, era difícil a aceitação e todos os dias deitava-se antes de escurecer, levantando-se apenas no dia seguinte, para encarar mais uma das atividades da escola.

Olhei para o relógio. Marcava 22 horas. Definitivamente, era hora de me levantar e cuidar da vida. Fiz minha higiene íntima e alimentei-me. Logo fui em busca de notícias do plano terrestre, mas o mundo, como sempre, passava por grandes transformações, e cabia a nós apenas orar pelos encarnados e esperar que Deus fizesse o melhor por todos.

Muitas garotas estavam de folga aquele dia e, como eu, exaustas pelos trabalhos de assistência dos quais participavam. Encontrei-as reunidas na biblioteca, e conversamos por um par de horas. Frequentemente, o assunto sobre nossa mudança para a colônia vinha à tona. Era uma curiosidade e uma preocupação geral. Sabíamos que grandes disciplinas nos aguardavam. Os postos de trabalho eram diversos, e os estudos englobavam uma ampla área de conhecimentos. Lá, por exemplo, poderíamos obter conhecimentos prévios sobre as atividades que desenvolveríamos na Terra, em futuras encarnações; bem como desenvolver novas aptidões ou reavivar antigas capacidades. A colônia possuía profissionais que nos auxiliariam a não cair em tentação novamente, estando na carne, e também muitas, muitas atividades. Mas ainda sabíamos pouco do novo ambiente no qual viveríamos.

O processo de migração de uma colônia à outra era bem simples. Um desencarnado, com certo amadurecimento e maior equilíbrio, tinha à frente um leque de opções, como acesso mais fácil a outros planos ou outras colônias e a filiação em grupos mais elaborados de trabalho e estudo. Apesar de parecer uma evolução, a palavra mais correta para descrever esse processo era "aceitação".

Para quem está encarnado, talvez seja difícil entender. O desenvolvimento das capacidades do desencarnado, livre das amarras da matéria carnal, reflete seu grau de aceitação da condição de desencarnado, entendendo com mais clareza quais são as regras que regem o Mundo Maior, mas podendo ainda, dentro de si, conservar os mesmos defeitos e as mesmas angústias íntimas. Não necessariamente reflete uma melhoria moral[3].

---

3 A afirmação de Célia diz respeito às propriedades inerentes a todos os espíritos, que, independente de seu grau de adiantamento, podem desenvolver grandes capacidades. Em *O Livro dos Espíritos*, capítulo 1, item 6 - Escala Espírita, Terceira Ordem: Espíritos Imperfeitos, item 106: "Sexta classe. Espíritos Batedores e Perturbadores — Estes espíritos não formam, propriamente falando, uma classe distinta quanto às suas qualidades pessoais, e podem pertencer a todas as classes da terceira ordem. Manifestam frequentemente sua presença por efeitos sensíveis e físicos, como golpes, movimento e deslocamento anormal de corpos sólidos, agitação do ar etc. Parece que estão mais apegados à matéria do que os outros, sendo os agentes principais das vicissitudes dos elementos do globo, quer pela sua ação sobre o ar, a água, o fogo, os corpos sólidos ou nas entranhas da terra. Reconhece-se que esses fenômenos não são devidos a uma causa fortuita e física, quando têm um caráter intencional e inteligente. Todos os espíritos podem produzir esses fenômenos, mas os espíritos elevados os deixam, em geral, a cargo dos espíritos subalternos, mais aptos para as coisas materiais que para as inteligentes. Quando julgam que as manifestações desse gênero são úteis, servem-se desses espíritos como auxiliares". De modo que, mesmo uma entidade considerada inferior e mais presa à matéria, pode ser capaz de grandes feitos em comparação com um espírito encarnado.

Após alguns anos, era muito natural os desencarnados estarem dominando razoavelmente bem seus potenciais como espírito, utilizando-se do corpo sutil e do poder da mente para realizar prodígios. Mas isso nada mais é do que uma extensão do desencarne: a adaptação ao nosso mundo de origem.

Quando se inicia nova programação de reencarne, a grande maioria moureja e nota-se no rosto deles o desânimo e a falta de fé. As provações materiais encerram duras penas aos candidatos de retorno à carne, por isso, muitos adiam ao máximo sua volta e, quando chega o momento de fechar os olhos e dividir seus fluidos vitais com o feto, muitos descarregam grandes doses de energias deletérias em suas futuras mães, deixando-as fracas e enjoadas nas primeiras semanas de gestação. Mas é apenas um reflexo natural de nossa condição humana[4].

Ansiávamos por entender melhor esses processos, mas era uma pena sermos tão novos. Havíamos estudado essas e inúmeras outras questões envolvendo as relações entre encarnados e desencarnados, e todos queríamos pôr a "mão na massa", fazendo parte de equipes missionárias na Terra, envolvidas na resolução das inúmeras questões humanas. Morar em uma grande colônia nos daria a oportunidade de participar de um trabalho maior, conhecendo grupos assistenciais que intercediam na Terra e batalhando para, algum dia, fazer parte de algum deles. Keila já o fazia há muito tempo e havia conseguido isso ainda morando na cidadela, devido ao seu excepcional empenho.

Em nossas atividades, na casa espírita, tínhamos contato com vários desses grupos, que traziam diversos desencarnados para

---

4 O espírito que se liga ao embrião pode provocar reflexos na mãe gestante. As alterações de humor, desejos incoerentes e pensamentos conflitantes dela podem ser resultados da influência do espírito que, atuando fluidicamente sobre a mãe, transformam-na em uma espécie de "médium" dele. Podemos citar, como exemplo, a aversão repentina que algumas gestantes passam a ter de seus maridos, especialmente no início da gravidez: em alguns casos, justifica-se essa atitude pela vinda de um espírito antagônico ao próprio pai, e que vem justamente para o reajustamento das animosidades. Finda a gestação ou até antes disso, quando se equilibram as emoções, os sentimentos do casal retornam ao nível normal. Essas e outras informações podem ser encontradas no livro *Missionários da Luz*, de André Luiz, psicografado por Francisco Cândido Xavier, capítulos 12 a 14.

o atendimento e, é claro, possuíamos grandes exemplos entre nós mesmos. A presença de Niras, Celi e Tâmara, principalmente, eram fonte de inspiração para todos nós, que sonhávamos algum dia ser como eles. Em resposta aos nossos anseios, rogavam que fôssemos atrás de outros exemplos, como Francisco de Assis[5] e concentrássemo-nos em nossas opções de vida na Terra, pois, em verdade, nosso tempo no Mundo Maior seguia em contagem regressiva e, não importando quantos anos ainda ficássemos por ali, fatalmente retornaríamos à carne. Era importante estudarmos buscando, entre os encarnados da história humana, aqueles que pudessem servir-nos de referência, inspirando-nos ao crescimento moral e espiritual.

A vida era uma roda-viva, girando infinitas vezes. Encarnados, aprendíamos sobre a vida espiritual através das religiões, preparando-nos para o retorno à pátria mãe[6] e, desencarnados, estudávamos a vida na Terra, buscando evitar a queda enquanto estivéssemos na carne.

Na Terra, será que alguém quer morrer? E, fazendo a pergunta inversa, no mundo espiritual, será que alguém quer nascer? A batalha processa-se acirrada, nos dois planos de existência.

Para o dia da grande despedida, reunimo-nos no pátio externo da instituição, na pequena praça em frente à porta da biblioteca. Éramos um grande grupo, pronto para partir. Nos dias anteriores, já havíamos feito as honras de nos despedirmos de todos que

---

[5] Francisco, dentre as três virtudes: a fé, a esperança e a caridade, ressaltou a caridade como a mais excelente, ratificando o ensino de Paulo, na 1ª Carta aos Coríntios, 13:13. Ninguém como ele, realmente, testificou que "fora da caridade não há salvação", como registrado em O Evangelho Segundo o Espiritismo, de Allan Kardec, capítulo 15, item 8. Na parábola do bom samaritano, Jesus colocou de lado, na salvação, até o sacerdócio, citando um homem sem religiosidade, como afortunado, porque, humilde e caridoso, auxiliou o homem largado no caminho. Mesmo sem ser religioso, foi outorgado por Jesus como salvo, merecendo a denominação de verdadeiro cristão, porque pela ação da vontade fez o bem.

[6] Questão 85, de O Livro dos Espíritos, de Allan Kardec: "Qual dos dois, o mundo espírita ou o mundo corpóreo, é o principal, na ordem das coisas?" R: "O mundo espírita, que preexiste e sobrevive a tudo".

sabíamos que não reencontraríamos tão cedo. Por aqui, nenhuma despedida é eterna, todos os "adeuses" são temporários.

Nesse último momento, fomos um a um ou em pequenos grupos nos reunindo com os entes queridos, trocando algumas últimas palavras, acertando pequenas pendências, enfim, os mais variados assuntos eram resolvidos ali, à "porta" de nossa transição. Vimos a aeronave se aproximando, embarcação que levaria a todos. A sensação que tínhamos era que iríamos embora para sempre, mesmo sabendo que poderíamos nos rever a qualquer instante.

Estávamos dando um passo importante em nosso futuro espiritual. Sentíamo-nos muito privilegiados por ter conseguido essa façanha, frente a tantas dificuldades que encontramos durante a adaptação ao Mundo Maior. Um sem número de outros jovens sucumbiu às tendências inferiores, que carregavam dentro de si, e não conseguiram se manter na cidadela.

Para nosso soerguimento no plano espiritual, eram necessárias muita força de vontade e disciplina para o estudo e o trabalho. Para muitos recém-desencarnados, eram opções terríveis, principalmente devido à cultura de que a morte é sinal de ociosidade. Em meu trabalho no hospital, presenciei muitos jovens recém-desencarnados com a falsa expectativa de que suas responsabilidades teriam acabado, pois se acreditavam mortos, e raros deles entendiam de imediato que as responsabilidades, assim como nós, são eternas.

Eu ia agora para outra instância do espaço e deixava saudades. Como grande parte de minhas amigas estava indo comigo no longo voo, vieram para a despedida a Clarisse e Celi, além de nossos instrutores, mas essas duas almas em especial tinham por mim um grande afeto, e eu por elas. Clarisse, sentimental como era, chorava copiosamente. Era ainda uma criança no mundo espiritual e, nos poucos meses em que estava desencarnada, muito sofria.

— Célia, nunca pensei que esse dia fosse chegar. Achei que seríamos como irmãs para sempre. Estou sozinha agora, sem família e sem amigas.

— Bobagem, Clarisse — disse abraçando-a. — Logo nos veremos, só depende de você. Recomendo que trabalhe, é preciso que arrume uma ocupação o mais rápido possível. Nosso tempo deve ser ocupado e bem aproveitado. Você tem muito amor no coração e pode dividi-lo com outras pessoas. Tente auxiliar as crianças aqui do Mundo Maior. Que tal? Garanto que a dor delas é maior do que a sua, maior do que a dor de qualquer um daqui.

Há tempos queria dizer isso a ela, mas acreditava que ela despertaria para o trabalho, o que não aconteceu naturalmente no período em que estive com ela. De qualquer forma, estava plantando ali uma semente a ser germinada nos próximos anos. Ainda abraçada a Clarisse, acariciei seus cabelos louros, relembrando quantas vezes chorei nos braços de minha mãe, desabafando minhas frustrações juvenis.

Celi, observando-nos, sorria. Sua experiência dava a ela uma paciência quase infinita em momentos tão singelos.

Entendendo que eu e Celi tínhamos questões de caráter íntimo para resolver, Clarisse educadamente deu um passo atrás e abriu espaço para que pudéssemos ficar a sós um instante.

— Minha filha, tenho muito orgulho de você. Desde que chegou aqui, não me deu nenhum desgosto. Seu comportamento foi exemplar, e o modo como aceitou o desencarne, quando acordou no hospital, me deixou impressionada.

— Nossa, mãe! Você nunca me disse nada disso.

— E nem poderia dizer. Queria que você lutasse ao máximo por sua adaptação. Você mesma já viu quantos jovens rebeldes recebemos aqui todos os dias.

Sim, eu sabia. Muitos jovens, para não dizer a maioria, se comportavam como Clarisse ao se descobrirem desencarnados. Outra grande parte perdia a cabeça ao saber de sua condição[7].

Não era fácil passar pela juventude na Terra. De um lado o sexo, os vícios, as facilidades, a liberdade eram extremamente atrativos e quem chegava aqui sentia falta dessas "regalias". Por outro lado,

---

[7] "A libertação da alma e do corpo se opera gradualmente e com uma lentidão variável, segundo os indivíduos e as circunstâncias da morte. Os laços que unem a alma ao corpo não se rompem senão pouco a pouco, e tanto menos rapidamente quanto a vida foi mais material e mais sensual". *O Livro dos Espíritos*, de Allan Kardec, questão 155.

havia a saudade da família que, por vezes, parecia uma dependência psicológica doentia, levando muitos deles ao desespero. Os encontros com familiares já desencarnados geravam, às vezes, mais confusão e não remediavam a saudade de quem ficou na Terra.

Todos esses desequilíbrios poderiam plantar a semente de futuros obsessores, o que levava esses jovens a serem acompanhadas 24 horas por dia. Clarisse, mesmo com seu sentimentalismo extremo e sua fragilidade quase infantil, pelo menos se mostrava receptiva à rotina e à disciplina da escola, o que já era um enorme avanço.

Quanto aos elogios de Celi, valorizei-os sobremaneira, mas, em verdade, nunca dramatizei o fato de estar desencarnada. Apesar do choque inicial, sempre me mostrei aberta a essa nova realidade. Celi me dizia, algumas vezes, que eu já havia sido preparada no mundo espiritual, antes de minha última encarnação Eu, por minha vez, acreditava, pois desde o dia em que acordara no hospital nada que me diziam soava absurdo ou irreal.

— Mamãe, como será agora?

— Visito a colônia mensalmente, e estamos ligados a ela de maneira indissolúvel. Aqui é apenas o jardim de infância. A verdadeira universidade está lá. Seu pai logo irá para a colônia, e eu o acompanharei como fiz com você. Teremos um lar em conjunto durante algum tempo, e você irá para lá imediatamente. Já deixei tudo preparado. Keila a orientará quando chegar ao seu destino, ela reside lá há algum tempo, você sabe.

— E o trabalho aqui, como ficará?

— Vou me ausentar por alguns meses, mas graças ao bom Pai, não faltam trabalhadores.

Sorrimos e nos abraçamos. Sem choro e sem drama, despedimo-nos.

Quando ouvi o chamado das aeronaves, volitei com os outros estudantes para os veículos que pairavam acima de nossa amada escola.

Adentrando a grande nave, através de suas amplas portas, fomos nos acomodando pouco a pouco. Não havia pressa, era para nós um momento derradeiro e sentíamos como se deixássemos a infância para nos tornarmos adultos. A cidadela parecia agora uma pequena ilha perdida na imensidão azul do céu. Partíamos agora para uma jornada rumo ao progresso e ao crescimento espiritual, e todas as minhas amigas estavam ansiosíssimas com a mudança.

Na nave, o alvoroço era total, todas ríamos em demasia, brincávamos e nos divertíamos. A alegria estampada no rosto de cada uma das meninas era contagiante. As possibilidades que tínhamos à frente eram imensas, e desejávamos as novidades que viriam, com todas as nossas forças. Muitas ainda ficaram para trás, inclusive amigas que foram resgatadas na mesma época, almas boas, mas ainda confusas, que não puderam, em quatro anos, compreender o valor do amor e do trabalho dignificante como escada para se chegar ao mais alto.

Tendo Celi como mãe, me sentia duplamente privilegiada, pois sabia que estava sendo preparada há várias encarnações para esse momento e sabia, mais do que todos ali, o tamanho de minhas responsabilidades com a espiritualidade superior e com aqueles eu que amava e que dividiram comigo o lar terreno.

Observando a paisagem, víamos os aviões materiais cruzarem os céus, ignorando nossa presença. Após alguns minutos de voo, a uma velocidade que não éramos capazes de definir, vimos algumas entidades flutuando no ar, acompanhando nosso comboio aéreo. Seguiam-nos como guardas ou algo assim, uniformizados e disciplinados. Eram agentes[8]. Vê-los, no início, nos assustou, pois nenhuma de nós era capaz de volitar tão alto e com tanta leveza. Entendemos que estávamos próximas à colônia e logo iríamos pousar, o que aconteceu posteriormente, com muita naturalidade.

Do alto, passamos a ver as construções ultramodernas que vazavam o céu, luzes radiantes e frondosas árvores que foram crescendo à nossa volta, enchendo nossos olhos de tanta beleza. Ah, se os jovens que ficaram pudessem sonhar com tantas

---

[8] Os livros *Nosso Lar, Os Mensageiros* e *Libertação*, de André Luiz, psicografados por Francisco Cândido Xavier; bem como *Loucura de Obsessão*, de Manoel Philomeno de Miranda, psicografado por Divaldo Franco, fazem várias menções a esses espíritos.

maravilhas, com certeza teriam se esforçado um pouco mais a favor do próprio progresso. Apesar de sermos muitos, sabíamos que vários outros não tiveram a migração autorizada.

Quando o veículo finalmente estacionou, suas grandes portas foram abertas e, ao sair, percebemos que estávamos no que parecia um grande aeroporto.

Animados, porém, um pouco retraídos, fomos nos aglomerando na pista de pouso enquanto, por meio dos alto-falantes, recebíamos as boas-vindas e erámos orientados a ter calma no desembarque.

Nossa movimentação era muito fácil, pois estávamos viajando somente com a roupa do corpo e pequenos objetos, como nossas telas eletrônicas. Não havia a necessidade de carregar malas cheias de coisas ou documentos de identificação. Os aparatos no Mundo Maior denotavam tanta evolução que uma simples análise de nosso biocampo[9] determinava nossa identidade nos sistemas operacionais da colônia.

Tornamo-nos ali, no pátio do "aeroporto", uma multidão de jovens ansiosos, até que vimos abrirem-se as portas do prédio à nossa frente e caminhar em nossa direção uma linda mulher, em um longo vestido esvoaçante. O vento forte fazia seus cabelos longos balançarem ao sabor das rajadas. Acompanhavam-na três entidades que pareciam tão nobres quanto ela. À medida que se aproximou, foi nos chamando a atenção e, aos poucos, o silêncio foi tomando conta do grande grupo de recém-chegados.

— Muito bom dia a todos.

— Bom dia! — respondemos em coro.

— Espero que tenham feito uma boa viagem. É um prazer receber tão nobre grupo em nosso solo. Daqui para frente, esta colônia será a casa de todos vocês até retornarem à matéria, por isso, queremos que se sintam à vontade. Meu nome é Augusta e serei responsável pelo ajuste de cada um de vocês em nossa esfera de estudo e trabalho.

---

[9] Segundo Richard Gerber, autor de *Medicina Vibracional: uma medicina para o futuro*, Biocampo seria o "campo de energia que envolve e permeia o corpo físico, constituído por campos energéticos sutis e por energias magnéticas e eletromagnéticas geradas por células vivas".

Esse venerando nome já era conhecido pela maioria de nós. O próprio Niras, várias vezes, havia citado Augusta em seus comentários sobre nosso futuro, explicando que ela era a responsável por nossa inclusão na colônia, uma espécie de "assistente social" de desencarnados, auxiliando-nos até que estivéssemos bem instalados e inseridos na rotina da cidade.

Dali em diante, havia uma série de burocracias que precisava ser cumprida. Foi realizada uma rápida triagem, e todos foram divididos em grupos, mas agora a referência não eram as questões "masculinas" e "femininas", como na cidadela, mas por atividades que exercíamos.

Cada grupo foi encaminhado a um "portão de desembarque" específico e recebido por uma espécie de tutor. Nesse momento, estávamos todos liberados momentaneamente até o início das atividades. Separados de nossas amizades, entendemos que nosso processo de adaptação já havia começado, e que uma primeira disciplina já nos havia sido imposta.

Quando vi Keila aguardando, não me segurei. Corri ao seu encontro e dei-lhe um grande abraço, beijando-lhe a face inúmeras vezes, não sem certa dificuldade, pois ela era bem mais alta do que eu.

— Não nos víamos há muito tempo, baixinha.

— Sim, muuuuuuito tempo. Você parece ótima, Keila.

— E como não estar? Aqui não é o paraíso, mas já é meio caminho.

Rimo-nos da observação. Ver Keila naquele ambiente era como encontrar um oásis na imensidão do deserto.

De mãos dadas, caminhamos por longas e pacíficas avenidas, cercadas por arranha-céus brilhantes. Iríamos morar em uma área própria, algo como uma zona residencial da colônia. Durante o trajeto, massacrei-a com perguntas sem fim, mas a respeito do trabalho eu sabia que faria algo semelhante ao que já fazia há alguns anos. A dúvida era onde e quando, assim como o estudo. Entre todas as questões que lancei a Keila, a que mais me martirizava era o local onde íamos morar.

— A colônia é dividida em zonas. Em algumas delas, moramos; em outras, trabalhamos e estudamos; em outras, relaxamos ou nos divertimos. E até mesmo essas são subdivididas. O grupo a que você foi designada corresponde aos trabalhadores diretamente ligados à causa espírita, especificamente o centro espírita.

— Sim, me disseram isso mesmo, mas vamos todos morar no mesmo lugar?

— Não. Aqui a regra é outra. Você irá rever todos do seu grupo durante os estudos e o trabalho. Tudo aqui é muito direcionado.

— E para revê-los fora das atividades ou alguma amizade fora do grupo?

— Temos momentos para tudo, inclusive para visitas e lazer. Você poderá organizar seus horários de acordo com sua agenda.

— Qual agenda?

— Ora, repare no aparelho que tem em mãos.

Olhando para o finíssimo e indestrutível aparato tecnológico que tinha em mãos, vi que uma das luzes de mensagem piscava intermitente. Ao clicar, uma lista de tarefas programadas ergueu-se à minha frente.

— Uau! Tudo isso?

— Para o primeiro dia está bom. Quando encarnar, você poderá descansar.

E, rindo, continuamos nossa alegre caminhada rumo ao meu novo lar.

Quando começava a reparar o quanto as ruas haviam se tornado mais arborizadas, notei o grande portal que se elevava à nossa frente. Era a entrada da área destinada à moradia de muitos espíritos, resultado de méritos conquistados em anos de serviços prestados em prol de um mundo melhor. Após subirmos a rua principal, Keila dobrou à esquerda e parou em frente a uma linda casa. Era lilás com detalhes em tijolo à vista. Na frente, havia um jardim florido e duas palmeiras, uma em cada lado da entrada. Tudo estava muito bem cuidado. O projeto arquitetônico era lindo.

— Célia, nosso novo lar.

35

2
Um novo lar

Mais tarde, já estava quase habituada à residência. Os objetos no mundo espiritual não obedecem necessariamente à lógica da Terra. Grande parte dos móveis era transparente e literalmente não tinha pés, levitando magicamente. O branco e o lilás predominavam em quase tudo, a não ser nos tapetes marrons e nas molduras dos quadros nas paredes. Era tudo muito lindo. Na sala de estar havia uma grande tela, tenuíssima, que ainda estava longe de existir na Terra. Na organização, assemelhava-se a uma casa normal, mas na forma nem o filme futurista mais criativo poderia reproduzir um ambiente tão inédito.

Comecei a entender o Mundo Maior por outro aspecto à medida que fui me ambientando com o novo local em que ia viver. Após esses anos de adaptação, vivendo de forma totalmente diferente da que estava habituada, cheguei à conclusão de que a escola Maria de Nazaré era um verdadeiro internato, construído com o intuito de nos preparar para a retomada da vida.

A casa na colônia era o início de um processo que culminaria em minha reencarnação, uma espécie de readaptação à vida terrena. Um novo lar estava sendo construído para mim e para minha família.

Hoje eu inaugurava uma etapa na vida de todos e, em breve, a casa estaria habitada não apenas por mim e por Keila, mas por minha mãe, meu pai e, mais tarde, chegariam minha amiga Vânia com seu amado, e ainda o homem com quem sempre quis me consorciar, mas que hoje vive em situação adversa, encarnado em meu antigo lar.

Como seria o processo de resgate dessas antigas identidades? Eu ainda estava longe de compreender a forma como minha mãe descobriria que era Vânia e, pior ainda, meus irmãos descobrindo que foram nossos amados, era uma grande incógnita. Eu estava apavorada com essa situação. Apesar de todas as minhas experiências, ainda engatinhava com relação às possibilidades do espírito e das leis que nos regem.

Agora, eu tinha certeza de muitas coisas que aconteceriam nos próximos anos e também sabia que uma longa estadia no mundo espiritual me aguardava. Ainda ficaria por ali durante muitos anos, até que os meus desencarnassem aos poucos e fôssemos nos encontrando. Aí, sim, reunidos novamente, poderíamos planejar uma vida em conjunto, retornando às relações que foram tragicamente desfeitas em 1920. Como Deus era bom conosco nos permitindo grandes oportunidades de redenção.

Todos esses pensamentos passaram em minha mente em questão de segundos. Keila, notando meu desligamento, chamou-me a atenção.

— Célia, acorde! Está tudo bem?

— Sim, Keila. Acabei de antever grandes eventos que acontecerão nesta casa. Minha alma acaba de viajar dezenas de anos para o futuro.

Keila olhava-me silenciosamente. No íntimo, ela refletia sobre minhas palavras. Ao cabo de alguns segundos, me respondeu.

— Você já está percebendo, não é, Célia? Ao mesmo tempo em que temos que nos adaptar ao mundo espiritual, não podemos esquecer como era nossa vida material. Após quatro anos vivendo a vida do espírito, você está sendo chamada a vivenciar novamente a vida em família, semelhante a que tinha na Terra. Esse é um jogo no qual o tabuleiro é o mesmo, trocam-se apenas as peças. Muitos desafios ainda virão.

Keila falava com uma autoridade que ainda não havia visto nela. Invejei-a por alguns instantes e desejei também ser assim algum dia.

— Mas, Keila, como entender que minha mãezinha querida, que ficou na Terra, é, na verdade, uma amiga do passado? Essa ideia conflita com todos os meus sentimentos. Quando reencontrar Vânia, desencarnada, não terei novamente a sensação de perda sabendo que minha amada mãe terá desaparecido para sempre, ficando em seu lugar outra pessoa?

Essa ideia fervilhava em minha mente, inquietando-me profundamente. Sofria de antemão só de imaginar que minha família, como a conhecia, desapareceria totalmente, sem deixar vestígios. Parecia que de minha mãe e meus irmãos nem a alma se salvaria, e eles seriam substituídos por estranhos.

— Entendo o que a aflige, Célia. Por isso peço paciência a você, irmã. Ainda passarão muitos anos até que os reencontre. É por esse motivo que vemos tantos casos de espíritos recém-desencarnados que, durante um período de tempo, comunicam-se insistentemente através da psicografia, enviando dezenas de cartas por meio de médiuns variados e, com o passar do tempo, o volume de mensagens vai diminuindo até cessar completamente.

"Os laços que nos unem na Terra mudam quando começamos a olhar nossa antiga vida pelos olhos do espírito. Os laços da família física dão lugar aos laços de amor espiritual. O amor ao sangue dá lugar ao amor fraterno. Você, sem saber, está dando hoje o primeiro passo para mudar a visão que ainda tem de sua família, enxergando-os não mais como pai, mãe ou irmãos, mas como companheiros de jornada, dos quais pouco conhece a respeito de suas reais identidades.

"Na Terra, passamos eras sem-fim representando papéis, inventados por nós mesmos na busca pela perfeição. No teatro da vida, após a vida, vamos reunindo nossas melhores atuações para construir essa criatura ideal que, em essência, continua a ser nós mesmos, porém, fortalecida pelos ideais superiores de atuação."

As palavras de Keila arrepiavam-me a alma. Como poderia entender tamanha evolução que minha amiga havia conquistado? Lembrei-me então que, apesar do período em que moramos juntas, pouco conhecia de sua vida na Terra. Tinha certeza de que ela não possuía nem um décimo das dívidas que me transbordavam do espírito.

Pesado silêncio fez-se entre nós. Não sabia mais o que dizer e calei-me frente a tanta sabedoria. Minha amiga, percebendo que talvez houvesse dito mais do que eu poderia compreender, aproximou-se.

— Venha, tenho uma surpresa para você.

E, puxando-me pela mão, levou-me para dentro da casa ainda inexplorada e, parando em frente a uma porta branca, disse:

— Entre. Este é seu quarto.

Meu coração disparou como um verdadeiro cavalo de corrida. O cômodo era grande e estava lindamente decorado, sem necessitar de nenhuma interferência. Tudo estava completo e em perfeita harmonia. Lembrava meu quarto da Terra, mas com as prateleiras de livros e uma mesa com cadeiras, como na escola Maria de Nazaré.

Deslumbrada, entrei e olhei todos os detalhes, abri o guarda-roupa e passei os dedos pelas dezenas de roupas que havia lá.

— Quantas roupas. De onde são?

— Fiz especialmente para você.

Com uma lágrima nos olhos abracei Keila.

Após as percepções iniciais da colônia e do local onde iríamos viver pelos próximos anos, Keila e eu fomos nos informar sobre nossa programação de atividades e nos surpreendemos, pois naquele mesmo dia já iria me apresentar para a primeira reunião do grupo de trabalho do Amor e Luz. Keila me instruiu previamente sobre a casa e o caráter dos trabalhos lá realizados.

Ela, apesar de não ser trabalhadora fixa de nenhuma casa espírita, se dispôs a me acompanhar até o local agendado para a reunião, mostrando-me o caminho. Nosso grupo de novatos estava lá. Eram as mesmas pessoas que seguiram comigo pelo portão de desembarque da colônia e mais as da outra colônia. Iríamos nos juntar à equipe de trabalho espiritual do centro, para realizar atendimentos mais extensos e atuar em outras áreas. A reunião estava marcada para as 2h30, madrugada no horário da Terra.

Keila explicou-me que nesse horário, provavelmente, haveria encarnados participando em desdobramento, o que seria muito

39

natural, já que todo o trabalho realizado em casas espíritas era formado por duas frentes de trabalho: uma material, com os encarnados, e a espiritual, com a equipe de desencarnados. E contava ainda com o auxílio dos médiuns que eram capazes de atuar nas duas frentes de trabalho, formando o grupo mais versátil entre as duas frentes.

Aproveitando o tempo livre que ainda tínhamos até a reunião, Keila me falou mais sobre a colônia e seus habitantes, mostrando-me na TV "holográfica" a planta da cidade, o local onde estávamos e o que era cada área. Toda a colônia estava distribuída em uma área de cinco quilômetros de diâmetro. Era muito espaço, mas também pudera: havia, além dos ministérios, que cuidavam de assuntos diversos, escolas, hospitais, parques e o "aeroporto". Não era a maior das colônias, mas tinha estrutura considerável e era completa em todos os níveis de organização. Como as construções eram dispostas de maneira circular, tínhamos acesso a todos os setores da colônia, pois os prédios eram dispostos lado a lado. Em poucos minutos de caminhada, era possível completar todo o percurso de ruas, mas, obviamente, o espírito se movimenta muito mais livre e desimpedido que um corpo físico.

De maneira geral, achei a organização simples e de fácil movimentação, mas, claro, houve um grande planejamento para a realização desse grande empreendimento. Na zona residencial na qual nos encontrávamos, as casas eram dispostas como em um conjunto habitacional, com distância de seis metros entre uma e outra casa. Todas eram muito semelhantes, alterando-se apenas detalhes de acabamento e decoração.

— Keila, essas casas estão à disposição de todos os moradores? São fornecidas pelo governo da colônia?

— Mais ou menos, Célia. Existe uma autorização do governo da colônia, e a equipe que planeja e constrói faz parte do governo, mas as casas não são dadas e nem todos possuem a sua própria residência. Uma casa é conseguida através de méritos adquiridos com o próprio trabalho.

— Essa casa foi adquirida pelos méritos da Celi?

— Com certeza. E agora ela utiliza o fruto de seu trabalho para reunir a família novamente, para que juntos possam planejar um futuro, já que todos vocês estão quitando seus débitos do passado. Você, tendo cumprido bem sua missão expiatória, foi a primeira a chegar. Sua família, graças a Deus, entendeu o recado que a justiça divina enviou através de sua morte e buscou na religião o passaporte para uma vida melhor. Seu pai, Célia, por cumprir o dever dele e pelos méritos de outras vidas, logo estará por aqui. A morte dele irá gerar um novo impacto nos que ficaram, de modo a aumentar suas responsabilidades. Para sua mãe e seus dois irmãos, grandes tempestades ainda vêm por aí, mas a colheita não demorará a chegar. Se tiverem fé e perseverança no trabalho, serão vitoriosos no resgate vindouro.

Entendi que a morte de meu pai iria causar um desequilíbrio financeiro e emocional em meu antigo lar, exigindo que todos se amassem e se esforçassem muito mais. Oprimia-me o peito pensar no futuro de minha família dessa forma. Era como ver um filme, sabendo que o final não seria feliz, pois os débitos adquiridos levavam todos para uma situação triste e confusa. Keila, no entanto, era mais otimista.

— Ora, Célia, não estou aqui lhe falando sobre uma tragédia que irá abater os seus. As dificuldades financeiras são inerentes a todos na Terra, daí a importância de se usar bem aquilo que se tem, sem esbanjar. Não é preferível uma crise financeira passageira que algo mais grave, como uma doença ou uma mutilação? Você mesma cometeu um crime terrível em outra existência e mesmo assim a misericórdia divina soube dosar a culpa de cada um que nessa triste história, de modo que a justiça se fez de forma branda e pacífica. De qualquer forma, Célia, você já vinha de outra encarnação onde vivenciou uma série de desventuras sexuais, que a levaram a novos desregramentos em 1920. Lembra-se de que não teve filhos e sofreu com males que a arrebataram cedo? Foi um sinal de que seu perispírito carregava sequelas de desequilíbrios do passado.

Eu não me lembrava muito bem de todos esses detalhes que Keila me contava. Achei o conteúdo de nossa conversa um tanto

41

pesado e fiz sinal para que Keila parasse. Já não conseguia mais absorver o que ela dizia.

— Desculpe, Célia, falei demais. Não era minha intenção ofendê-la ou amargurá-la. Perdoe-me, irmã.

Era muita informação para mim naquele instante. Mal me recordava dos acontecimentos de 1920, e Keila vinha me falar de outra existência onde fiz coisas, talvez, muito piores. Por isso, não nos é permitido relembrar o passado. À medida que retrocedemos no tempo, parecemos regredir. Nossos atos vão degradando moralmente e nos tornamos irreconhecíveis. O melhor momento em que vivemos é o hoje e, se no ontem podem esconder-se os mais variados crimes, o anteontem pode reservar atrocidades ferozes e desumanas.

Apesar da ansiedade, consegui descansar um pouco até a hora de nossa tão esperada reunião. Keila não participaria, pois era missionária nos grupos de auxílio, que diariamente seguiam para a Terra, em atividades variadas, e era necessário um equilíbrio muito grande para participar de tais grupos. Muitas missões incluíam visitas ao umbral, um local que eu só conhecia pelo nome e pela fama.

Muitas vezes, me contou Keila, o grupamento se deparava com criaturas horripilantes e monstruosas, e o medo se tornava maior nesses ambientes de extremo requinte e luxúria sexual, onde os servidores eram testados em seu autocontrole contra as próprias tendências e desejos mais íntimos. Eram grandes provações, que fortaleciam o caráter dos integrantes do grupo e a determinação em trabalhar.

— Mas não é fácil, Célia. Nós não nos conhecemos, somos ignorantes e apenas na vivência do trabalho é que conhecemos nossos limites. Vemos muito sofrimento e desequilíbrio pelo mundo, visitamos muitos locais que nos fazem chorar, principalmente, onde crianças sofrem abuso ou são exploradas, mas acima de tudo, nossa fé nos ensina que tudo faz parte de um grande plano divino.

— Sim, o plano divino. Uma das minhas lições mais valiosas depois de meu desencarne foi entender o porquê de tudo e, na verdade, ainda estou tentando entender esse mirabolante plano de Deus, feito sob encomenda para cada um de nós.

As distâncias dentro da colônia eram fáceis de serem percorridas e em um piscar de olhos chegamos ao nosso destino. Na Terra, a madrugada já ia alta, e na colônia as atividades continuavam normalmente. Havia um dos prédios que era destinado ao ministério das comunicações. Ali se reuniam trabalhadores das duas esferas, engajados em diversas atividades no orbe.

Chegando às portas do prédio, Keila olhou-me ternamente e adivinhei que teria de ir embora. Alguns rostos conhecidos passaram por nós, cumprimentando-nos com um menear de cabeça. Os trabalhadores começavam a chegar. Outras pessoas estavam em situação parecida com a minha, despedindo-se de seus tutores.

— Está entregue, Célia. Agora me vou!

— Estou totalmente perdida, já vou avisando.

— Você não precisa de babá, Célia. Siga o fluxo e olhe as placas. De agora em diante você é uma trabalhadora do Amor e Luz, portanto, mãos à obra.

Abraçamo-nos, e ela se foi, quase desaparecendo no ar. Respirei fundo e adentrei as portas de vidro, chegando ao saguão onde vários espíritos transitavam. O prédio possuía uma arquitetura cilíndrica, com um vão central que ia até o teto, em formato de abóbada. Nas laterais, víamos as salas e os corredores de acesso. Logo que pus os pés para dentro, vi uma placa com várias indicações. Ali parecia mais um centro de convenções, com reuniões, palestras, congressos e cursos acontecendo. Buscando alguma informação que me auxiliasse, finalmente encontrei "Reunião do grupo Amor e Luz". A placa apontava para uma sala a poucos metros, subindo um lance de escadas. Quando cheguei ao local indicado, quase caí de susto. Havia ali centenas de entidades, entre encarnados e desencarnados, preparando-se para o encontro. Era mais do que toda a população da cidadela apenas naquele recinto.

Quando passei pela porta, logo uma simpática garota africana, vestida de maneira peculiar, recepcionou-me. Enquanto tentava ler seu crachá de identificação, ela perguntou:

— É da cidadela ou do Retiro Nobre?

— Cidadela — respondi vacilante, entendendo que havia ali espíritos de duas colônias distintas.

Ela indicou que eu me sentasse nas primeiras fileiras à frente do palco central. Estávamos em um grande teatro de arena. Sentia-me totalmente deslocada, era uma estranha no ninho, como se costuma dizer. A variedade de entidades, com suas vestimentas diferentes e equipamentos que mal compreendia, me fez refletir sobre essa multiplicidade étnica e cultural de que é feito o mundo físico e que no mundo espiritual se une e se transforma em conhecimento a ser partilhado por todos.

Diferentemente da Terra, onde cultura e religião são elementos incompatíveis, impedindo a convivência harmoniosa entre os povos, no Mundo Maior, as diferenças unem. Conservamos todas as nossas características quando desencarnamos, e isso é um grande atrativo, pois temos muito a aprender com diferentes pontos de vista. Diferentes culturas são diferentes maneiras de pensar. Para cada um desses trabalhadores, Deus era visto sob um ângulo diferente, e isso era muito interessante. A realidade do espírito verdadeiramente unia a todos.

Em meio a tanta diversidade, em uma metrópole tão intensa, sentia-me como uma garota advinda do interior, aportando em uma célebre capital. Perto da cidadela, a colônia espiritual era como a Nova Iorque das colônias, deslumbrante, e que fazia com que me sentisse ainda mais imatura. À frente, onde ia me sentar, revi os rostos conhecidos dos alunos da escola Maria de Nazaré. Havia também dois trabalhadores da casa espírita onde trabalhei e alguns ilustres desconhecidos, que imaginei serem do Retiro Nobre. Aproximei-me do pequeno grupo do qual outros conhecidos foram se aglomerando à medida que chegavam. De algum modo, destoávamos das entidades presentes por sermos ainda muito jovens.

Pontualmente, às 2h30, vimos pequenas luzes descendo do alto e sentimos que era o momento da prece. Todos estavam em silêncio e, então, vimos uma luz irradiar no centro do palco. Em nossas mentes, passamos a ouvir uma linda prece, sentindo-nos agraciados por bênçãos desconhecidas. A voz invisível entoava belíssimas palavras que emergiam dentro de nós com tamanha força, que muitos de nós choramos.

Quando a voz silenciou, a luz central foi tomando forma humana e uma bela dama materializou-se à nossa frente. Suas vestes eram luminosas e pareciam flutuar. Ela pairava sobre a arena. Seu sorriso era magnífico e sua pele cor de bronze parecia estar cingida por pedras brilhantes, o que nos impressionou imensamente. Por fim, nos observando, falou.

— Um grande dia a todos. Agradeçamos a Jesus essa oportunidade que nos dá, a nós pecadores, com sua infinita misericórdia, de podermos trabalhar ao Seu lado na seara do bem. Todos nós somos muito privilegiados. Trabalho é luxo concedido aos escolhidos.

Suas fortes palavras nos deixaram envergonhados, e qualquer mínima dose de orgulho foi tolhida ali, naquele instante. A entidade observava-nos com um lindo sorriso no rosto, mas tínhamos receio de olhar de volta, tamanha a envergadura moral daquele espírito. A inquietude que sua presença causava não passou despercebida.

— Não se envergonhem, meus irmãos. Todos somos filhos do Altíssimo — disse a entidade, percebendo a admiração excessiva da plateia. — Nenhum de nós é santo ou sequer está próximo da perfeição. Mal galgamos os primeiros degraus da escadaria divina. A maioria aqui presente cometeu terríveis crimes em recentes encarnações, portanto, devemos nos rejubilar perante essa oportunidade que o Cristo nos dá. Não envergonhemo-nos. Não somos melhores nem piores do que ninguém, somos humanos e, em um mundo de expiação e provas, agimos dentro da normalidade.

"O amor de Deus é infinitamente grandioso, por isso, nos dá a eternidade para nos aperfeiçoarmos. Relaxem, queridos irmãos e irmãs, relaxem."

Notamos que seu discurso inicial teria sido diferente caso nos mostrássemos menos constrangidos e mais receptivos à sua presença.

— Não iremos tomar o tempo de vocês indiscriminadamente. Hoje, reunimo-nos aqui porque dois grupos vieram da cidadela e do Retiro Nobre. De acordo com suas aptidões e a necessidade de trabalhadores, essas pequenas sementes foram separadas e distribuídas em nossos diversos canteiros de trabalho, encontrando-se aqui vários deles, que irão engrossar as fileiras da nossa casa

45

espírita Amor e Luz. Nosso intuito é apresentar à nossa família de trabalhadores, tanto encarnados quanto desencarnados, os novos tarefeiros que, após a reunião, farão sua primeira visita à nossa amada casa.

"O grupo de trabalhadores encarnados do Amor e Luz se fortalecerá com a chegada de novos tarefeiros, entre os quais três novos médiuns ostensivos, multiplicando o atendimento aos nossos irmãos desencarnados. Em breve, novas atividades serão ofertadas na casa, como o atendimento a dependentes químicos. Pedimos que os novos membros levantem-se e apresentem-se aos demais. Somos agora uma grande família, atuando sob a bandeira da doutrina espírita."

E assim o fizemos, levantando-nos e encarando a plateia. Cada um dos jovens falou seu nome e o departamento ou trabalho da casa espírita a que estava vinculado nos últimos anos. Por fim, eu me apresentei e informei que trabalhava com desobsessão. Em seguida, ouvi vários murmúrios. Dentre os novos trabalhadores, eu era a única que iria para as lides de intercâmbio mediúnico e doutrinação de desencarnados, o que me frustrou, apesar, claro, de me conferir uma aura de exclusividade entre os demais.

Durante os poucos anos em que estive na cidadela, me desdobrei em duas atividades básicas: na Terra, era auxiliar nas reuniões de desobsessão e, de retorno à cidadela, ia direto ao hospital para receber recém-desencarnados ou guiar os familiares até seus entes. Também cuidava da alimentação, das roupas e higiene dos leitos. Era muito trabalho e, muitas vezes, doloroso, porque tinha de conviver com a dor e a revolta de entidades sem o mínimo de conhecimento sobre a vida do espírito.

Enfim, quando o último de nós se apresentou, a entidade veneranda parabenizou-nos e fez um breve discurso, pontuando que dali em diante construiríamos as bases do que seria a nossa próxima encarnação e que nenhum conhecimento adquirido seria perdido. Estaríamos arregimentando as relações para nossa próxima família na Terra ou definindo qual mediunidade teríamos, caso quiséssemos dar continuidade ao trabalho com os desencarnados. Abria-se ali, para nós, um infinito leque de possibilidades.

Ao término da reunião, foi-nos entregue nossa programação da casa espírita e marcadas as primeiras atividades das quais participaríamos. Havia muitas reuniões de estudo, disciplinas que seriam estudadas, inicialmente, na própria colônia. Tudo estava bem organizado, como se estivéssemos matriculados em uma universidade.

Conferindo a programação atentamente, notei que não iniciaríamos o trabalho imediatamente, frequentaríamos alguns cursos, onde adquiriríamos conhecimentos maiores sobre as tarefas que nos aguardavam. Como se tornaria moroso e extremamente cansativo narrar todas as disciplinas das quais participei nos meses subsequentes, farei apenas um apanhado geral, destacando o mais relevante.

Como eu ainda era uma iniciante nas questões espirituais, não podia ainda mensurar o tamanho do trabalho realizado pelas diversas casas espíritas pelo Brasil. Durante algum tempo, eu havia trabalhado em um pequeno centro, que possuía atividades corriqueiras como a sopa fraterna, uma palestra pública semanal, aulas de evangelização aos domingos e visitas aos sábados. Era fichinha perto do trabalho do Amor e Luz, com palestras quase todos os dias, três grupos de estudo, creche, asilo, psicólogos, trabalhos em artesanato e uma bela biblioteca, além de bazares e uma reunião de desobsessão de fazer inveja (no bom sentido, claro), com oito médiuns ostensivos e vários doutrinadores. Uma verdadeira potência espírita.

Após nosso breve encontro, fomos chamados a visitar o local. Uma grande aeronave, então, pairou sobre o teto do edifício. Nem todos os presentes dignaram-se a ir ao passeio, apenas alguns de nós e uns poucos representantes de cada área em que atuaríamos para serem nossos guias. Quando a chamada iniciou, fiquei ansiosa e minha pele umedeceu até que, ao ouvir meu nome, vi um homem, alto e forte, vestindo um uniforme impecável. Meu sangue gelou nas veias etéreas. O homem era um dos misteriosos agentes.

Mantendo uma postura natural e portando-me como se estivesse tudo bem, caminhei em sua direção, notando que ninguém o olhava de modo diferente, nem se impressionava com sua presença. Eu sabia que os guias estavam acostumados a ele, mas eu e meus colegas nunca havíamos lidado com tal entidade. Quando cheguei próxima ao homem, ele novamente disse meu nome.

— Célia?

Mesmo tremendo, respondi que sim. Seu magnetismo era impressionante, e todo o meu corpo suava ao sentir a presença dele. Sabia que lia minha mente e perscrutava todo o meu ser. Afinal, era uma das primeiras coisas que um agente aprendia a fazer. Para ele, era uma reação automática e, para mim, meu primeiro teste.

Encarando-me meio carrancudo, ele disse:

— Mesmo tendo consciência de quem é e vendo-a aqui, continuo incrédulo.

Com olhar de espanto, emudeci ao ouvir suas palavras rudes. Por que ele havia dito aquilo? Não sabia se ria ou se chorava.

— Você quer saber por que, e eu lhe respondo. Como trabalhará com esse ar angelical, frágil e inocente? Tenho medo de que não tenha força suficiente para os enfrentamentos que virão.

Suas palavras me irritaram profundamente. Eu ainda era uma adolescente. O que ele esperava afinal de contas?

Mal havia terminado esse pensamento e vi um leve sorriso se formar nos lábios dele.

— Ah, agora sim! Vejo que alguma força está surgindo aí dentro!

Descobri que não há nada mais irritante que ter alguém ouvindo tudo o que você pensa. Sentia-me invadida, e isso era constrangedor.

Quando as portas da nave foram abertas, o agente ergueu a fronte e bradou:

— Faremos uma breve viagem até a casa espírita Amor e Luz. Peço que todos fiquem tranquilos. Sou responsável pela segurança desse grupo e conto com o apoio de todos.

O homem encarou-me menos sisudo do que antes e adentrou a nave comigo a tiracolo. Todos entenderam que ele seria nosso líder no passeio.

A presença do agente apavorava-me. Perto dele, sentia-me nua, sem máscaras e todas minhas intimidades estavam escancaradas para que ele pudesse me ver como eu realmente era. Sentia-me perto de enlouquecer, e a pressão de tal encontro superou minhas expectativas mais sombrias.

Ao entrarmos na nave, ele me ofereceu um lugar. Parecia mais simpático e não demonstrou mais a carranca de antes. Fitando-me com ar severo, iniciou um diálogo.

— Perdoe-me se pareci rude.

Sua voz era rouca como um trovão, e arrepiou-me a espinha. Não esperava um pedido de desculpas. Minhas mãos estavam úmidas e geladas, e todo o meu corpo suava.

— Esse é meu modo de ser, mas entendo que cada caso necessite de trato e julgamento específicos, assim, agirei com você de forma mais amena de agora em diante. Não é minha intenção constrangê-la. No entanto, de agora em diante, estará comungando pensamentos não só comigo, mas também com outros tarefeiros e outras entidades belicosas. Por isso quero que, desde já, aprofunde-se na disciplina mental. Como desencarnada, deve saber que agora seu corpo é feito de matéria semelhante a dos seus pensamentos. Busque se enxergar dessa forma e harmonize sua energia com os planos superiores para se iluminar, deixando para trás todas as deficiências de suas vidas passadas.

Suas palavras chocaram-me imensamente. Que espécie de ser era aquele, que, destrinchando minha alma, revelava-me meus mais vis segredos de maneira tão educada e polida e vinha-me instruir sobre como proceder com minha vida? Em quatro anos, não havia aprendido tanto quanto agora, nesses poucos minutos, desde que encontrara esse agente.

Os agentes eram criaturas muito racionais. Meus modos de menininha pura e ingênua do interior estavam com os dias contados. Mais relaxada e não menos constrangida, vi que a nave sobrevoava espessas e escuras nuvens. "Na Terra deve estar chovendo", pensei e, quando então, a embarcação atravessou o tapete negro, fomos surpreendidos por relâmpagos e trovões, que retumbaram em nossos ouvidos. A pesada precipitação não nos afetava, mas o medo que trazia das experiências carnais fazia meu coração saltar no peito. Imediatamente olhei ao redor e reparei em cada detalhe de onde estávamos, mas pouco entendi. O nível de tecnologia exposto ali era incompreensível para mim. Mas, ao ver a tripulação proseando animadamente, relaxei e de olhos fechados fiz uma prece de agradecimento pedindo forças.

Definitivamente, pisava agora em terreno desconhecido, com companheiros ainda misteriosos dos quais dependia totalmente. O agente mostrava-se impassível, perscrutando o ambiente e, claro, nossas mentes. Fitei-o por um instante e, então, criei coragem.

— Qual seu nome?
— Demétrius.
— É longe o lugar para onde vamos?
— Não. Para nós, nenhum lugar é longe.
— Ah, sim...

Senti-me uma tola, medindo tempo e espaço pelos moldes terrenos. Naquele momento tomava consciência que até meu vocabulário já deveria ter sido ajustado à realidade do Mundo Maior. Tive certeza de que realmente foi bom ter saído da cidadela em busca da amplitude da vida do espírito. Pelas vastas janelas do aerobus, vi que uma grande e luxuosa torre destacava-se dos outros prédios da cidade. Era para ali que nos dirigíamos.

Em alguns minutos, aportaríamos em nosso destino. Demétrius, vendo-me boquiaberta, chamou-me a atenção.

— Sim, Célia. É ali seu novo posto de trabalho.
— É enorme.
— Sim. O prédio é tão grande quanto o trabalho que aquela casa empreende.
— Deve ser um trabalho grande!
— É grande, mas não o maior. É necessário que a torre se sobressaia às construções terrenas por questões energéticas e de segurança. Não confunda tamanho com grandiosidade.

Uma bela frase, que teria que guardar para analisar depois. Quando virei-me, a nave já se posicionava ao lado da torre. Quando as portas foram abertas, grande passarela formou-se para facilitar nosso desembarque e acesso ao prédio monumental. Ao me posicionar na passarela, emocionei-me imensamente olhando a cidade. Ali, tinha uma visão privilegiada da chuva perdendo-se no negro horizonte, com os relâmpagos silenciosos sumindo na noite. Era um belíssimo quadro da tempestade noturna. As nuvens pareciam descer sobre nós e quase podia tocá-las. A tormenta não me atingia e, definitivamente, não há como descrever esse cenário de uma forma melhor para que um encarnado possa entender.

Caminhando pela passarela externa, notei que luzes foram acesas em toda a sua extensão. Olhando para baixo, vi as luzes dos automóveis que iam e vinham sob o temporal. A casa espírita ficava em uma zona de muitos edifícios e trânsito intenso. Imaginei que fosse o centro da cidade ou algum bairro bem localizado. Olhando para trás, vi como nosso grupo era grande.

Largas portas, feitas da mesma matéria do prédio, que pareciam de vidro ou cristal, abriram-se à nossa frente e permitiram nossa entrada. Demétrius ia à frente do grupo e eu, rente a ele. O ambiente interno do saguão era bem aconchegante, como uma ampla sala de espera, com largos sofás e confortáveis poltronas flutuantes. Uma grande TV ocupava uma parede quase toda. Fomos recepcionados por uma jovem muito simpática.

— Sejam bem-vindos à Casa Espírita Amor e Luz!

Agradecemos a recepção e seguimos adiante com Demétrius. Da mesma forma que as construções da colônia, o prédio ali era arquitetado de maneira circular. Não seria o prédio mais alto do mundo, se comparado aos edifícios da Terra, mas era o maior de toda a cidade, o bastante para o cumprimento de suas funções, imaginei.

Encaminhamo-nos rumo ao térreo e, antes que iniciássemos a descida, o agente pediu nossa atenção.

— Um momento a todos. Nosso edifício é muito grande, e aqui são desenvolvidos vários trabalhos. Também temos uma variedade de dependências, que servem de abrigo a várias entidades. Com o tempo, conhecerão tudo. Nosso objetivo é que conheçam a estrutura física do local, pois trabalharão aqui dentro de alguns dias.

Após o breve discurso, chegamos a um pequeno pátio, onde pudemos ver grande número de entidades transitando de um lado a outro; algumas empurravam doentes, outras carregavam coisas e, em sua maioria, estavam apressadas. Nossos guias, aparentemente, eram bem conhecidos, pois fomos cumprimentados várias vezes.

— Bom, pessoal, aqui estamos. O Amor e Luz é este pequeno recanto, incrustado nesta grande cidade.

Não disfarcei o desapontamento. Do alto, imaginava a casa espírita como um verdadeiro palácio, com inúmeras dependências, extensos jardins e um amplo auditório. Achava que seu terreno abrigaria diversas instalações anexas ao prédio principal, como a creche ou o asilo que falaram e, talvez, um refeitório para multidões, um centro de convivência e estacionamento para trabalhadores e visitantes. Mas o que via era muito aquém, apenas um lote com quatro casinhas e um cômodo com um pequeno pátio no meio. Um dos alunos, não escondendo o assombro, perguntou:

— Ué, onde está resto do centro?

Não segurando um sorriso, um dos guias explicou:

— Ora, você está olhando para ele! O Amor e Luz é isso daqui, um grande trabalho feito neste espaço.

E, apontando para cada uma das instalações, explicou:

— Ali é o salão onde acontecem as palestras públicas, os estudos e as reuniões mediúnicas. Daquele lado, temos a cozinha e o pequeno refeitório onde é servido o café da manhã aos trabalhadores, o lanche das crianças e a sopa fraterna. Neste outro canto, ficam o escritório, a biblioteca e a livraria.

— E a evangelização? — perguntei.

— Ah, sim, temos um grupo de jovens, que se reúne aos domingos e que, aliás, será o grupo de vocês. A evangelização para as crianças menores acontece no mesmo horário, também aos domingos, juntamente com as palestras públicas.

— Nossa, tem espaço para tudo isso?

— Sim, Célia, vocês veem aquele cômodo ali atrás? Serve-nos de salinha para as crianças menores e fica ao lado dos banheiros.

Era tudo muito simples, mas bonito e organizado. Quebravam-se para nós, naquele instante, grandes paradigmas. A simplicidade daquela casa espírita mudou nosso conceito de grandiosidade e entendemos que aquela casa possuía uma superioridade moral, à qual a espiritualidade maior se aliava para a concretização de grandes trabalhos.

Materialmente a casa era pequena e singela, mas era incomparável em termos de amor e cuidado com o ser humano, merecendo o apoio irrestrito das venerandas entidades.

Enquanto observávamos as instalações da casa, acompanhando com os olhos o trânsito dos trabalhadores, breve momento de silêncio fez-se entre nós, momento em que aproveitei para olhar a tempestade que já amainava. Cedendo à curiosidade, preparei-me para fazer uma série de perguntas quando uma venerável entidade, saindo do recinto que servia de escritório, veio ao nosso encontro. Era um simpático senhor, com um sorriso que nos conquistou de imediato.

— Nobres senhores. Jovens tarefeiros. É um enorme prazer recebê-los aqui em nossa humilde casa! Aguardávamos ansiosos por essa abençoada visita.

O senhor apertava nossas mãos quando um dos guias adiantou-se para dar-nos explicações.

— Este é André de Gusmão, um dos coordenadores deste lar e nosso anfitrião na noite de hoje.

Meneamos a cabeça como forma de cumprimento e reverência, e logo o nobre senhor pôs-se a falar.

— Para nós, é uma honra quando novos trabalhadores se dispõem a laborar conosco. É uma dádiva celeste tê-los aqui hoje. Já os aguardávamos, e todos vocês foram escolhidos a dedo por sua inestimável serventia às casas em que atuaram. Um centro espírita é como uma escola, tanto para desencarnados quanto para encarnados, e com imensa gratidão os recebemos, tanto para servir ao Cristo, quanto para adquirir novos conhecimentos, no convívio. É lindo quando encontramos irmãos em Cristo professando a mesma fé, tanto no amor a Jesus quanto no trabalho cristão.

Notando que se tratava de uma entidade elevada, calamo-nos em sinal de respeito à sua moral superior. Fomos, em seguida, convidados a conhecer os pormenores daquela casa, e Gusmão, como guia afável e detentor de enorme sabedoria, foi-nos mostrando onde era realizada cada atividade em nossos futuros postos de trabalho. Sentimo-nos mais confortáveis naquele ambiente bendito, e nossas tensões iniciais desfizeram-se totalmente.

Quando adentramos a sala de reuniões, meu coração acelerou. Era ali que trabalharia pelos próximos dias, meses ou anos, aprendendo de forma mais aprofundada os pormenores do intercâmbio entre "vivos" e "mortos". Absorvi cada detalhe para relembrá-los depois, pois queria aquele incrível local fixado em minha mente até meu retorno.

Após conhecer todo o ambiente, inquieta questão fustigou-me.

— Por favor, perdoe-me a intromissão...

Olhando-me ternamente, o senhor sorriu.

— Chame-me de Gusmão se assim preferir, e não se desculpe. Vejo que tem dúvidas...

— Na verdade, apenas uma. Não há, sob a tutela do Amor e Luz, outros dois trabalhos: uma creche e um asilo?

— Sim, minha jovem, há. No entanto, não se encontram fisicamente aqui. Era necessário separá-los de nossa casa para que o trabalho pudesse ocorrer sem interferências prejudiciais. Hoje não iremos conhecê-los, pois demandaria muito tempo, além de não ser nosso objetivo principal. Era primordial que, antes, conhecessem seus postos de trabalho. Quando forem efetivados em nossa casa, aí sim, teremos tempo e condições de revelar todas as nossas atividades.

"Em breve, vocês retornarão, por isso, gostaria que amadurecessem seus sentimentos para quando estiverem aqui em definitivo. Reflitam sobre o valor do amor! O amor nasce dentro de nós, expandindo-se além de nossos corpos, em busca da luz do mais alto amor supremo, que incide sobre nós e vem de mundos mais elevados. Jesus é nosso sol espiritual e gravitamos em torno de Seus ideais. Sua presença nos alegra e pacifica. Não precisamos de grandes palácios para praticar o amor, só necessitamos de um cantinho para receber nossos irmãos que nos procuram em busca de trabalho ou consolo, pois o mundo lá fora já lhes oferta o luxo, o conforto excessivo, a tecnologia, os prazeres e as ilusões da matéria. Aqui despojamo-nos da soberba do homem moderno para encontrar aquilo que perdemos em tantas existências, encontrar o ser humano para que lembremos o que é, verdadeiramente, ser humano."

Com essas belas palavras, o venerável senhor encerrou a visita. Despedimo-nos com lágrimas nos olhos e, de retorno aos nossos lares, tínhamos muito o que pensar sobre nosso futuro e todo o trabalho que ainda nos aguardava. O dia já raiava quando pus os pés em casa.

Deveria descansar, pois logo mais teria início novo período letivo. Antes de pegar no sono, busquei fixar na mente tudo o que vivenciara àquela noite e, repassando as cenas que mais haviam me impressionado, fui me apaixonando pelas características daquele local.

Após breve período de refazimento, pus-me pronta para o início das atividades. Keila não havia dado sinal de vida, e imaginei que estivesse em mais uma de suas missões na crosta terrestre.

Sentindo-me solitária, fui em direção à escola. Novos desafios me aguardavam. Em nossa grade de programação, havia várias disciplinas, como na escola Maria de Nazaré, porém, mais complexas, e sentia-me como em uma universidade. Na primeira aula, intitulada "Fundamentos da Moral", fizemos grupos de três alunos. Nem todos eram tarefeiros de desobsessão, e entendi que dali em diante conheceria grupos muito heterogêneos entre si. Nem todos eram tão jovens, e passei a ver o estudo por uma nova perspectiva.

O convívio foi me mostrando que, na verdade, o conceito de "idade" no mundo espiritual era muito diferente do que conhecíamos na Terra, e as diferenças que via ainda eram fruto das ilusões terrenas. Mesmo aparentando 16 anos de idade, eu sabia que era um espírito antiquíssimo, assim como qualquer outro espírito, pois vivíamos sob as mesmas leis imutáveis.

Nas conversações diárias, notava que poucos ali tinham acesso às lembranças de suas vidas anteriores, e, se muitos ansiavam em reavivar essas recordações, dessa vontade eu não sofria mais, principalmente após saber o que fiz em 1920. Olhar para trás era o mesmo que reabrir feridas. Pessoalmente, preferia me concentrar nessa vida que se iniciara quando desencarnei.

Estava aprendendo muitas coisas novas e também recordando o que já sabia. Os espíritos, que realmente queriam trabalho como eu e tantos outros, estariam sob os auspícios do Espírito

Verdade e deveriam estar bem preparados. Havia uma preocupação especial com nossas questões morais mais íntimas, mas não sabíamos até que ponto isso poderia influenciar em nossas atividades. No mundo dos desencarnados não bastava silenciar a boca, era necessário silenciar a mente em primeiro lugar. Essa havia sido uma das primeiras lições que aprendi com Demétrius quando cheguei à colônia.

A nós, principiantes na doutrina espírita e trabalhadores da última hora, seria cobrado muito mais, pois, cada dia, estávamos nos tornando mais preparados. Eu mesma não queria desperdiçar um segundo sequer de minha existência. Havia muito a ser feito e poucos para fazer. Nos anos em que fiquei na cidadela, havia trabalhado em casas espíritas de pequeno porte, com trabalhos menos abrangentes do que eu encontrara no Amor e Luz, que sinalizava para mim uma grande oportunidade de crescimento.

Certo dia, olhando-me no espelho, notei que algo em mim havia mudado. Aquela face arredondada e aqueles traços infantis pareciam levemente mais retos e duros agora. Meus olhos azuis brilhavam como galáxias. De alguma forma eu havia amadurecido. Eu ainda parecia a menina ingênua de sempre e julgava isso uma grande qualidade. No hospital da cidadela onde recebi durante tanto tempo os recém-desencarnados, achavam-me simpática e jovial, deixando os novatos mais à vontade. Nas reuniões de desobsessão, a percepção das entidades doentias e sofredoras era semelhante, e minha presença refreava um pouco da revolta que lhes queimava no íntimo.

De modo que, mesmo com o passar dos anos, eu aparentava ser a mesma Célia, com rosto angelical e corpo magrinho de menina.

À medida que fomos adentrando as disciplinas, fomos nos sentindo constrangidos de olhar mais para nós mesmos. Meu íntimo fervilhava com tantos sentimentos conflitantes e tantas lembranças do passado, e o que eu verdadeiramente fazia era abafá-los e seguir adiante. No entanto, tinha medo de que um dia esse vulcão entrasse em erupção e todos soubessem o que havia, realmente, dentro de mim, e que toda essa fachada e inocência juvenis se quebrassem repentinamente. Ainda não sabia como resolver essas questões.

Os sonhos continuavam a me perturbar. Minha mente revirava e se debatia, ansiando libertar-se. Passei a imaginar que estivessem vinculados às grandes transformações que estavam acontecendo em minha vida, frutos da ansiedade e da adaptação à nova realidade que começava a viver. Eram sonhos, às vezes, belos e, outras vezes, bizarros, onde via minha família reunida novamente, em cenas do meu passado com meu pai, minha mãe e meus irmãos, misturadas a devaneios. Sem tirar conclusões apressadas sobre o significado desses sonhos, apenas aguardava o lento desenrolar dessa grande trama onírica.

Voltando da aula, alguns dias depois da visita ao Amor e Luz, fiquei surpresa ao deparar-me com estranha movimentação em nossa casa na colônia. Sentindo uma presença familiar nos cômodos da residência, apressei-me a entrar e, não vendo ninguém, fui em direção aos quartos. Ao abrir a porta de uma das suítes, dei de cara com Celi.

— Mamãe! Que surpresa!

Não disfarcei o susto de vê-la ali após muitos dias sem nos falarmos, e nos abraçamos fortemente durante um minuto. Era a primeira vez que a via desde que cheguei à colônia.

— Por que não avisou que viria? Devia ter me comunicado, estava ansiosa por notícias suas!

Celi olhou-me sorrindo antes de começar a falar.

— Tive saudades, Célia, muitas saudades, mas não tive como me ausentar antes. O trabalho tem me exigido atenção especial nesses últimos dias, mas terei mais tempo de agora em diante.

E, dando-me um leve tapinha no ombro, perguntou:

— Ah, antes de qualquer coisa, diga-me: gostou da nossa casinha?

Fiz que sim com a cabeça com um grande sorriso no rosto.

— A-d-o-r-e-i-! — respondi abrindo os braços e quase dançando de alegria. — Por que vai ter mais tempo agora? Vai tirar férias? — perguntei cortando o assunto, numa curiosidade repentina.

— Não exatamente férias. — E fazendo uma pausa como se medisse as próximas palavras, continuou: — Seu pai não está muito bem de saúde, Célia. Ele ainda não sabe, mas iniciou-se em seu organismo um processo de enfraquecimento cardíaco.

A notícia chocou-me intensamente e precisei me sentar. Olhando o horizonte, sentimentos conflitaram em meu íntimo. De imediato, desesperei-me, "Será que papai vai morrer? Que tragédia!". Mas logo depois minha razão reagiu. A morte dele na Terra significava "renascer" aqui, ao nosso lado, em nosso novo lar, na colônia.

— Célia, você está bem? Ficou pálida, aliás, ficou mais pálida que de costume.

— Desculpe, mamãe, reagi por instinto, mas agora estou raciocinando melhor. Chegou a hora, não é? Você já tinha me avisado... Ele irá sentir dor ou sofrer?

— Ele já está sentindo um cansaço excessivo há algumas semanas, que julga ser culpa da idade, e dores nos últimos dias, que julga serem musculares. Ontem sentiu dormência no braço, mas julgou ser fruto de uma noite dormida em má posição e falta de exercícios físicos. Não se cuidará e, enfim, logo estará por aqui.

— Mãe, quando meu pai esteve na cidadela, logo quando desencarnei, ele pareceu tão aéreo de tudo por aqui. Após relembrar meu passado, fiquei pensando: Em desdobramento, ele não deveria ter se lembrado melhor de tudo? Sua memória não deveria ter voltado por alguns instantes já que, entre todos em nosso antigo lar, ele era o espírito mais adiantado?

Celi, fazendo uma expressão séria, pensou por alguns segundos e então redarguiu:

— Você é muito observadora, Célia. No entanto, não existem regras absolutas nesse sentido, pois muitos fatores estão envolvidos. A lembrança de algum momento antes da reencarnação depende do grau de envolvimento entre o espírito e a matéria em que está inserido. Seu pai, naquela época, estava demasiadamente envolvido em questões terrenas, executando um programa de deveres, tendo em vista a data de seu desencarne estar se aproximando. Os compromissos com o trabalho o consumiam imensamente para dar à família certo conforto material, já que logo não estaria mais presente. Tudo obedece a uma programação.

"Quando sua família renovou a fé cristã, a postura de todos frente à vida e, principalmente a de seu pai, mudou, libertando-o um pouco mais das amarras da carne. Nesses últimos dias, após sua partida aqui para a colônia, tenho-o encontrado, aconselhando-o a se preparar para o retorno à pátria mãe, de forma que ele se esforçou ao máximo para organizar seus negócios e suas pendências materiais na Terra, sem saber bem o porquê."

— Ele se lembra de você como esposa?

— Não. Nem o permiti. Eu me mostrava como uma amiga, em sonhos, e ele acordava dia após dia com ideias que logo colocava em prática.

As colocações de Celi eram incríveis e ela me falava de tudo com tanta naturalidade que decerto imaginava que eu entendia tudo o que dizia. Mas para mim tudo o que contava era novidade, questões das quais eu não tinha a mínima noção.

— Mas meu irmãozinho parecia superlúcido e inteligente, e ele havia estado comigo na tragédia de 1920...

— Porque como criança, naturalmente, está menos conectado à matéria, está mais "leve", digamos assim. Ele foi um grande estudante antes de reencarnar, e com certeza a bagagem que adquiriu veio à tona com mais facilidade do que em seu pai, que, bem mais velho, estava mais envolvido em processos materiais, que lhe deixaram mais lento para as percepções do espírito.

Era complicado entender, mas não impossível. Conversamos no quarto por mais alguns minutos. Mamãe não estava lá apenas para uma visita, ela prepararia o quarto para a chegada de papai, dali a dois dias. Ele teria um infarto e seria levado a um hospital da colônia. Seria medicado, esclarecido e trazido à nossa casa. Como seria meu pai sem as amarras da carne? Estava "morta" de curiosidade.

Mamãe me perguntou se queria participar de seu processo de desenlace, mas recusei. Seria o mesmo que assistir a um doente terminal, no momento em que se desligam os aparelhos que o mantêm vivo. Disse apenas que os aguardaria ali, ansiosa, e que oraria para o processo todo ser rápido e indolor.

No entanto, mesmo declinando do convite de Celi, fiquei apreensiva com os momentos finais de meu pai, na Terra. Estava ansiosíssima em saber como seria essa transição. Automaticamente, relembrava do meu próprio processo de desligamento da carne e como foram angustiantes e constrangedoras as horas em que passei ainda presa ao meu corpo sem vida[10], incapaz de me mover, falar ou sentir o que se passava. Sem poder me expressar, apenas meu pensamento estava disponível para me auxiliar a entender o que acontecia.

Mesmo enevoadas e indefinidas, as lembranças daquele dia, em 1972, eram dolorosas e ainda me rendiam algumas pontadas na têmpora direita[11] de vez em quando. A partir dali, Celi não retornaria mais à cidadela. Estava a caminho do meu antigo lar, onde já começaria o trabalho de amparo a papai, para que, depois de amanhã, se ele compreendesse bem sua condição, estivéssemos juntos em nosso novo lar. O reencontro com papai reavivava-me a curiosidade por saber sobre nosso passado espiritual juntos.

Celi sempre evitava dar detalhes de nosso passado no mundo espiritual e de outras encarnações. Entendi que esse processo de lembrança e entendimento do passado não era encarado de forma muito natural. Da mesma forma que ela não tomava a iniciativa de falar sobre vidas passadas, muitos também faziam silêncio sobre

---

10 Naqueles espíritos que não aproveitaram o retorno à vida corporal para sua evolução, estagnados na escala do progresso, o desencarne será um processo extremamente doloroso, "tétrico, aterrador, ansioso (...) qual horrendo pesadelo", demorado, e a perturbação espiritual, que se seguirá, será muito intensa e prolongada; muitas vezes, mal se lembram até da última encarnação e muito menos das outras, em mais uma concessão da bondade e da misericórdia divina, mas um dia o farão, pois terão que "entrar no conhecimento do seu estado, antes de serem levadas para o meio cósmico adequado ao seu grau de luz e densidade". Explicação retirada do livro O Céu e o Inferno, de Allan Kardec e O Problema do Ser, do Destino e da Dor, de Léon Denis.

11 Questão 257, de O Livro dos Espíritos, de Allan Kardec: "O corpo é o instrumento da dor. Se não é a causa primária desta é, pelo menos, a causa imediata. A alma tem a percepção da dor: essa percepção é o efeito. A lembrança que da dor a alma conserva pode ser muito penosa, mas não pode ter ação física. De fato, nem o frio, nem o calor são capazes de desorganizar os tecidos da alma, que não é suscetível de congelar-se, nem de queimar-se. Não vemos todos os dias a recordação ou a apreensão de um mal físico produzir o efeito desse mal, como se real fora? Não as vemos até causar a morte? Toda gente sabe que aqueles a quem se amputou um membro costumam sentir dor no membro que lhes falta".

esse assunto. De certa forma, eu acabava sendo uma exceção, pois desde minha penúltima encarnação eu havia me munido de recursos, através de um lindo broche, para recuperar minha memória mais facilmente.

Saber sobre determinados assuntos da vida do espírito, era uma questão estritamente pessoal. Se a maioria não ligava ou temia seu passado espiritual, comigo era diferente, pois tinha extrema curiosidade e, mesmo descobrindo horrores sobre mim e tendo por isso uma ponta de arrependimento, ainda queria saber mais e iria atrás dessas informações no futuro, quando já tivesse assimilado melhor o pouco que descobrira e estivesse mais equilibrada emocionalmente. O conhecimento sobre vidas passadas se parece com um chafurdar na lama e, no fim das contas, acaba por reservar surpresas desagradáveis.

Fiquei aguardando notícias e, silenciosamente, orando por todos do meu antigo lar. Detestaria vê-los sofrer, pois todos já sofremos muito em épocas remotas, por nossa ignorância e desobediência às leis soberanas. Rogava ao Pai que me auxiliasse a aceitar essa provação com resignação e coragem, pois ainda havia muita vida pela frente.

Por outro lado, deixando um pouco de lado o sofrimento alheio, eu estava feliz em construir uma nova família, reiniciando minha vida junto a pessoas tão amadas.

Por mais que estivesse ausente de meu antigo lar, minha mente estava ligada a todos de lá de maneira inseparável. À noite, enquanto estava deitada e fazia a última prece do dia, minha consciência foi se esvaindo como em um sonho. Acho que, no fundo, eu queria estar lá com meu pai, apenas tinha receio de ver seu sofrimento. Vi-o deitado na cama com minha mãe, em sono profundo. Celi, ao lado deles, conversava com ele e vi quando, em desdobramento, meu pai levantou-se para receber-lhe melhor as palavras. De pé, frente a frente, ambos deram as mãos em franco entendimento e, após aceitar as instruções enviadas pela amiga espiritual, ele retornou ao envoltório carnal com serenidade, adormecendo.

Quando acordei, o dia já havia raiado e, mais uma vez, retomei às atividades diárias. Pelos nossos cálculos, meu pai desencarnaria em algumas horas, talvez até já houvesse desencarnado. Restava-me apenas esperar o chamado de minha querida mãe.

3
O reencontro

Meu pai desencarnou devido a uma parada cardíaca. Causa da morte: infarto do miocárdio. Era o fim de um longo dia em que ele passou aflito. Em 1977, o mundo não era como hoje, não havia internet para se pesquisar sobre determinados assuntos. Infelizmente, os médicos não conseguiram reanimá-lo.

Após tomar uma ducha e se deitar para um descanso rápido, antes do jantar, não mais se levantou. Minha mãe, achando que ele dormia, tentou em vão acordá-lo. Chamou uma ambulância às pressas, mas apenas para confirmar o que todos já sabiam: ele estava morto e, por sinal, uma bela morte, o sonho de todo ser humano, apenas fechar os olhos e acordar do outro lado. Simples assim, fechou os olhos da matéria e abriu os olhos do espírito.

Como não havia sofrido, papai pensou estar sonhando ao acordar no mundo dos imortais. Reconheceu que estava em seu próprio quarto e pôde ver a si mesmo em sono profundo, sem imaginar que havia desencarnado.

Uma amiga o aguardava ali. Ao vê-la, papai a achou extremamente familiar e, como tinha certeza de que era um sonho, foi até o encontro dela, pois queria saber o que aquela bela mulher fazia em sua casa. Estaria à sua procura? Não sabia dizer. Ela tocou os ombros dele e disse: "Vamos. Este lugar não lhe pertence mais. Irei mostrar-lhe como será o futuro." E, ainda acreditando que sonhava, acompanhou-a, e intensa luz fez-se no ambiente em que estavam[12].

Era um momento muito bonito, digno dos melhores filmes hollywoodianos. Sem precisar passar por nenhum hospital, meu pai foi trazido diretamente para casa. Eu havia me acostumado tanto ao trabalho na cidadela, recepcionando aqueles recém-libertos da matéria em trágicos acidentes, que havia me esquecido do grande número de espíritos que acorda tranquilamente no mundo espiritual e, aceitando facilmente sua nova condição, inicia uma nova vida.

Em casa, Keila e eu estávamos apreensivas quando ouvimos o chamado mental de Celi, pedindo que orássemos. Era importante elevar as energias do local para melhor receber o novo morador. Ao adentrar nosso lar, sob intensa luz, Celi trazia-o semilúcido, e eu, morta de saudades de meu amado pai, quase saltei sobre eles, mas então, mamãe fez-nos sinal de silêncio. Erguendo os braços e dividindo com ele nossos melhores fluidos, rogamos proteção para nosso irmão que, naquele instante, necessitava de todo o nosso apoio.

Encaminhamo-nos ao quarto onde ele ficaria e, ao deitar-se no confortável leito, ele adormeceu sem resistência.

Celi iniciou precisos movimentos magnéticos, que indicavam a manipulação de energia e fez a limpeza fluídica do perispírito de papai, cortando os poucos laços que ainda o prendiam à carne.

Em seu peito, uma escura mancha havia se formado como resultado da degradação de seu músculo cardíaco[13], destacando-se

---

12 *O Livro dos Espíritos*, de Allan Kardec, questão 88: "Os espíritos têm forma determinada, limitada e constante?". R: "Para vós, não; para nós, sim. O espírito é, se quiserdes, uma chama, um clarão, ou uma centelha etérea".
"a) Essa chama ou centelha tem cor?". R: "Tem uma coloração que, para vós, vai do colorido escuro e opaco a uma cor brilhante, qual a do rubi, conforme o espírito é mais ou menos puro". Relatos de espíritos manifestando-se na forma de uma "luz intensa" são muito comuns na história humana e confirmados por Kardec em conversação com a espiritualidade.

13 No livro *Nos Domínios da Mediunidade*, psicografado por Francisco Cândido Xavier, André Luiz explica que: "Assim como o corpo físico pode ingerir alimentos

em seu perispírito. Aos poucos, absorvendo nossos fluidos, papai desligou-se por completo das sensações físicas, e seu perispírito estabilizou-se. Seu peito, então, descansou sem máculas e passou a dormir o sono dos justos.

Havia cumprido sua missão na Terra com sucesso. Sem falar nada, abaixamos os braços e ficamos a observá-lo por alguns minutos. Eu o amava profundamente e mal podia esperar que ele acordasse. Uma lágrima correu em meu rosto. Estava muito feliz naquele instante. Celi, então, voltando-se para mim, disse:

— Ele vai precisar muito de você agora. Talvez não me reconheça de imediato, mas a você, sim. Está cansada?

— Não, Celi. Estou bem.

— Então fique com ele, Célia. Mentalmente, diga-lhe que tudo está bem e que descanse — e, fazendo breve pausa, continuou: — Não apenas ele precisa de apoio, sua família está passando por maus bocados e preciso auxiliá-los.

— Quando acordar, meu pai levará um susto quando me vir.

— Talvez. Fique atenta. Se ele vai dormir mais ou menos, dependerá do entendimento sobre sua situação agora. A fé católica prega a chegada, após a morte, em algum lugar onde o espírito viverá. Talvez ele acredite estar em uma dimensão idealizada pelas religiões judaico-cristãs.

De qualquer forma, algo me dizia que ele acordaria bastante lúcido e, durante toda a noite e o outro dia, velei seu sono. A qualquer movimento esperava que abrisse os olhos e me visse, o que foi acontecer somente no fim do segundo dia.

Quando ele acordou, Celi não estava, pois, juntamente com uma equipe de tarefeiros, auxiliava minha família no doloroso processo pelo qual passava na Terra. Desesperados e perdidos quanto aos procedimentos a serem tomados, Celi e seu pequeno grupo inspiraram meus entes na tomada de decisões falando-lhes mentalmente como melhor proceder, ao mesmo tempo que lhes

---

venenosos, que lhe intoxicam os tecidos, também o organismo perispiritual absorve elementos que lhe degradam, com reflexos sobre as células materiais".

65

alimentavam as forças através de passes magnéticos, energéticos e calmantes.

Minha mãe mostrava-se inconsolável e meu irmão mais velho, apesar de tomar partido de todas as resoluções, ameaçava desabar. Apenas meu amado irmãozinho mantinha-se sereno e, apesar das lágrimas nos olhos, entendia o sentido da morte melhor do que todos. Para os que ficaram na Terra, a noite foi especialmente dura.

Quando meu pai finalmente abriu os olhos, meu coração disparou no peito e, mentalmente, gritei por Celi. Definitivamente não sabia o que esperar e, sem pensar, disse:

— Papai?
— Célia?!

Ele sentou-se na cama me olhando assustado, mal acreditando no que via. Eu me joguei sobre ele e abracei-o fortemente. Papai, retribuindo o gesto, apertou-me ainda mais. Choramos os dois, ali, abraçados durante não sei quanto tempo. Nosso amor misturava-se ali, naquele instante, como se fôssemos um só, unidos por laços eternos.

Quando recuamos um pouco para nos olharmos, notei de relance que Celi, a certa distância, nos observava com os olhos marejados. Senti que se fundava ali as bases de uma nova família para todos nós.

Como o olhar ainda vidrado em mim, papai começou a falar calmamente, com a voz embargada pela emoção:

— Célia, minha filhinha! Você está tão bem, tão linda, muito mais bonita do que antes. Você está brilhando tanto, mas não mudou nadinha com o passar dos anos.

Suas palavras eram um bálsamo para minhas feridas da alma. As lágrimas em meu rosto desciam aos borbotões, e eu não tinha forças para dizer nada. Na presença de meu amado pai eu voltava a ser uma pequena garotinha mimada, criada entre beijos, abraços e elogios. Eu me sentia como uma criança indefesa, que acabava de encontrar a acolhida no colo paterno que, para mim, era o máximo modelo de amor e proteção.

Com voz embargada pela emoção, abracei-o novamente. Apenas agora dava-me conta da importância desse encontro sagrado. Uma parte de minha alma despedaçada naquele acidente fatal voltava para mim, após anos de intenso vazio. Meu pranto era convulsivo, eu estava incapaz de pronunciar uma palavra sequer. Com a cabeça enterrada no peito de meu pai, deixava cair todas as minhas armaduras de garota forte e madura. Eu era pura emoção e não me lembrava da última vez que me senti tão feliz. Meu pai, afagando meus cabelos desgrenhados, foi falando baixinho.

— Calma, Célia. O pior já passou. Agora estamos juntos novamente. Não chore. Me fale deste lugar onde nos encontramos.

À face da pergunta repentina, busquei fôlego para responder.

— Essa é a nossa nova casa.

E com um sorriso incrustado em uma face rubra e molhada, olhei em seus olhos e notei que processava a novidade.

Da entrada do quarto, Celi aproximou-se calmamente. Era o momento de intervir. De imediato, ela foi notada por papai. Ele reconheceu-a como a misteriosa mulher de seus sonhos.

— Você! Minha amiga de tantos sonhos. Perdi a contas de quantas vezes nos encontramos. Por acaso, vinha avisar-me de minha desdita? Sinto que a conheço de muito tempo, apesar de não saber de onde exatamente, tendo vivido ao seu lado muitas desventuras. As lembranças me fogem à razão.

— Olá, Magnus. Há algum tempo ansiava por chamá-lo assim.

Em silêncio, eu observava o curioso diálogo que iniciava entre os dois conhecidos. Uma espécie de ponte magnética fez-se entre eles, em uma troca de energias que não saberia explicar. Por fim, após um breve silêncio, meu pai pôs-se a falar:

— Celi. Seu nome é Celi. É ótimo revê-la, mas peço perdão por não me lembrar dos detalhes de nossa história juntos. Sei apenas que vivenciamos muitas experiências.

— Eu sei, querido, eu sei. Suas lembranças voltarão em breve.

E, voltando-se para mim já com a tez séria, diferente do pai que conhecera na Terra, o tal Magnus, do qual nunca ouvira falar, voltou sua atenção para mim.

67

— Célia, nós também vivenciamos juntos inúmeras experiências. Tenho sido para você, minha filha, um pai e um tutor. Você foi uma excelente garota enquanto estava viva. Tive muito orgulho de você, e foi muito doloroso perdê-la. Mas reconheço que também me perdi na carne, e agora que meu corpo se foi, passo a ver tudo sob novo ângulo, com a perspectiva da vida eterna. Deus me abençoou enquanto estava vivo com a oportunidade de cuidar de nossa família, Célia, e fico tranquilo em saber que não os deixei desamparados. Em alguns anos, todos nos encontraremos na Glória de Deus.

Notei que uma lágrima corria pelo rosto de Celi, que a enxugou discretamente. A pele dela estava radiante, e via-se em seu semblante um grande contentamento. Em seguida, aproximou-se mais e segurou nossas mãos.

— Gostariam de fazer uma oração pelos que ficaram?

Aceitamos o convite e, durante alguns minutos, Celi fez uma bela prece de agradecimento a Jesus pela oportunidade de reunirmo-nos novamente e rogou especial auxílio aos que ficaram, pois esses sim, mais que nós mesmos, precisariam de muito amparo para suportar as provações que viriam ali em diante.

Após a prece, continuamos a conversar. Meu pai, consciente de sua nova condição, demonstrava uma inabalável fé na providência divina, entendendo que a vida seguia seu curso e que não lhe restava opção senão aceitar a vontade de Deus. Não titubeou em olhar para frente e, mesmo sentindo profunda saudade dos que amava e ficaram para trás, relembrou-se de que já estava sendo preparado por Celi havia alguns dias para esse momento. Encarnado, intimamente já sabia que o momento derradeiro estava próximo e apressou-se, inconscientemente, em organizar questões materiais pendentes para facilitar a vida de quem ficasse. Não era um fenômeno estranho e tínhamos muitos exemplos de muitas pessoas que, sem saber que iriam desencarnar, haviam quitado grandes dívidas e transferido bens e imóveis para os familiares.

Meu pai, normalmente alegre e divertido quando encarnado, mostrou-se mais sério nesses primeiros dias após o despertar. Apesar disso, nossos primeiros momentos em família foram intensos, relembrando grandes passagens de minha infância e de nossa convivência como pai e filha, sob os olhos brilhantes de Celi, que aparentemente muito havia nos observado, do plano espiritual, nos anos em que estivemos encarnados.

Nos dias que se seguiram, vi que papai, muito mais adiantado do que eu nos assuntos espirituais, mostrava um conhecimento espetacular em questões que eu conhecia apenas superficialmente. Dávamos longos passeios pela cidade e conversávamos por horas intermináveis, tamanha era a riqueza dos assuntos referentes à nossa nova realidade de vida. Rapidamente, ambientou-se à sua nova vida, enquanto eu, mesmo após quatro anos vivendo como espírito, conservava comigo grandes paixões no íntimo e ainda tinha certas dificuldades na vida imaterial. Diariamente orávamos por nossa família, um hábito que, pessoalmente, adquiria só agora e, mesmo ouvindo os lamentos dos que ficaram, meu pai mostrava uma força e fé descomunais para lidar com tais questões. Felizmente, a religião havia feito um grande bem para todos do meu antigo lar e, mesmo entristecidos, minha mãe e meus irmãos rogavam a Deus que guardasse a alma de meu pai até o reencontro de todos.

A intimidade que havia entre mim e meu pai só era menor que a que havia entre ele e Celi. Era nítido que os dois juntos tinham grandes histórias, além de vários assuntos pendentes. O modo como nossa família foi constituída na Terra, após os acontecimentos de 1920, foi fruto de um grande planejamento entre os dois.

Após o retorno de meu pai ao Mundo Maior, fizemos tantas coisas e vivemos tantas experiências juntos, que poderia escrever um livro apenas de nossas histórias.

Retomando normalmente à rotina acadêmica, o exemplo de meu pai constrangeu-me a dar novo impulso em meus estudos, na tentativa de acelerar meu desenvolvimento. Ao término do semestre, ficamos animados e, ao mesmo tempo, apreensivos em saber que iniciaríamos os trabalhos no Amor e Luz, e que certas disciplinas seriam estudadas diretamente lá, bem como as aulas de evangelização da casa espírita, que passaríamos a frequentar semanalmente. De maneira geral, já seríamos incorporados às rotinas de trabalho e estudo do centro.

Juntamente com o recebimento dessas grandes notícias, veio em minha mente a figura de Demétrius, o misterioso agente, esse arauto da justiça divina que me inspirava pavor e respeito, e que se colocava como protetor e instrutor no Amor e Luz.

Mesmo com esses sentimentos conflitantes a respeito desse ser, tinha muita admiração pelos agentes pelo poder que representavam e os ideais pelos quais trabalhavam. Era o mesmo tipo de admiração que temos quando nos deparamos com o desconhecido e entramos em contato com fenômenos incompreensíveis. A presença dos agentes atiçava minha curiosidade e me dava certa vertigem, como quando se olha para baixo estando no alto de um edifício. Seu trabalho era especial, pois, como representantes de uma justiça soberana, deveriam ir a lugares onde a maioria dos seres não era capaz de chegar, abrindo caminhos nas trevas e encaminhando ao resgate ou à redenção as mais variadas entidades merecedoras de um aporte especial da espiritualidade devido a vários fatores.

Esses agentes eram ao mesmo tempo mensageiros e soldados, arautos e guerreiros em prol do bem, em prol do que era correto; a milícia imortal que desbravava os abismos mais profundos e as trevas mais espessas, levando a espada da justiça para os recônditos da Terra ou do astral. Em suas mãos encerravam-se os destinos dos piores transgressores, e isso me assustava imensamente porque, de alguma forma, sentia-me constrangida ante a presença deles, como se minha alma, pecadora e criminosa de outras eras, houvesse passado pela jurisdição deles. Era um remorso irracional, certa aversão misturada com admiração.

Mais tarde descobriria que estava muito mais próxima de entender a verdade do que poderia supor.

Desde que começara minha rotina de atividades na colônia, nosso período de estudo era de 12 horas e, em seguida, 12 horas de descanso, uma pesada rotina em comparação à cidadela. Antes de meu pai desencarnar, tentava aproveitar meu tempo ocioso lendo, passeando e descansando.

Se na cidadela nossos estudos destinavam-se ao nosso desenvolvimento espiritual, para nos auxiliar na adaptação ao Mundo Maior e à condição de espírito livre, na colônia, nossas disciplinas eram muito mais direcionadas a outro desenvolvimento: a moral espírita-cristã.

As questões que envolviam o conhecimento da vida do espírito e os conhecimentos da doutrina dos espíritos eram diferentes, mas se cruzavam em muitos momentos. Na cidadela, aprendemos a volitar com mais leveza, a autolimpeza mental, a plasmar objetos ou roupas minuciosamente, a transmissão do pensamento ou a movimentação a velocidades surpreendentes e muitas outras coisas, independente de nossa fé individual ou conhecimento sobre qualquer tipo de doutrina. Era a vida do espírito, além de crenças ou expectativas culturais.

O aprofundamento na doutrina espírita chegava agora em um momento oportuno, auxiliando-nos a vincular a vida do espírito a preceitos morais e éticos. A palavra de Jesus era fonte de luz e Seus ensinamentos, aliados às nossas potencialidades, abriam nossa mente para um futuro de infinitas possibilidades. As ideias do Cristo eram, para nós, roteiro seguro.

Os ideais dos grandes nomes que constam no Evangelho eram modelo de sucesso para qualquer empreendimento a ser realizado, tanto por encarnados quanto por desencarnados. Os livros de Allan Kardec, escritos sob a supervisão do Espírito Verdade, serviam de base para o trabalho no Amor e Luz, e quanto a isso não poderia haver desentendimentos.

Não era apenas trabalhar em prol do Cristo com boa vontade e fé, era também um trabalho que necessitava de muito estudo, pois atuaríamos sob a bandeira do Espiritismo, enviado ao mundo pelo Espírito Verdade. Antes de começar os trabalhos na casa espírita destinada, era importantíssimo ter lido toda a obra da codificação, pois assim entenderíamos o significado dos trabalhos realizados, bem como a postura de cada frequentador e trabalhador dentro do centro, além, é claro, da linguagem empregada no dia a dia da casa.

Conhecia a rotina dos adeptos da doutrina muito bem e, mesmo com pouco estudo, na época, pude ser útil de várias maneiras. Agora, eu estava estudando não apenas para ser útil, mas sim para fazer a diferença. Era como ser efetivada após alguns anos de estágio.

Nas casas espíritas pelas quais passei na Terra, havia executado tarefas variadas, mas eram as reuniões de desobsessão que mais haviam chamado minha atenção. De longe, observava todas aquelas estranhas entidades sendo trazidas e tentava imaginar qual teria sido a história de cada uma delas. Nessas reuniões, minha imaginação alçava voo e traçava mentalmente os roteiros de cada espírito que era trazido ao grupo mediúnico, cada qual com seu relato único sobre a vida e a morte. Uns revoltados, outros desesperados, alguns ignorantes e outros tão perversos.

Via os grupos de socorro entrando e saindo, tentando imaginar de onde teriam vindo e onde iriam realizar o próximo resgate. Era uma reunião extrema.

Portanto, quando chegou o momento de partir para a colônia, não tive dúvidas do que queria fazer pelos próximos anos: trabalhar nas reuniões de desobsessão.

Mas ainda faltava certo preparo de minha parte. O contato com as entidades exigia-me uma rígida disciplina física e mental, além de paz interior para lidar com essas almas atormentadas por tantas desilusões. Todas as nossas atitudes seriam pautadas pelo amor ao enfermo espiritual, e só o amor permitia que nós aprendêssemos a respeitar e a entender a condição de cada espírito que adentrasse nossa reunião. Claro, eu deveria estar lá para saudar a todos os desequilibrados que chegassem, tentando, de alguma forma, levar algum alento àqueles amargurados corações. Sabia, contudo, que ainda faltava-me alguma maturidade. Ainda tinha medo de alguns desses espíritos, sobretudo, os que sofriam os efeitos da zoantropia ou se tornado vampiros. Gelava-me a alma a presença deles e, mesmo sabendo que os agentes os guiavam sob forte vigilância, mal podia olhá-los.

Curiosamente, enquanto ainda morava na cidadela, eu havia descoberto, sem querer, algo que me dava certa vantagem no trato com os espíritos desequilibrados ou desordeiros. Como eu havia começado a trabalhar logo após o desencarne, minha aparência havia se mantido intacta — até hoje, por sinal — e essa mistura de garota meiga, jovial, com voz doce e olhar tímido, impunha mais respeito do que um agente armado. Não sempre, é claro, mas grande parte das vezes.

Eu parecia uma criança, e isso inibia certas manifestações violentas ou palavreados mais agressivos. No hospital da cidadela, eu já estava acostumada com os elogios dos recém-desencarnados, que me achavam bonita, educada e simpática. Com isso, os recém-chegados se chocavam menos com a condição de desencarnados. Muitos me chamavam de anjinha. Claro que, na "vida real", de anjo eu não tinha nada, mas minha boa vontade era imensa e passei a usar a aparência que tinha como uma espécie de ferramenta de trabalho. Beleza e inocência usadas para o bem, um conceito que na Terra nunca seria compreendido de maneira tão pueril. Eu havia me tornado uma garota alegre, divertida e falastrona no ambiente de trabalho, mesmo que mantivesse aquela timidez irritante — como afirmava Keila —, fora da casa espírita.

As reuniões tinham uma energia diferente, e sentia-me muito animada quando trabalhava. Certa vez, minutos antes do início da reunião, um senhor desencarnado, que estava para ser atendido pela equipe mediúnica, mostrou-se irritadíssimo com sua situação. Julgava-se prioritário, e a doença que consumira seu corpo carnal deixara algumas sequelas em seu perispírito e, naqueles casos, o choque anímico era um bálsamo restaurador. Mas ele, mostrando-se impaciente, praguejava contra as equipes de socorro, que em vão tentavam consolá-lo.

Eu, que naquele momento auxiliava a equipe de fluidificação, fazia medições nos copos d'água e, talvez motivada pela falta de paciência com a lamúria do aflito senhor, me movi em sua direção e, no trajeto, observei-o com atenção.

Ao notar minha aproximação, ele parou de reclamar um instante, entendendo que iria lhe falar algo e, realmente falei.

— Nossa! De longe fiquei reparando como o senhor se parece com meu avô. Por um instante achei que ele tinha desencarnado.

73

E ele, encabulado, fechando o semblante, retrucou:

— Seu avô é desse jeito, todo estropiado? — E sorriu ironicamente.

— Não. Ele trabalha na construção civil e tem mãos calejadas como as suas pelo trabalho.

E, segurando as mãos do senhor, mostrei-lhe os próprios calos. Imediatamente, seu semblante mudou e, aparentemente envergonhado, olhou as próprias mãos em atitude reflexiva.

— Se seu avô tiver trabalhado como eu trabalhei, tenho certeza de que é um homem digno de respeito.

— É, ele trabalhou muito e trabalha até hoje e, se ele ganhar do senhor, vai ser só porque ainda está vivo e pode trabalhar mais alguns anos.

E, então, rimo-nos da observação. Toda a aura do homem havia mudado. Pedi-lhe um pouco de paciência, pois logo seria atendido, afinal, seriam poucos minutos de dor para uma cura que duraria toda sua existência.

Impressionado com a observação, agradeceu-me e desculpou-se com os tarefeiros que o transportavam. A partir daí, sempre que algum recém-chegado se mostrasse indisciplinado, me chamavam para dar uma ajudinha. Todos esses detalhes me auxiliariam a planejar melhor como seria meu futuro como tarefeira da doutrina espírita.

Deveria, a partir de então, utilizar esses conhecimentos e essas capacidades de maneira mais ampla, e o primeiro passo era evitar que meus próprios pensamentos piorassem a condição dos desencarnados.

Na véspera do início dos trabalhos no Amor e Luz, fiz algo que há tempos perdera o hábito: olhei-me detidamente no espelho. Estava ansiosa e, obviamente, queria estar apresentável para o início das atividades, mas era mais do que isso. Queria estar bonita, queria me sentir bonita. Era linda, apesar de parecer uma pirralha de vestido, mas toda essa beleza teria um propósito edificante. Se na época em que desencarnei me perguntassem qual das duas vidas que eu conhecia era a mais sacrificante e difícil, eu diria, sem titubear, que era a vida como encarnada, mais dura e menos gloriosa, frustrante, extremamente laboriosa e com poucos frutos quando comparada à vida do espírito. Isso naquela época. Se me fizessem essa mesma pergunta hoje, eu ficaria realmente na dúvida, pois os desafios, apesar de diferentes, são igualmente extenuantes. Na verdade, naquela época, eu sequer imaginava o nível das provações a que seria submetida nos trabalhos na casa espírita Amor e Luz. Realmente, a vida no Mundo Maior era complicada, e eu descobriria isso da pior maneira possível: vivenciando cada experiência de aprendizado.

A logística de transporte para a Terra, a partir da colônia, era muito interessante. Linhas de aerobus funcionavam 24 horas ininterruptas. A chegada e saída de espíritos eram constantes. O trânsito de entidades era intenso e, enquanto aguardava o embarque, acabei puxando conversa com alguns trabalhadores do centro que também aguardavam o transporte. Apesar de eu ser a única trabalhadora das lides da desobsessão entre os novatos, isso não significava que era a única a ir para o Amor e Luz. Havia muito a ser feito e, quanto antes chegasse, seria melhor. Eu mesma, antes de qualquer coisa, deveria visitar as enfermarias e participar da triagem dos que seriam atendidos na noite da reunião, dali a três dias. Para os encarnados, a desobsessão é uma atividade semanal, mas para os desencarnados é tarefa diária.

Na primeira visita ao centro, havia conhecido a estrutura física, com alguns de seus trabalhadores encarnados desdobrados e desencarnados. Agora conheceria a estrutura etérea daquele belíssimo e imponente edifício luminoso. No aerobus, sentei-me próxima a dois rapazes, que trabalhavam no Amor e Luz havia algum tempo. Durante o trajeto para a Terra, tentaram tranquilizar-me, mas, no fundo, a ansiedade corroía-me a alma. Com certeza esse era um dos defeitos que teria de consertar em breve.

Na descida do transporte, muitas entidades desembarcaram conosco, para início de mais um turno de trabalho naquele grande posto de socorro, que unia as duas esferas da vida.

À medida que seguíamos pela mesma passarela de antes, uma dúvida cruel fez-se em minha mente. Vendo um dos rapazes

75

ao meu lado, que me pareceu mais inteligente e competente nos assuntos do Amor e Luz, perguntei:

— Fiquei pensando uma coisa. Juntando os trabalhadores novos da cidadela e do Retiro Nobre, quer dizer, tantos novos tarefeiros prontos para o trabalho, não é de se estranhar que ainda haja vagas a serem preenchidas? — perguntei, mordendo o lábio inferior.

Olhando-me com um sorriso, respondeu:

— Os trabalhadores não são suficientes, principalmente porque o trabalho está crescendo. Eu até achei que enviaram muitos para cá.

E então, o outro interferiu.

— Estávamos torcendo por pelo menos cinco novos trabalhadores!

E rimo-nos da observação. Passei a me sentir privilegiada por estar ali. Realmente, cada trabalhador era disputado "no tapa" — com dizem na Terra — por cada casa espírita. Um minuto depois, ele continuou.

— A cidadela demorou a enviar trabalhadores, e muitas outras colônias também agem dessa forma. Aquela reunião onde vocês nos foram apresentados, foi uma vitória. Agora, quanto tempo se passará até novos jovens serem enviados da cidadela ou do Retiro Nobre, novamente, só Deus sabe. Felizmente, existem muitas colônias formando novos trabalhadores a cada dia.

Entendi melhor a importância da mudança que ocorreu e dessa nova leva de trabalhadores. Orgulhava-me de ter feito parte da história da cidadela, ter participado da vida de seus instrutores e administradores, que, através de muito trabalho e amor, conseguiram maturar tantos novos frutos, para alimentar essa doutrina maravilhosa que era o Espiritismo.

SEGUNDA PARTE

1
A vida real

Mais uma vez, a grandiosa ponte estendia-se diante de mim. O sol iluminava tudo, e a cidade parecia muito diferente agora, sem as densas nuvens e o clamor da tempestade de outrora. Minha visão perdia-se no horizonte admirando a vista privilegiada dos quatro cantos da metrópole. Sob a luz do dia, a construção etérea, que se levantava acima de nós, reluzia ofuscando nossa visão ainda muito materializada.

Caminhando a passos largos, intimamente entendia que aquele era um momento grandioso para mim, um divisor de águas em minha vida "profissional". Poucos passos me separavam desse trabalho que, eu acreditava, definiria meu futuro espiritual. Agradeci a Deus por essa oportunidade.

À aproximação do grupo, as grandes portas de vidro cristalino foram abertas e vi uma simpática garota cumprindo a função de recepcionista. Cabia a ela o trabalho de triagem e controle, acompanhando todo o fluxo de trabalhadores e visitantes, encaminhando os novatos para suas respectivas áreas e recebendo os visitantes dessa e de outras esferas com toda a atenção que mereciam, encaminhando-os para seus objetivos ou avisando as entidades, que os acompanhariam, de sua chegada. O trânsito de entidades ali era incessante e, ao mesmo tempo em que chegávamos, um grupo já cruzava conosco, vindo do interior da construção, para mais uma viagem de volta.

Cumprimentando-nos amavelmente. O olhar da recepcionista cruzou com o meu ao passar pela porta. Notei que ela havia me identificado como uma desconhecida. Aproveitando que a jovem havia notado minha presença, fui até ela buscar orientações. Recebeu-me com um belo sorriso.

— Oi! Meu nome é Célia. Hoje é meu primeiro dia.

— Boa tarde. Aguardávamos você. Já avisei aos coordenadores de sua área sobre sua chegada. Será recebida agora. Seja bem-vinda!

Ao me virar para a saída, vi duas venerandas entidades de pé, conversando. Era um homem alto e grisalho acompanhado de uma mulher igualmente alta, com pele bronzeada e longos cabelos negros, com cachos perfeitos nas pontas. Quando olhei novamente para a secretária, ela os indicou com os olhos, e assim fui em direção aos dois.

As amplas portas de vidro abriram-se com minha aproximação, e o casal deu um passo à frente, ao meu encontro.

— Boa tarde. Você deve ser Célia — disse o homem de voz rouca e calma apertando minha mão, seguido pela mulher, que me cumprimentou da mesma forma. Ela, então, iniciou a conversa.

— É de praxe, Célia, que seja recebida por nós e lhe apresentemos a instituição antes de qualquer coisa. Meu nome é Marly, e esse é Rubens. Somos responsáveis pelos trabalhos de desobsessão realizados no Amor e Luz. Rubens trabalha diretamente com os médiuns, e eu diretamente com as entidades. Com o tempo, entenderá melhor nossas funções.

— Prazer em conhecê-los. Estou ansiosa para começar — falei, e ambos sorriram.

— Célia, seu trabalho está diretamente ligado ao de Marly. Ela será sua tutora, e você atuará ao lado dela sempre. Marly tem estado sobrecarregada ultimamente devido ao crescimento de nossa casa espírita. Abrigamos muitas entidades que têm necessitado de atenção redobrada, tamanho seu desequilíbrio ou sua periculosidade. Ter você aqui conosco é um grande prazer e uma grande bênção, principalmente porque você tem boas referências.

Esperamos que goste de nossa instituição. De nossa parte, faremos de tudo para que nossa convivência seja pacífica e muito produtiva.

Em seguida, Rubens despediu-se de nós, desejando que Jesus abençoasse essa nova etapa de trabalho. Ele pareceu apressado e depois eu soube o quanto era atarefado. Grande parte de seu tempo era dedicado à preparação dos médiuns para a passividade mediúnica, o encontro com os médiuns em desdobramento, o tratamento do perispírito de desencarnados através dos fluidos dos encarnados e diversas outras tarefas envolvendo o auxílio a encarnados e desencarnados. A reunião de desobsessão era só a pontinha do gigantesco *iceberg* que findava no choque anímico. Havia mais, muito mais.

Ficando a sós com Marly, fiquei mais à vontade. Diferente de Rubens, ela não parecia tão formal no trato. Era uma morena linda, muito alta e esguia, com uma pele cor de canela brilhante e de longe chamava atenção. Eu mal alcançava seus ombros e contrastávamos muito, já que eu era baixinha e clara. Puxando-me pela mão, ela pôs-se a falar.

— É muito bom tê-la aqui, Célia, oro para que goste de tudo. Celi falou muito bem sobre você, como Rubens já disse. Mas sabemos que ainda é uma aprendiza, temos muito para lhe ensinar — e, fazendo uma pausa, continuou:

— Seu pai chegou bem à colônia?

Surpresa com a intimidade da pergunta, respondi:

— Sim, chegou muito bem. Bem até demais. Não teve nenhuma dificuldade em se adaptar.

— Você é muito privilegiada por ter ao seu lado espíritos tão grandiosos. Aprenda muito com eles, porque na época de retornar à carne, não será fácil para ninguém.

Sim, eu sabia disso, ah, como sabia!

— Atravessando o *hall* principal, seguimos até uma sala. Ao entrarmos, Marly pediu que me sentasse. Havia poltronas dispostas em círculo e aconcheguei-me em uma especialmente confortável.

— Fique à vontade. Antes de irmos a qualquer lugar, vou rapidamente mostrar onde você está.

A iluminação do ambiente diminuiu, e surgiu diante de nós uma imagem muito real do prédio, do topo ao térreo. Girando a imagem, ela foi explicando.

— Esta é nossa estrutura etérea. É o edifício mais alto dessa cidade, mesmo entre as construções astrais. Precisamos de um edifício imponente, pois a atmosfera lá embaixo é muito pesada, e até para o pouso de nossas aeronaves precisamos de uma atmosfera mais tranquila e segura. Tratamos aqui de doentes espirituais em situação delicada, que também necessitam de paz e segurança.

E, após uma breve pausa, continuou:

— Lá embaixo, no chão, sofremos muitos ataques de muitas formas-pensamento[14], tanto de encarnados quanto de desencarnados, que em muito prejudicam o trabalho e o trânsito espiritual.

A tudo ouvia com atenção, mesmo sem entender o significado daquela triste situação na crosta.

— Sei que nos lugares onde trabalhou as hostilidades eram pequenas. Aqui, diferentemente, são muitas, pois nosso trabalho é abrangente e cresce a cada dia. Acabamos por despertar a atenção de grandes grupos ou instituições voltadas para práticas menos nobres.

Sem perceber, franzi a testa. Marly notou a dúvida estampada em meu rosto. Será que era por isso que Demétrius fez a

---

14 Formas-pensamento, bem como larvas astrais, vibriões psíquicos são criações mentais que utilizam a matéria fluídica ou matéria astral para compor as características de acordo com a natureza do pensamento. Deste ponto de vista, encarnados e desencarnados podem criar formas-pensamento, com características boas ou ruins, positivas ou negativas. As formas-pensamento são supostamente criadas através da ação da mente sobre as energias mais sutis, criando formas que correspondem à natureza do pensamento gerado. Segundo vários autores, cada um de nós deixa atrás de si, por toda parte onde caminha, uma série de formas-pensamento. Nas ruas flutuam quantidades inumeráveis e caminhamos no meio delas. Mais informações podem ser encontradas em *Compêndio de Teosofia, O Plano Astral*, de Charles Webster Leadbeater; *Formas de Pensamento*, de Charles Webster Leadbeater e Annie Besant; *Budismo Esotérico*, de A. P. Sinnet; *O Homem e seus Corpos, Reencarnação, Os sete princípios do homem*, de Annie Besant; A *Doutrina Secreta,* de Helena Petrovna Blavatsky; além, claro, da coleção de livros de *A Vida no Mundo Espiritual*, de André Luiz, psicografado por Francisco Cândido Xavier.

segurança de nossa nave, em nossa primeira viagem até aqui, naquela noite chuvosa?

— Para você, Célia, essas são informações relevantes, pois o local onde estamos está intimamente ligado ao tipo de entidades que você lidará quase diariamente. O Centro Espírita Amor e Luz fica em uma área centralizada da cidade. Essa é uma região antiga e, como pode ver, possui muitos edifícios, abrigando grande número de pessoas. Caminhando pelas ruas, vemos antigas casas e antigos estabelecimentos comerciais variados. Grande número dessas residências funciona à noite como prostíbulos e outro sem-número desses estabelecimentos são constituídos por bares badalados e boates muito frequentadas pela juventude, sobretudo, àquelas voltadas aos adeptos de práticas homossexuais desregradas.

Marly fez, então, nova pausa e sorriu levemente. Ela via minha mente fervilhando, conectando ideias e formando uma grande linha de raciocínio. Em uma região como aquela, frequentada por grande número de almas ligadas aos vícios, aos desregramentos sexuais, aos abusos de maneira geral, não faltaria a presença destrutiva de entidades igualmente desequilibradas, espíritos vampirizadores e viciosos nos mais diversos prazeres.

Com toda a certeza, essas entidades engrossariam a fila de desencarnados a serem atendidos nos diversos setores da casa espírita, sobretudo, nos trabalhos de desobsessão. As afirmações de Marly não chegaram a me abalar, mas me deixaram um pouco receosa. Era trabalho pesado que tinha pela frente!

— Você pode imaginar como nosso trabalho é árduo e nos exige equilíbrio extra. Mas deixemos esse assunto para o devido tempo. Voltemos à nossa estrutura predial. Começando por baixo, temos, nos primeiros pavimentos, logo acima da parte material de nossa instituição, os laboratórios espirituais do Amor e Luz. Aqui trabalham cientistas, médicos e técnicos direcionando grandes conhecimentos e modernas tecnologias para o tratamento de encarnados e desencarnados. Podemos analisar e realizar exames profundos no perispírito, desenvolver medicamentos específicos para muitos males, enfim, podemos fazer muitas coisas.

É importante que os laboratórios fiquem sempre perto do prédio material, onde são realizados os trabalhos do centro.

Enquanto Marly ia falando, a imagem holográfica do edifício era ampliada, mostrando em close as dependências das quais ela falava.

— Logo acima dos laboratórios começam as enfermarias. São divididas em alas, onde os espíritos ficam temporariamente, apenas por alguns dias. São encaminhados até aqui para tratamento de urgência e ficam em leitos preparados de acordo com o tipo específico de enfermidade.

"A maioria das entidades fica poucas horas. Algumas dessas, por gratidão ou consciência, passam a frequentar os trabalhos e as atividades da casa, agregando nossa plêiade de trabalhadores. As que apresentam melhora, partem junto aos seus familiares, amigos ou tutores, e uma parte, mesmo após o tratamento, acaba retornando para a vida desregrada de antes. Aqui acaba sendo um refresco temporário.

"As enfermarias ocupam a maior parte de nosso prédio. Uma pequena parte das enfermarias fica lá embaixo, pois temos leitos temporários no salão para o atendimento emergencial de quem chega sem forças, bem como o preparo de alimento para aqueles que precisam de forças extras antes ou após o atendimento.

"Nos pavimentos superiores, temos o andar de desembarque, que você já conhece, e salas de controle, biblioteca, salas de estudo, de reunião e, no subsolo, salas reforçadas para deter os mais desequilibrados ou violentos. Com o tempo, você conhecerá toda a estrutura."

Tudo era mostrado naquela bela imagem flutuante, espécie de holograma com toda a estrutura detalhada, movendo-se, girando e até tornando-se transparente, deixando ver detalhes da estrutura interna sem as paredes.

Notando que eu suspirava pesadamente, Marly fez uma pausa. Ela sabia que eu absorvia lentamente aquela grande quantidade de informações.

Mudando de assunto, eu perguntei:

— Marly, e quanto aos outros trabalhadores? Todos receberão treinamento semelhante a esse?

83

— Sim, Célia, todos, sem exceção. Mas cada qual em sua área e com seus coordenadores específicos e em horários variados, antes do início das atividades correspondentes. Para cada um de vocês, as tarefas vão se tornar cada vez mais específicas. Nossa intenção é formar especialistas.

— Entendo... Tão específicas que parece que estou cada vez mais sozinha em meus afazeres — desabafei.

— Está aprendendo a lidar consigo e desenvolvendo suas aptidões, Célia. Cada um de nós, afinal, tem um caminho a seguir. Encontramo-nos em determinados momentos, dividimos experiências, mas inevitavelmente chegará o momento de seguirmos sozinhos até um novo encontro. Seu primeiro passo é entender-se consigo mesma. E, se me permite dizer, como sempre teve muitos mimos, estranha essa vida de afazeres que dizem respeito à sua evolução individual.

"Acalme-se, respire fundo e nunca se sinta só. Está entre irmãos agora. Voltando à sua pergunta, temos tantas vagas disponíveis e tão poucos candidatos a ocupá-las, que vocês, distribuídos em diversas funções em nossas áreas de atuação, apenas remediarão nossas necessidades. Laboratórios, enfermarias, evangelização, reuniões de estudo, desobsessão, sopa fraterna, dependentes químicos, idosos, evangelho do lar... Não falta trabalho!

"Mesmo assim, agradecemos imensamente aos planos mais elevados essa dádiva que nos foi ofertada, uma grandiosa bênção na forma de novos tarefeiros. Que tal descermos agora ao Amor e Luz? Precisa conhecer seu novo local de trabalho."

Saindo da sala, deparamo-nos com a parte interna do edifício, que possuía uma estrutura circular e um vão central que ia da cobertura à casa espírita. Como havia pontuado anteriormente, a arquitetura dessa construção lembrava muito os prédios da colônia. As entidades em trânsito utilizavam o vão central para chegar à "terra firme" e víamos muitos subindo e descendo. Difícil é explicar.

Chegando ao solo, segui Marly até uma das salas da casa espírita, que já havia visto na visita anterior. Entrando lá pela primeira vez, vi que era um salão simples, não muito grande, com bancos e assoalho de madeira. A mesa de reuniões ficava em um patamar mais alto. Pesadas cortinas cobriam as amplas janelas. Ao fundo, havia bebedouros. No geral, o ambiente era bem aconchegante.

A casa espírita estava movimentada, o trânsito de entidades era intenso. À nossa chegada, muitos vieram nos cumprimentar e, claro, me conhecer. Marly me apresentou aos trabalhadores, e conversamos por alguns minutos. Os preparativos para a reunião de logo mais já seguiam acelerados, e demorei-me ali conhecendo os afazeres de cada um.

Quando o sol preparava-se para se pôr, Marly chamou-me a um canto para uma conversa mais reservada. Notei que havia uma estrutura etérea construída sobre a estrutura física, mas que não obedecia à arquitetura material.

— Célia, hoje será uma noite normal de trabalho, mas eu não quero que você trabalhe hoje.

Estranhando a observação, aguardei para saber como esse assunto acabaria.

— Quero que observe e aprenda. Quero que veja como é nossa rotina e vá ambientando-se à nossa disciplina de trabalho. Rapidamente, você verá o que mais a atrai e também o que mais a incomoda. Quero saber o significado que essa reunião terá para você.

À medida que se aproximava a hora marcada para a reunião, via chegar os trabalhadores desencarnados, primeiro os responsáveis pela fluidificação da água a ser consumida pelos médiuns após a reunião, pela limpeza energética do ambiente, pelo encaminhamento das entidades ao atendimento e mais um sem-número de tarefas. Era um verdadeiro exército de técnicos, enfermeiros e voluntários sob o comando das duas entidades venerandas que haviam me recebido pouco tempo antes.

A assembleia de expectadores era pequena se comparada ao quantitativo de tarefeiros ocupadíssimos no local. Havia estudantes, doentes e visitantes de hierarquias variadas. Todos iam se aconchegando nas confortáveis poltronas do recinto etéreo, em busca de novos conhecimentos.

Via-se ali uma extensão dessa grande "Universidade do Espírito", com lições e exemplos úteis a todos nós.

As entidades que formavam a massa de trabalhadores do Amor e Luz eram heterogêneas. Havia ali representantes de todas as religiões que conhecia e outras que para mim eram inéditas, mas isso não mais me espantava. A fronteira da morte era uma linha divisória para muitas descobertas e mudavam-se os parâmetros religiosos e culturais. Muitos cultos praticados na Terra perdiam totalmente o sentido quando adentravam a dimensão da vida extracorpórea. Como tantas crenças religiosas divergentes poderiam levar seus dogmas adiantes, sabendo-se que todos somos espíritos imortais, candidatos a uma futura reencarnação? Essas diferenças dogmáticas perdiam-se à luz dos conhecimentos eternos. A verdade é a verdade, independente do que acreditamos, e a morte é o primeiro passo para o encontro com essa realidade eterna.

Para os espíritos lúcidos, que conservassem ainda um mínimo de bom senso, acreditar nisso era inevitável. Assim, independente da religião que professavam ainda na carne, essas entidades trabalhavam em conjunto, advindas de igrejas protestante-evangélicas, templos católicos, sinagogas e terreiros de umbanda. Estavam reunidos ali rabinos, caboclos, pastores, preto-velhos e ateus, todos de mãos dadas, no que parecia ser uma amostra do futuro reservado aos religiosos da Terra, abraçando-se em uma causa comum, apesar das acentuadas diferenças entre crenças.

De certo ponto de vista, o futuro já estava acontecendo, pelo menos no Mundo Maior, a um passo de se manifestar no plano físico não apenas do ponto de vista religioso ou ideológico, mas também no terreno tecnológico.

Desde que eu abrira os olhos como desencarnada pela primeira vez, via mais e mais aparatos ultrassofisticados para os padrões terrenos, mas que já estavam em fase de ajustes para o desenvolvimento nas indústrias do planeta em alguns anos.

Eram projetos encabeçados por técnicos e cientistas que muito estudavam no plano do espírito para que, quando reencarnassem, pudessem levar adiante, nas próximas décadas, a construção desses aparelhos.

Um exemplo era o projetor mental, um pequeno objeto do tamanho de uma moeda e que projetava holograficamente o que pensávamos. Algo que para nós era ridicularmente singelo, mas que na Terra poderia ser digno de um prêmio Nobel, revolucionando várias áreas do conhecimento ao dar vida às mais variadas imagens mentais. Imaginem como seria incrível esse simples objeto ser usado por engenheiros e arquitetos na concepção de seus projetos; por educadores, na exemplificação de suas disciplinas e até pelos psicólogos, utilizando-se desse fabuloso aparelho para perscrutar o pensamento de seus pacientes mais problemáticos. Infelizmente, a Terra ainda era constituída por pesada matéria, onde o espírito debatia-se na ânsia por liberdade.

Quando, então, os trabalhadores encarnados foram chegando e posicionando-se em seus respectivos lugares, alguns equipamentos foram imediatamente conectados pelos tarefeiros desencarnados. Os passistas foram ligados a tubos condutores, que lhes transmitiriam fluidos energéticos. Para os médiuns psicofônicos e psicógrafos foram preparados capacetes especiais para auxiliá-los na concentração e recepção das mensagens.

Rubens observava a tudo com olhos de lince, mas pouco interferindo. Percebia-se o esmero e a perfeição com que as equipes espirituais executavam suas funções.

O clima do ambiente foi então mudando à medida que todos se preparavam mentalmente para o intercâmbio. Os mentores espirituais de cada encarnado foram se alinhando com seus tutelados. Alguns médiuns identificavam a presença desses espíritos e tinham com eles estreita relação; outros ignoravam por completo o amigo que os auxiliava. De maneira geral, todos dividiam as melhores energias de que dispunham, emitindo pensamentos positivos para o bom andamento dos atendimentos e das comunicações que seriam realizadas naquela noite.

No entanto, mesmo com os médiuns recebendo pensamentos e sentimentos de seus mentores, a matéria carnal era incrivelmente densa e poucos exteriorizavam essas dádivas de forma racional ou inteligível. A maioria apenas sentia a presença das entidades sem saber ao certo o que isso significava.

Víamos na linha de raciocínio de cada encarnado "brotar" o pensamento de seu guia ou mentor, mas ele, assimilando esse

87

pensamento como seu, mal notava a benéfica interferência. Inconscientemente, o espírito encarnado lutava contra os espíritos que lhe transmitiam ideias ou instruções, e encarávamos isso como uma resistência natural daquela alma em especial[15]. Os últimos momentos, antes de a reunião iniciar, pareciam um campo de batalha mental, onde se processava a difícil sintonia entre mentes das duas dimensões da vida.

Na hora certa foram lidos os livros introdutórios, entre eles *O Evangelho Segundo o Espiritismo* e *O Livro dos Espíritos*, ambos de Allan Kardec, e vimos minar a resistência mental dos encarnados, que, durante a leitura foram captando melhor as reflexões de seus amigos espirituais, auxiliando-os no melhor entendimento do texto.

Ao reduzirem-se as luzes, ficaram todos à penumbra para a realização da prece. Os encarnados aproveitaram a ocasião para limpar suas mentes, equilibrando-se melhor e tornando-se mais dóceis e receptivos à benéfica luz do mais alto[16] que incidia sobre eles e entendiam que, a partir daquele ponto, começava o contato direto com as entidades, apesar de a sintonia ter começado horas e até dias antes, sob supervisão de Rubens. O momento da prece também era um divisor de águas que revelava o interesse ou

---

15 No *O Livro dos Médiuns*, de Allan Kardec, segunda parte, capítulo 20, questão 230, Erasto argumenta que: "Mas, assim também como as influências atmosféricas frequentemente atuam sobre as transmissões telegráficas e as perturbam, a influência moral do médium age algumas vezes sobre a transmissão dos nossos despachos de além-túmulo e os perturbam, porque somos obrigados a fazê-los atravessar um meio contrário".

16 "Foi então que do alto grande quantidade de flocos esbranquiçados, de tamanhos variadíssimos, caiu copiosamente sobre os que oravam, mas não sobre os que dormiam. Os flocos desapareciam ao tocá-los, mas da fronte e do peito dos cooperadores começaram a sair grandes bolhas luminosas, com a coloração da claridade de que cada um estava revestido, bolhas essas que se elevavam no ar e atingiam os espíritos em sono. As luzes emitidas por Ismália eram mais brilhantes, intensas e rápidas, e alcançavam vários enfermos de uma só vez". Essa passagem foi extraída do livro *Os Mensageiros*, de André Luiz, psicografado por Francisco Cândido Xavier, capítulo 24. Relatos de luzes "vindas do alto" são comuns nas obras espíritas e refletem a sintonia de quem ora com as ideias de mundos — e espíritos — mais elevados.

o desinteresse dos participantes pela reunião, pois alguns ainda mostravam-se resistentes ao contato das mais sutis energias e, reticentes, tombavam sob o peso do sono ou acediam à invasão dos próprios pensamentos indisciplinados e perniciosos ao bom andamento da reunião. Alguns desses pensamentos eram recheados de ansiedade e sentimento de culpa, por medo das mensagens enviadas pelo invisível serem veladas aos seus maus hábitos; outros eram marcados pela crítica ácida aos doutrinadores e a mesmice dos diálogos com as entidades comunicantes. Havia também aqueles que não entendiam o porquê dos guias espirituais enviarem tantas instruções repetitivas, sem entender que o teor das mensagens era condizente com os novos hábitos que deveriam adquirir. Como poderiam receber novas instruções se reincidiam sempre nos mesmos erros?

A despeito de todas essas interferências negativas, os mentores mantinham-se firmes, e Rubens guiava-lhes sob a batuta da paciência e do amor, incentivando-os a enxergá-los como crianças, pequenos aprendizes. A mediunidade era como uma trilha a ser aberta na mata fechada da matéria carnal. Após desmatar-se a área destinada ao tráfego entre os planos, vinha o trabalho de plainar o terreno, facilitando o fluxo e após isso era necessária a contínua manutenção, e o próprio tráfego auxiliava a mantê-la sempre funcional. Apenas o exercício era capaz de fixar em nós novos hábitos e desenvolver nossos talentos.

Esses primeiros minutos de reunião configuraram-se bastante intensos no plano invisível. A atuação da equipe sob o comando de Rubens estava repleta de ensinamentos e recheada de emoções. Tudo era interessante, cada movimento era vibrante, e eu absorvia cada milésimo de segundo, ansiosa por vivenciar intensamente cada ação realizada ali. Esse foi meu trabalho naquela noite: observar e aprender.

Após essas primeiras impressões — e tensões — houve um ajuste maior entre os planos, e os membros da equipe mediúnica passaram para um estado mental mais sutil. Percebia-se que suas mentes, agora atentas às influências invisíveis, absorviam melhor as emanações mentais dos desencarnados, com exceção de três companheiros que ainda mostravam-se resistentes à sintonia com seus mentores e familiares desencarnados presentes.

Um dos médiuns desdobrou-se, em transe, juntando-se à equipe espiritual de trabalhadores. Quando retornasse ao estado de vigília, levaria consigo várias recordações desse momento. Aqueles que possuíam a vidência mais desenvolvida, de olhos físicos fechados, abriram seus olhos espirituais captando o que se passava ao redor, atentos a cada movimento, mesmo sem compreender exatamente o que se passava. Seus cérebros físicos demorariam algumas horas e até alguns dias para processar todas essas informações — o que viam e ouviam — até fixar-lhes bem, tornando-as plenamente acessíveis ao estado de vigília.

Aqueles dotados de faculdades psicofônicas ou psicográficas, ao perceberam a aproximação de determinada entidade, posicionavam-se para o trabalho e, quando a entidade começava a falar-lhes, forte conexão se fazia entre ambos, influenciada pelas palavras que atravessavam os planos. Os sentidos desses médiuns, sobretudo os psicógrafos, ampliavam-se, de modo que até o som ambiente configurava-se para eles extremamente alto enquanto captavam os pensamentos e sentimentos dos desencarnados.

Estava fascinada com tudo que via. Obviamente, aquela não era a primeira reunião desse tipo da qual participara, mas em nenhuma outra havia percebido tal gama de detalhes. Era a primeira vez que via tantas coisas. Creditava esse desenvolvimento pessoal a todo esse processo do qual participara, da mudança de colônia, passando pelo desencarne de meu pai, as novas disciplinas que estudara e a aquisição de novas e maiores responsabilidades. Naturalmente, a evolução agia nos bastidores de minha própria alma.

Com os encarnados, acontecia da mesma forma. Não íamos aprendendo durante nossa vida, amadurecendo nossos conhecimentos e nossas ideias? Não era verdade que uma criança sabia menos que o jovem, e o jovem menos que o adulto? Pois bem, eu me considerava uma criança em termos de crescimento espiritual, imatura a respeito de tudo e amadurecia, em vias de chegar à adolescência espiritual.

Estava me sentindo como um espírito de verdade, não só porque havia aceitado a vida no mundo espiritual, mas porque aprendia a ver as coisas com os olhos do espírito, pensando como espírito e entendendo tudo sob a óptica do espírito.

Desde que havíamos terminado nossa conversa a um canto daquele nobre salão, não vi Marly. Sabia apenas que havia saído ao encontro de enfermos nas enfermarias. Passados poucos minutos do início da reunião, os médiuns psicógrafos já escreviam avidamente com o concurso de desencarnados que desde algumas horas já os aguardavam. Vi que alguns dos espíritos que escreviam já eram familiares aos médiuns e lhes enviavam várias instruções e conselhos a respeito de vários assuntos relativos à moral e ao bom uso de seus talentos, esperando que tomassem para si os recados contidos nas mensagens amigas, mais do que para os outros.

Vi, então, que Marly organizava a entrada de algumas entidades. Havia trazido, diretamente das enfermarias, um grupo em profundo sofrimento, que desencarnara em doloroso incêndio. Eram cinco indivíduos da mesma família, que seriam encaminhados ao choque anímico. Gemiam, gritavam, blasfemavam, enquanto os doutrinadores buscavam consolá-los, revezando-se em rápido atendimento. Cada passividade durou cerca de três minutos, pois estavam em estado lastimável, semiconscientes e com os rostos destruídos.

Quando o doutrinador entendeu que o primeiro comunicante estava impossibilitado de falar, pediu ao grupo que elevasse os pensamentos e o acompanhasse em oração. E, após a prece, agradeceu a presença da entidade, rogando-lhe melhorias.

O diálogo mais completo aconteceu quando, um dos queimados, um homem aparentando cinquenta anos, após muito tossir, denunciou que sentia muita dor e falta de ar, sendo prontamente atendido. Foram cerca de quinze minutos de muita tensão e, apesar dos médiuns não terem dado passividade a todos os sofredores ao mesmo tempo, o grupo mediúnico percebeu que havia uma ligação entre os cinco comunicantes.

Do nosso ponto de vista, já que éramos habitantes do mundo invisível, presenciávamos verdadeiros milagres. Três dos cinco atendidos apresentavam queimaduras tão terríveis que era impossível identificá-los, e o fluxo anímico que receberam dos médiuns lhes reconstituiu a pele degenerada, de modo que se tornaram quase perfeitos novamente.

Praticamente todo resquício de dor havia desaparecido e, com certeza, sua terapia dali em diante seria incrivelmente facilitada. Foi uma grande vitória por parte dos médiuns que, sem saber, doaram sua própria vitalidade a esses necessitados do Mundo Maior. No entanto, eles não ficaram incólumes, pois em suas mentes encarnadas as cenas de sofrimento ficaram registradas, absorvendo também as lembranças, as dores e sensações das entidades, sentindo o corpo arder como se estivessem em chamas. O ar também lhes faltava. Todas as impressões da tragédia foram compartilhadas em profundidade.

Foi um momento muito bonito, um grande aprendizado para todos os presentes.

Essa reunião teria duração de 1h30, mas talvez fosse pouco tempo para a quantidade de espíritos a ser atendida. Deveriam ser respeitados os limites físicos dos médiuns, que após alguns atendimentos poderiam não ter mais fluidos para fornecer aos desencarnados.

Fora do grande salão fez-se uma intensa algazarra. Era um grande grupo. Até esse dia, eu apenas havia visto comunicantes solitários ou, no máximo, com dois acompanhantes, como pais, filhos ou cônjuges. No Amor e Luz, verdadeiras falanges eram trazidas para que seus líderes pudessem expor seus ideais ou fazer seu julgamento para os que conseguissem ouvi-los. Possuíam interesses variados e grande parte questionava os ideais cristãos.

Acampando à porta, exigiam permissão para falar à assembleia ali reunida, mas a intenção deles era maior, faziam questão que os encarnados também os ouvissem. O grupo havia sido escoltado por dois agentes, e um deles era Demétrius. Era a primeira vez que o revia desde o dia em que visitei o Amor e Luz pela primeira vez. O outro agente nunca havia visto antes. Marly, indo ao encontro do grupo, concedeu permissão ao líder para falar através de um dos médiuns. Rubens, calmamente, encaminhou-o à passividade, conectando-o facilmente aos centros nervosos do cérebro do encarnado que, entrando na mesma frequência da entidade, passou a imitar seus estranhos trejeitos.

Pessoalmente não sabia nada sobre essa falange de entidades, nem sobre os interesses dela. Porém, mesmo sem os ter visto antes, seus membros não me pareceram ter boa índole.

Após a ligação com o médium, o malfeitor, confuso, pensou estar encarnado novamente. Mas logo entendeu que enxergava o ambiente pelos olhos do médium.

Recompondo-se da confusão inicial provocada pela passividade, voltou a fechar o semblante e iniciou seu discurso.

— Eu e minha falange viemos aqui para dar um recado reto e direto.

Atento a esse novo comunicante, um dos doutrinadores rapidamente levantou-se para o atendimento.

— Boa noite, meu irmão.

— Não sou seu irmão e não vejo nada de bom nesta noite. Acompanhamos os trabalhos realizados nesta casa e vocês vêm nos causando grandes complicações. O ideal seria que fossem embora e fechassem as portas, acabando logo com tudo isso.

O doutrinador, mantendo-se calmo e confiante, assumia atitude reflexiva.

— Ora, desculpe-nos se por acaso fizemos algo que ofendeu ao senhor ou ao seu grupo, nunca foi nossa intenção. Somos uma casa espírita simples e nossa intenção é auxiliar e não atrapalhar. Posso, por favor, saber exatamente qual é a queixa que tem contra nós? Talvez explicando melhor, possamos entender do que se trata sua objeção ao nosso trabalho.

— Nossa falange é grande. Precisamos ser grandes porque temos muitos inimigos. Esse mundo aí não é fácil, só vence o maior e o mais forte. Esta casa aqui está acabando conosco! A todo instante, um desertor pede asilo. Nosso grupo está debandando para cá.

"Todos os dias, nós sentimos falta de alguém e, quando descobrimos, o membro do nosso grupo está rondando esta casa, implorando favores, pedindo ajuda. Vocês estão nos arrebentando!

Como podemos proteger nosso pedaço sem a força necessária? Grupinho, nas bandas de cá, não vale nada, não aguenta porrada!"
O médium mostrava-se ofegante e, falando rapidamente, exaltava-se.

— Mas vocês conhecem nosso trabalho? Sabem o que fazemos aqui? Não estamos recrutando ninguém — falou o doutrinador.

A entidade que, de início mostrou-se grosseiro e impaciente, pareceu acalmar-se quando ouviu o doutrinador. Totalmente mergulhado nos fluidos anímicos do médium, pôs-se a responder.

— Sei que isso daqui é como uma igreja, só que espírita. E, justamente essas ideias erradas de vocês sobre fraternidade é que têm comprometido nossa causa.

— Nossa intenção não é acabar com sua causa. Nós carregamos conosco as ideias de Jesus Cristo e não fazemos mais do que falar sobre o que está escrito no Evangelho, que você deve conhecer como o Novo Testamento, e tentar praticar o que foi exemplificado na trajetória de vida do Mestre. Jesus nos fala de amor, de paz, de auxílio aos que sofrem. Somos contra as guerras, as lutas, a violência. Com certeza, nunca poderíamos competir com sua falange e interferir em seus negócios.

"Nosso interesse é dar abrigo aos idosos abandonados, cuidar de crianças, dar um pouco de sopa quente aos que têm fome. Temos aqui uma escolinha para ensinar às crianças e aos jovens sobre Jesus e sobre Deus."

Por alguns segundos, a entidade pareceu confusa. Quando chegou, tinha como certo que aquele grupo cristão rivalizava com o dela, alistando antigos comparsas para suas fileiras.

— Ora, mas então vocês não estão alistando meus soldados?

— Não, senhor. Aqui não alistamos ninguém. Todos aqui são voluntários. Não podemos afirmar o que está havendo, mas seus antigos aliados podem ter se interessado por nosso trabalho. Do ponto de vista dos desencarnados, o trabalho realizado aqui deve ser muito maior do que nós encarnados somos capazes de perceber e, talvez, algo tenha chamado a atenção deles.

— Será possível esse disparate? — a entidade riu-se. — Nós somos uma irmandade! Quem está conosco, está seguro. Somos fortes e poderosos. Quem se une a nós só tem a ganhar. Não há sentido em desertarem.

Sem pestanejar, o doutrinador continuou:

— Talvez eles não quisessem mais a força, a luta sem fim, o poder. Talvez estivessem cansados da violência, das batalhas, das ordens. Talvez eles quisessem o que Cristo tem para eles: o respeito, a amizade, a paz de espírito, a calmaria, talvez auxiliar a algum doente. Talvez quisessem ser úteis de outra forma e escolheram a paz como ponto de partida.

A entidade calou-se, pensativa. "Será possível que meus melhores guerreiros tivessem trocado a espada pela paz? A vigília pelo sono pacificador?"

— Por que você, a título de estudo e conhecimento, não passa um período entre nós? Talvez veja que não queremos causar-lhe nenhum mal.

A entidade, mostrando certo constrangimento e certa aversão à continuação daquele diálogo, disse em voz alta:

— Basta! Iremos embora. Temos muito sobre o que refletir. Iremos hoje, mas continuaremos observando até onde irão seus atos!

— Tudo bem, meu irmão.

— Já disse que não sou seu irmão.

— Desculpe-me, porém, como acreditamos que Deus é Pai de todas as criaturas, consideramos todos como membros da mesma família universal. Somos como irmãos do mesmo pai.

Mostrando contrariedade, o espírito calou-se e foi retirado do transe anímico. Com a tez fechada, ele afastou-se da mesa de reuniões sem pronunciar uma só palavra. Com um aceno de cabeça, instigou seus companheiros de falange a reunirem-se e, quando lançou um último olhar para trás, antes da saída definitiva, encarou o doutrinador uma última vez, ouvindo por fim:

— Muito obrigado por sua visita. Rogamos que Jesus abençoe seus passos e que possa encontrar o que verdadeiramente busca. Vá com Deus.

Ao fim das belas palavras, a entidade desapareceu na escuridão da noite com seus seguidores. Todos nós ficamos com a sensação de que algo mexeu com o íntimo daquele irmão.

95

Nossa reunião já havia passado da metade quando Marly se dirigiu aos médiuns e trouxe pela mão uma franzina senhora, que aguardava na enfermaria térrea. Ela parecia cega e aparvalhada, acompanhando a veneranda amiga sem resistência. Sob os cuidados de um dos mentores do grupo e olhar condescendente de Rubens, aquele espírito foi conectado a um dos médiuns.

A pequena mulher, antes de olhos vítreos e vazios, mostrou incrível vivacidade. Ao enxergar aquela grande assembleia, pelos olhos do médium, notou-se sentada à uma mesa rodeada de estranhos, na penumbra do ambiente. A senhora assustou-se repentinamente, e na hora entendemos seu estado. Ela não sabia que estava desencarnada. Marly, inteligentemente, teve o cuidado de encaminhá-la a uma médium.

Amedrontada, a confusa senhora quis saber onde estava e, em vão, tentou se levantar, cativa que estava do aparelho medianímico. Em vão, debateu-se e clamou por auxílio até que um dos doutrinadores pediu-lhe calma e lançou a crucial questão.

— A senhora tem conhecimento de sua condição?

A velha, sentindo-se ultrajada, retrocedeu mentalmente buscando lembranças perdidas, mas não encontrou resposta ou recordação que a auxiliasse.

— Ora, do que está falando? Eu estava internada em um hospital e, de repente, acordo aqui, sentada nesta cadeira, nessa escuridão e com um monte de gente que não conheço. Nem posso me levantar, me ajude! Onde está minha filha Helena?

Com calma, o doutrinador foi aos poucos envolvendo a mulher com suas palavras, perguntando-lhe em que hospital estava, qual a doença que tinha, o que os médicos haviam lhe dito e do que ela se lembrava.

No final das contas, a senhora lembrou-se da própria morte e do vazio que veio depois, e também de como havia encontrado a lucidez novamente. Através do choque anímico, imaginou que estava novamente entre os vivos encarnados.

As reuniões de desobsessão eram únicas. Pessoas diferentes manifestavam-se nesses encontros com histórias singulares de vida. E, como cada ser humano na Terra carregava dentro de si um universo de experiências muito pessoais, eram encantadoras as infinitas diferenças presentes entre os seres; e doloroso ver que, igualmente infinitas, eram as formas de sofrimento a que estavam sujeitos todos os seres.

A ignorância a respeito da vida após a vida é impressionante. A maioria dos seres humanos não faz ideia de que são seres imortais, eternos, que deverão continuar sua existência com ou sem corpo físico.

Sob essa óptica, é possível imaginar os vários seres manifestantes que são atendidos nessas reuniões. Há aqueles que não fazem ideia de sua situação, e também aqueles que sabem bem não pertencer à matéria mas desconhecem como proceder sem o corpo físico, sofrendo os mesmos tormentos atrozes que carregavam no momento do desencarne, ávidos pelo contato humano mais uma vez. São vítimas de si mesmo, algozes de sua própria vida.

Mas há ainda outro tipo de algoz. Outro tipo de doente espiritual, que igualmente precisa de auxílio e que, além de sofrer os mesmos tormentos atrozes, também os causa em grande escala. São entidades misteriosas, que se apresentam de infinitas formas, com infinitas roupagens.

São espíritos cuja ignorância a respeito das leis divinas os lançou nas densas trevas da consciência perdida. Rebeldes e revoltados transitam entre os mundos nas mais variadas expressões, de simples obsessores a especialistas em flagelar a humanidade. Seres extremamente egoístas, cujo objetivo é satisfazer as próprias vontades, saciar os próprios desejos, sacrificando a quem quer que seja para atingir seus objetivos.

São conhecidos como obsessores, líderes de falanges ou magos negros, entidades de aparências variadas e, às vezes, distantes da aparência humana. Seres cuja identidade se perdeu em algum momento do tempo e que necessitam de grande piedade de nossa parte.

Grande parte desses seres fazia questão de manifestar-se nas reuniões, palanque para a busca de novos adeptos, já que nas casas espíritas reuniam-se grande número de encarnados e desencarnados. Sua inteligência era fenomenal e sua capacidade de manipular a matéria astral impressionava a quem os visse em ação. Espíritos milenares que se adaptaram tão bem à vida do espírito a ponto de acreditar que a reencarnação não lhes era mais necessária, pelo contrário, prejudicaria o poder que já haviam conquistado.

Outra parte era formada por seres cuja inteligência tornara-se obtusa, e perderam a referência do que é ser humano, apresentando-se como vampiros, lobisomens, zumbis, serpentes, lobos, insetos semi-humanos, animais deformados e monstros variados. Suas manifestações eram grosseiras e ofensivas, mesmo amedrontadoras e sem o concurso do aparelho mediúnico equilibrado, eram também violentas.

Essas última categoria de seres era conduzida por grupos de agentes e chegava à casa espírita capturada em combates nos quais se lançou em ofensivas fracassadas; rendição ou deserção; por méritos conquistados em outras existências, que lhes garantia o concurso do mais alto ou dádivas resgatadas por familiares ou amigos queridos.

Esses irmãos imersos em trevas existem desde a infância da humanidade e têm sido a origem de inúmeras lendas e histórias de terror através dos tempos. Os seres humanos, na sua condição de inquilinos em um mundo de expiação e provas, não conheceram ainda os mundos superiores em evolução, sendo especialistas nas regiões densas da matéria e do astral umbralino.

E é justamente da estadia nessas regiões que retiramos as doentias recordações que carregamos conosco há milênios, que construíram os lendários seres fantásticos presentes na cultura de todos os países e que foram e ainda são fonte de inspiração para inúmeras obras literárias e filmes hollywoodianos.

Esses exemplos práticos nos mostravam que a vilandade, o ódio e o vício humano chegavam a ponto de suprimir a humanidade do indivíduo, restando apenas algo disforme e sem procedência clara; uma criação mental de si mesmo ou imposta por outro, uma criatura antinatural, incapaz de se relacionar normalmente com a raça humana e cuja simples presença já era capaz de interferir nos campos físico-mentais de outros seres de forma negativa.

Até mesmo nós desencarnados, que podíamos vê-los e senti-los, tínhamos dificuldades no trato com esse tipo de entidade. Lembrava-me nesse instante daquela primeira reunião de desobsessão da qual participara[17], em que me deparei com infeliz criatura que mais se assemelhava a um lobo ou urso humanoide, grande e feroz. Qual seria sua origem? Como se tornara um ser inumano, violento flagelo dos próprios desencarnados?

A curiosidade me consumiu as forças mentais. Sabia que precisava estudar esse caso mais atentamente e senti vontade de reencontrar esse temível ser. Ao término da reunião, sob inspirada prece de um dos mentores do grupo, fui em busca de Marly.

Ansiava por entender tantas coisas. Será que eu corria o risco de me tornar uma criatura horrenda aos olhos humanos, moribunda e digna de piedade segundos os olhos divinos? Após o encaminhamento das entidades aos seus destinos e da limpeza astral do ambiente, impregnado de criações mentais inferiores que restavam dos doentes espirituais, iniciou-se lentamente a organização para a próxima reunião, que se daria por volta de 2 horas da manhã e da qual participariam os mesmos médiuns de outrora, em situação de desdobramento durante o sono noturno.

Aproveitando um momento de calmaria, encontrei a veneranda instrutora que, muito receptiva, quis ouvir todos os relatos do que vi, ouvi e senti durante a reunião. Minhas percepções mostraram-se aguçadas, e isso foi um grande ponto positivo para minha nova função.

— Muito bem, Célia! Noto que é muito perceptiva, e isso é ótimo. Lidamos com enfermos que, na maioria das vezes, nem se dão conta do quanto estão doentes, nem da extensão do tratamento de que precisam. Uma percepção aguçada, como a sua, auxilia-nos a entender melhor as entrelinhas daquilo que dizem e a perceber aquilo que não dizem. Aí está um dos segredos do sucesso nesse trabalho. Ser puro de coração não significa ser ingênuo. Devemos aprender a lidar com o outro, mas, primeiramente, sabendo quem

---

[17] Acontecimento narrado no capítulo 6, do livro *A Hora do Espelho*, da mesma autora espiritual.

é o outro, para não nos enganarmos sobre seus defeitos ou ignorarmos suas qualidades. É nosso dever entender sem julgar, e só poderemos auxiliar se soubermos interpretar a lógica por trás de cada pensamento ou ato. Cada um, dentro de seu universo, possui sua razão, uma coerência própria.

"Muitas vezes, nas lides da desobsessão, você irá se deparar com seres cuja coerência íntima parecerá doentia e ilógica, e será tentada a emitir um julgamento injusto, mas, no dia em que for capaz de entender essa coerência própria que reside no âmago de cada criatura, por mais incoerente que possa parecer, aí sim, você estará preparada para enxergar a lógica de seus atos e auxiliá-los, sem parâmetros preconcebidos de certo ou errado, bom ou mau.

"Entender não quer dizer aceitar. Por isso, você deve ter convicção de seus ideais, para que o mau exemplo não destrua o que você tem de mais sagrado, para que as filosofias tortuosas dos seres que encontrar no caminho não desvirtuem sua verdade mais íntima. Todos os dias, Célia, saiba quem você é."

As palavras de Marly foram tão arrebatadoras que meus olhos marejaram. Eu deveria se forte, cada dia mais forte e persistente na construção de meus ideais, evitando assim a queda monumental que atinge tantos seres pelos mundos afora.

Aproveitando uma breve pausa em nosso diálogo, fiz menção de falar à minha instrutora sobre meu desejo de rever aquela infeliz criatura que havia visto tempos atrás, quando ainda residia na cidadela, em uma casa espírita na crosta. Mas, mal havia movido os lábios quando Marly me interrompeu.

— Você está começando a sentir, não é? Posso perceber a empatia que cresce dentro de você, a curiosidade que o embrião do amor, que já brota em seu peito, está despertando. É lindo esse momento. Acho que agora sim, Célia, você está preparada para o trabalho de desobsessão.

Emudeci com sua colocação. Algo havia despertado dentro de mim, sem que eu mesma percebesse. Parecia estampado em meu rosto para Marly poder ver, como um retrato de meu íntimo. E, antes que eu pudesse responder, ela completou:

— Demétrius está na entrada do centro. Fale com ele.
— Muito obrigada, Marly. Muito obrigada.

2
O fantasma no espelho

Após ter agradecido à amiga Marly, dirigi-me ao encontro do agente. Ao sair, vi as últimas entidades presentes na reunião em um momento de despedida. Olhando para cima, pude perceber que o vão central da construção etérea alinhava-se perfeitamente ao pátio central do Amor e Luz, de modo que por ali partiam os espíritos para seus afazeres no prédio ou seguiam para suas naves, estacionadas no alto. Da mesma forma, quem precisava descer também vinha dali, como luzes, e se materializavam apenas ao pisar no solo.

Demétrius e um companheiro de vigilância montavam guarda à porta principal do centro. Vi ali um estranho objeto, que não conhecia e parecia emitir grandes rajadas de energia. Ele absorvia grandes quantidades de energia deletéria e brilhava durante o processo. Atento, Demétrius me ouviu chegar e, ao me avistar, tratou de logo me dar explicações.

— Este totem é um potente neutralizador de energias deletérias, e forma um excelente escudo contra invasores.

— Nunca havia visto.

— Em algumas casas, fica mais escondido, mas sempre se encontra entre o portão de entrada e o salão principal, onde ocorrem as reuniões mediúnicas. Aqui, como quase todos os trabalhadores vêm do alto, é colocado mais próximo à entrada, defendo-nos das energias que vêm principalmente da rua — e, fazendo uma pausa, mudou de assunto. — Noto que tem algo a me dizer, mas antes de tudo, boa noite, Célia.

— Boa noite, Demétrius, eu...

E, antes que eu terminasse a frase, ele respondeu:

— Sim.

— Sim? Mas nem perguntei... — tola observação vinda de um espírito.

— Nós podemos localizá-lo e, como é trabalhadora desta casa, essa missão fará parte de seu aprendizado. Nesse caso, caberá a mim, como responsável pela segurança, contatar a equipe de agentes responsável por tal criatura. Apenas diga-me, Célia, onde a viu pela última vez e quando?

Repassando as informações ao agente, ele anotou tudo para poder fazer a busca em seu banco de dados.

Apesar de eu já haver cumprido minhas oito horas regulares de trabalho, ainda queria ficar e, ao comunicar minhas intenções a Marly e Rubens, os olhos deles brilharam. No fundo, sentia-me realmente mal, pois muitos iam ficando para novos afazeres, inclusive meus dois instrutores, e senti-me impelida a também ficar, já que tantos trabalhavam sem cessar. Como ainda não estava cansada, pedi permissão para ficar e fui atendida de imediato, porém, com a recomendação de ir embora imediatamente quando me sentisse exaurida.

Era importante observar meus limites para que em uma situação de extremo cansaço, não dependesse de energias alheias para meu reestabelecimento, consumindo assim recursos de outros mais bem preparados e com mais responsabilidades.

Aproveitei para fazer uma pausa enquanto outros trabalhadores faziam os preparativos para a próxima reunião, que aconteceria durante a madrugada. Fui para a entrada, junto dos agentes. O centro Amor e Luz era fechado por um portão de grades baixas.

Os agentes, muito sérios, mal me olharam de tão concentrados que estavam na função. Ambos, de olhos voltados para a rua, observavam o trânsito de encarnados e desencarnados. Aproximava-se das 23 horas, e o ir e vir fazia-se cada vez mais raro. Os médiuns já haviam partido antes das 22 horas e só restavam espíritos na parte interna dos portões do Amor e Luz.

A impressão que tínhamos era que na rua a noite estranhamente fechava-se ainda mais, e até as luzes dos postes pareciam bruxulear ante esse estranho fenômeno.

Os encarnados que ainda transitavam a pé pelos escuros caminhos ao redor da casa espírita, o faziam com receio e medo de alguma força invisível que pudesse aparecer em seu encalço. Olhavam para trás em busca de algum bandido sorrateiro.

Àquela hora, os bares noturnos da região já estavam abertos e muitos com sua lotação quase esgotada. A boêmia jazia solta, recebendo aqueles que desejassem perder-se pela madrugada.

Notei que muitas falanges de seres vampirescos passaram a transitar na rua em frente ao centro, em busca de diversão noturna que, para eles, apenas os encarnados poderiam proporcionar. Barulhentos e vulgares, subiam e desciam a rua como turbas de desordeiros. Demétrius e o outro agente estavam impassíveis, mantendo suas posições, e nenhum movimento escapava aos olhos das sentinelas. Os transeuntes fanfarrões encaravam-nos vez ou outra e, em seguida, abaixavam a cabeça em sinal de medo ou respeito, fingindo não ter-nos visto.

— Demétrius, vocês já sofreram ataques desses grupos noturnos?

— Quando esta casa foi fundada, os agentes já faziam sentinela em seu entorno, de modo que estes desordeiros sempre souberam do que se tratava esse recinto. Todos sabem que é inútil investir contra nós.

— Mas com certeza existem grupos fortes e organizados que não transitam por estas ruas, mas que têm aversão por esta casa e intentam destruí-la.

— Ah, sim, mas esse é um caso à parte. Toda casa espírita sofre, vez ou outra, ataques em larga escala, mas não como você imagina. Um confronto direto contra qualquer casa geralmente termina em fracasso por parte da falange agressora.

A principal arma é a obsessão aos frequentadores e trabalhadores da instituição religiosa, de modo a minar a força material da casa, incluindo aí seus dirigentes. Existem várias formas de se atacar um centro espírita e inúmeras formas de se obsidiar os encarnados ligados à causa cristã.

Eram muito elucidativas as palavras de Demétrius, esclarecendo-me os pormenores de uma situação que nunca havia imaginado. Alguns minutos depois, vimos um grupamento de agentes caminhando pelas ruas, passando por nós. Cumprimentaram-nos e, curiosa, perguntei:

— São amigos seus?

— De certa forma sim. Todas as noites vêm para essa área fazer a ronda.

— E como agem com os desencarnados e encarnados que são vampirizados? Por acaso expulsam daqui as falanges de obsessores?

— Não exatamente... Seguem os princípios da Lei de Causa e Efeito e não podem, aliás, não podemos, nenhum de nós, interferir no livre-arbítrio dos encarnados e nas relações que firmam, mesmo inconscientemente, com seus algozes. No mais, resguardam os inocentes dos ataques selvagens de entidades desordeiras. Vamos dar uma caminhada, Célia, vou te mostrar algumas coisas.

Puxando-me pela mão, Demétrius arrastou-me para a rua. Antes de seguirmos, passou algumas instruções para o agente que ficou de sentinela e, então, fomos acompanhando o grupamento que se dirigia à zona boêmia do bairro, com seus vários bares e casas noturnas. Olhando para trás, vi que a cada esquina um agente ficava a postos, formando uma rede de vigilância.

Demétrius cumprimentou vários companheiros de uniforme que mostravam por ele grande respeito e, nos aproximando de um dos mais badalados estabelecimentos das redondezas, notamos que estava lotado, tanto por encarnados quanto por desencarnados.

— Veja, Célia, os encarnados querem diversão, começando pelo entorpecimento causado pelo álcool. Acendem seus cigarros, conversam, riem, comem e ouvem música a vivo. Querem encontrar os amigos, paquerar ou namorar e, ao mesmo tempo, não tiram os olhos dos outros homens e mulheres presentes, assediando-os silenciosamente.

"Veja as mulheres perfumadas, maquiadas e vestindo trajes curtíssimos e provocantes; provocam outras mulheres e flertam com os homens para atiçar-lhes a imaginação, a libido, e eles, inebriados pelo álcool, fantasiam possuí-las, mesmo estando acompanhados das esposas ou namoradas.

"Note também, Célia, que todos estão muito mal acompanhados por desencarnados, que lhes são afins e lhes incentivam mentalmente a continuarem em sua rotina, instigando-lhes os desejos mais íntimos. As relações entre encarnados e desencarnados são viciosas nestes ambientes de boêmia e sensualidade, frequentados pelos jovens."

Olhando ao redor, vi que os agentes apenas observavam o que ali se passava.

— Mas, Demétrius, eles não irão interferir?

— Ora, Célia, não podemos ir contra os afins, que se atraem por interesses comuns. Nosso trabalho aqui não é esse. Veja que, neste bairro, durante a noite, os índices de assalto à mão armada, estupros e violências variadas são pequenos. Devemos combater os excessos contra os inocentes que, ao aproximarem-se da turba, não devem sofrer os efeitos perniciosos, reflexo das entidades que frequentam esses ambientes e que, vez ou outra, intentam ações contra aqueles que da boêmia não participam.

— Mas, ao atacar os inocentes, não estariam se prejudicando, atraindo para si atenção desnecessária e ainda correndo o risco de serem capturados?

— A maioria dos assaltantes utiliza o fruto de seu roubo de maneira fútil, movimentando o tráfico de drogas ou o consumo de álcool e outros tipos de entorpecentes e, de forma não menos prejudicial, os estupradores dão vazão a instintos muito primários, mas extremamente prazerosos às entidades de astral baixíssimo, que desse tipo de crime se satisfazem imensamente. Nosso principal dever é evitar que o inocente pague pelo pecador.

Para os encarnados, a relação existente entre "vivos e mortos" apresentava certa complexidade para ser compreendida, mas, do ponto de vista do espírito, era mais fácil o entendimento, pois víamos o que só os olhos espirituais seriam capazes de enxergar.

Já passava da meia-noite quando o trânsito configurou-se insuportável. O fluxo de carros estagnara frente ao imponente bar, e as ruas estavam apinhadas de lindas jovens, insinuantes e vulgares, acompanhadas de rapazes que se entretinham em assediá-las, ostentando roupas de marca e carros de luxo. Esse era um daqueles lugares da moda que ficavam lotados de vampiros astrais das mais variadas estirpes.

Alguns desencarnados, de aspecto vicioso, passavam por nós, cumprimentando-nos com educação, e a maioria me olhava de cima a baixo, maliciosamente, mas não se demoravam e iam embora sem falar nada. Sabia que me achavam bonita e atraente e passei a sentir-me constrangida. Senti que era hora de partirmos dali.

— Demétrius, esse pessoal não tira o olho de mim, estou me sentindo como carne fresca cercada por cães!

— Ignore-os, Célia, são nossos irmãos e, mesmo sendo ignorantes e mal intencionados, são inofensivos. Daqui a pouco, iremos embora.

Um grupo de cinco entidades de espectro enegrecido parou a alguns metros de nós e ficou a conversar. As entidades falavam baixo e, às vezes, erguiam a cabeça, varrendo o estabelecimento com os olhos, procurando algo ou alguém. Como se demoraram, perguntei a Demétrius quem eram.

— Seguem um encarnado.

— São seus obsessores?

— Pode-se dizer que sim. São cobradores de longa data.

— Mas por que não o seguem até o bar e se divertem com ele, dividindo o ambiente regado a álcool, música, farta comida e belas jovens?

— Porque não são vampiros. Não têm necessidade desses fluidos viciosos. Eles o incentivam a vir aqui para ser vampirizado e exaurido em noites de farra e depreciação. Eles atormentam e desequilibram sua presa, mas não vampirizam seus fluidos diretamente, deixam isso a cargo dos especialistas, aqueles realmente necessitados das sensações tóxicas advindas do álcool, do fumo e do sexo vulgar.

— Ai, Demétrius, que conversa pesada. Ainda me sinto menor de idade, sabia?

— Você está certa. Vamos, quero lhe mostrar outro local que fica a algumas quadras daqui.

E, afastando-nos daquela balbúrdia, seguimos rapidamente até uma casa insuspeita, localizada a cinco quadras do movimentado bar. Possuía um lindo jardim à frente e estava lindamente iluminada. Os portões estavam abertos, mas a porta da frente da casa jazia fechada. Era um ambiente calmo e silencioso.

— Veja, Célia, uma das mais vis degradações morais: a prostituição pode se esconder nos mais improváveis locais.

Assustei-me às observações do agente, afinal, não entendia nada sobre prostituição, prostíbulos ou mesmo sexo. Estávamos parados ali por alguns instantes quando a porta da frente foi aberta. Luzes vermelho-arroxeadas refletiram-se no jardim e na calçada. De onde estávamos podíamos ouvir a música, calma e hipnótica, que embalava o interior da casa. Um homem muito bem apessoado saiu e, despedindo-se, seguiu para a rua. Mostrava-se apressado, talvez devido ao avanço das horas. Mas o que verdadeiramente chamava a atenção eram as três entidades barulhentas que o acompanhavam, mulheres do mais baixo nível, vestidas de maneira indecente, uma espécie de lingerie provocante, conversando, rindo alto e utilizando-se de palavreado chulo em seus comentários.

Fisicamente eram impecáveis, lindas, ostentando corpos esculturais, longos cabelos e uma pesada maquiagem. O perfume delas era sentido a vários metros de distância. Acariciavam amorosamente o homem a quem se ligavam, galhofando de situações corriqueiras e fúteis do dia a dia, defendendo-o e denegrindo várias pessoas. Ele não as percebia e, quando entrou no carro, elas o acompanharam.

Horrorizada, questionei a Demétrius sobre essa bizarra cena.

— São nossas irmãs, possuidoras de grande sensualidade e apetite sexual desmedido, que têm aquele homem em suas mãos. Alimentam-se dele, pois ele lhes dá o que querem. A presença sensual delas aflora-lhe a sexualidade durante quase todos os instantes do dia e da noite, fazendo com que ele lance olhares lascivos para as mulheres que considere atraentes, e incentivando-o a ter vários relacionamentos de curto prazo. Nos momentos em que se encontra solitário, em vez de diversão saudável ou atividade dignificante, instigam-lhe a vir até o prostíbulo, onde as próprias entidades fartam-se nas sensações da carne, dividindo com os encarnados fluidos e sensações.

"Mas, no entanto, mesmo parecendo vampiras[18] fiéis, podem também abandoná-lo sem aviso, filiando-se a outro, caso vejam a possibilidade de obterem mais prazer. Mesmo durante a noite, esse pobre homem, com a mente viciada nos prazeres do gozo sexual, desdobra-se para encontrar seus algozes, que, realizando suas mais sórdidas fantasias, roubam-lhe fluido anímico vital, esgotando-o durante toda a madrugada. São entidades muito inteligentes, especialistas versadas na prática do vampirismo sexual."

— Demétrius, isso é muito nojento! — falei sem pensar, esquecendo que possuía graves distúrbios de natureza sexual, muito

---

[18] A doutrina espírita entende que o vampirismo dá-se de várias formas. Há o vampirismo de desencarnado para encarnado onde espíritos presos às impressões da vida material literalmente sugam as energias de suas vítimas com o propósito de se revitalizarem, lembrando a fantasia do vampiro bebedor de sangue popularizada pelo cinema. Exemplo: Se o desencarnado foi um dependente alcoólico, procurará encarnados também dependentes para lhes sorver o teor alcoólico e, consequentemente, sugará suas energias.
Mas também ocorre de encarnado para encarnado: quando nos aproximamos de outra pessoa, sempre ocorrerá uma simbiose energética, ou seja, estamos permanentemente trocando energias com outras pessoas. Assim, no momento que cada um de nós interage com outros seres humanos, estabelecemos com eles os mais variados tipos de combinações energéticas, influenciando-os e por eles sendo influenciados. É por isso que, muitas vezes, depois de nos encontrarmos com determinadas pessoas, nos sentimos fracos, com um mal-estar inexplicável. Ocorre que essa pessoa pode ter sugado nossas energias, até mesmo sem perceber. As pessoas se tornam vampiros ou sugadoras de energia ao absorverem a energia do outro. Normalmente, essas pessoas encontram-se desequilibradas e, por isso, ficam debilitadas. Quase sempre essas pessoas são egoístas e egocêntricas, e a presença delas torna desagradável o ambiente.
Há, finalmente, o vampirismo de desencarnado para desencarnado. Um exemplo encontra-se no livro *Transição Planetária*, de Manoel Philomeno de Miranda, que nos relata, através da mediunidade de Divaldo Franco, que após o tsunami da Indonésia, espíritos nobres foram em auxílio aos desencarnados para que eles não fossem atacados por entidades infelizes e vampirizadoras, interessadas em sorver o fluido vital dos recém-desencarnados.

mal resolvidos, e que ameaçavam entrar em erupção a qualquer instante. Mentalmente, ouvi a voz de Demétrius me dizendo: "E afinal, quem não os tem?"

Depois, sem tocar nesses assuntos referentes à minha intimidade, que diziam respeito somente a mim, o agente continuou:

— Ah, sim. Mesmo considerando nojento, é também digno de piedade de nossa parte. Vamos voltar, Célia, esse nosso passeio já serviu ao seu propósito, mostrar-lhe nossas redondezas para que você conhecesse um pouco melhor o tipo de entidade com as quais lidamos diariamente. Mas existem ainda aquelas entidades originadas das trevas profundas e abismos infernais, trazidas até o Amor e Luz por mim e outros agentes. Ainda não tenho permissão para levá-la até as regiões abissais do astral, onde vivem os seres sombrios que se esqueceram do dia em que foram humanos.

Lembrei-me de imediato daquele ser animalesco que vi em minha primeira reunião de desobsessão. Desejava muito ter notícias de seu estado atual.

— Espere até amanhã. Irei contatá-la.

— Estava lendo meus pensamentos, espertinho? — perguntei dando um leve soco no ombro de Demétrius.

— Ainda sou uma mocinha, lembra? Deve ter alguma lei que proíba um velho igual a você de ler as mentes de garotinhas inocentes!

E rimo-nos da situação. Demétrius estava se tornando um grande amigo e instrutor. Só a presença de um agente poderia fazer com que eu adquirisse o hábito de policiar meus pensamentos. Mas, como disse Jesus, a cada dia basta o seu mal[19].

De retorno à casa espírita, o agente que havia ficado de vigília conservava-se ao portão, imparcial. Ao nos ver, asseverou que tudo se mantinha na mais perfeita ordem. Despedi-me dos dois soldados do bem e entrei novamente no Amor e Luz. Havia ficado fora por quase duas horas e, ao voltar, a casa estava repleta de entidades.

---

19 Referência a Mateus 6:34: "Portanto, não se preocupem com o amanhã, pois o amanhã trará as suas próprias preocupações. Basta a cada dia o seu próprio mal".

Muitos encarnados já haviam chegado em desdobramento e continuavam o atendimento iniciado mais cedo. Davam passes em entidades variadas, dividindo com elas seus fluidos anímicos, cujo efeito restaurador era imediato.

O fluxo de trabalhadores era enorme, e me senti deslocada, misturada a essa grande frente de trabalho noturno. Infelizmente, a grande maioria ali atuante acordaria com poucas lembranças de todo o trabalho que empreendia.

Procurando por Marly, acabei reencontrando uma pessoa especial, que jamais pensei ver por ali no Amor e Luz. A um canto, auxiliando uma senhora a caminhar, estava Keila. Surpreendi-me tanto com a presença de minha amiga com seus longos cabelos cacheados, que gritei ao vê-la:

— Keila!

Ela olhando-me envergonhada, seu rosto cheio de sardas ficou corado e arregalou seus belos olhos negros.

— Célia! Bom demais te ver aqui!

Corremos na direção uma da outra e abraçamo-nos.

— Nossa! Há dias que não a vejo! Mudou de casa? — brinquei.

— Não, baixinha. Alguém tem de trabalhar naquela casa — brincou de volta. — Mas eu sabia que estava aqui. Celi falou que não havia voltado e estava fazendo hora extra.

— Sim. Verdade. Resolvi ficar para o atendimento e a reunião da madrugada. O agente-chefe da casa aproveitou para me apresentar as redondezas.

Naquele momento, o rosto de Keila tornou-se sério:

— A situação dos arredores é preocupante. Muitos dos frequentadores do Amor e Luz têm filhos ou familiares envolvidos com festas, bares, bebidas alcoólicas, drogas e outras coisas do gênero, e sempre estão fazendo tratamento espiritual para eles, colocando seus nomes na caixa de preces. Visitamos todos eles e conversamos muito com as entidades que os assediam, mas não conseguimos auxiliar a todos. Se o encarnado não quiser, nem Jesus salva!

Conversamos animadamente por mais alguns minutos. Realmente, Keila e eu estávamos nos encontrando cada vez menos, de modo que mal sabíamos o que se passava uma com a outra. Ela disse que estava admirada com meu pai, que trabalhava e estudava na colônia com Celi. A cada dia, ele mais se lembrava do passado espiritual. Aos poucos, nos tornávamos uma família de verdade, e nisso eu tive que concordar.

No entanto, Keila era sempre calada com relação à sua própria vida e raramente falava da família que deixara na Terra. De sorte que entre um e outro assunto disse:

— Nossa, penso como será quando reencarnarmos juntas!

E, abruptamente calou-se, tapando a boca. Vi que, de algum modo, Keila, por motivos de força maior, não retornaria para junto dos seus, não tão cedo, e ainda mais: estava sendo planejado que ela reencarnaria no seio de minha família. Assustei-me com sua revelação e minha imaginação divagou por um milésimo de segundo, imaginando nós duas na Terra, vivendo como irmãs consanguíneas — seria muito legal.

— Como assim, Keila? Nós duas juntas, como irmãs? Eu, você, Celi e meu pai? Na mesma família?

— Ah, é uma longa história, depois te conto melhor.

No fundo, eu sabia que, por certos motivos específicos, um espírito poderia ser impedido de retornar ao seio de sua própria família material na reencarnação subsequente ao seu desencarne. Uma desequilibrada, que tenha prejudicado seu grupo familiar, é retirada desse convívio, por uma ou mais encarnações, caso não tenha intenção de iluminar-se. Ou no caso, por exemplo, dos suicidas, pois como já prejudicaram tanto os seus, são encaminhados para dolorosas reencarnações junto a almas abnegadas, porém estranhas a ele. A situação contrária também era válida, no caso de uma alma muito generosa estar sofrendo em um grupo familiar doentio e desequilibrado, que não lhe apreende os bons exemplos. Neste caso os espíritos superiores não permitem, por certo tempo, que esse nobre espírito sofra novamente como ovelha entre os lobos e esse grupo familiar, então, perde nova chance de ter entre si esse anjo bom que poderia tanto auxiliá-los nas provações de nova existência.

Com a cabeça fervilhando de curiosidade, que, naturalmente ela percebeu, eu mesma encerrei esse assunto até nova oportunidade de conversarmos com mais calma.

— Hoje passa, irmã. Mas amanhã, você não me escapa, quero saber tudinho!

Ela, sorrindo, concordou e me abraçou em busca de algum tipo de consolo.

— Vai participar da reunião? — perguntei, iniciando novo assunto.

— Não... Na verdade, nossa caravana acabou de chegar e trouxe novos espíritos para serem tratados. Logo mais partiremos novamente e levaremos conosco alguns médiuns em desdobramento, para conhecerem alguns enfermos que serão atendidos semana que vem, na desobsessão. Mas amanhã cedo já estarei de retorno para ir junto com você e Demétrius.

— Keila! — eu disse rispidamente, quase gritando, e ela, olhando-me desconfiada, calou-se. Assustei-me com a notícia. Não sabia que Keila tinha conhecimento dessa missão e muito menos que conhecesse Demétrius.

Os desencarnados com quem convivia se comunicavam através do pensamento de maneira tão rápida e sutil que acabei de crer que estava ficando fora dessa "festa", em que todos foram convidados e parecia que só eu, com minha pesada materialidade, não captava o que se passava ao redor. Me sentia como uma lesma espiritual, e Keila tinha como hábito, irritante diga-se de passagem, falar rapidamente, ou seja, muita informação sendo repassada em pouco tempo.

— Para tudo que quero descer! Estou confusa. Como sabe aonde irei amanhã?

— Ora, irmãzinha, Marly lançou um pensamento avisando-me antes que você chegasse.

— Sinto que sempre sou a última a saber das coisas. Meu pensamento é lento e arrasta-se neste plano em comparação ao pensamento dos outros. Não consigo me comunicar com essa velocidade toda, muito menos usando a mente!

113

— Azar o seu, baixinha! — disse Keila rindo-se. Depois, ao ver que meu rosto superpálido tinha ficado mais vermelho do que pimenta, desculpou-se.

— O que você precisa fazer é simples: apenas tente.

— Tentar o quê?

— Ouvir o que estou pensando.

Tentei e nada. De repente, ouvi a voz de Keila entre meus próprios pensamentos: "Não conseguiu, não foi? Eu não deixei. Mas agora estou deixando e mais, estou direcionando esses pensamentos a você, assim poderá escutar-me sempre". Encantada com o fenômeno, quis falar.

— Eu ouvi! Eu ouvi! Mas por que não nos comunicamos assim, sempre?

— Falar de pensamento a pensamento pode gerar tremendas confusões, sobretudo para nós, que ainda estamos tão presos à matéria. Os pensamentos alheios podem ser confundidos com os nossos e isso, invariavelmente, acontece se o espírito não estiver suficientemente elevado, como, por exemplo, no caso de alguns médiuns. Vá treinando, que logo você pega o jeito.

"Continuando esse assunto, não quero lhe causar espanto nem assombro, nem que desconfie de ninguém, mas Celi ou outro instrutor pode ter falado com você mentalmente, e você ter entendido esse pensamento como uma inspiração ou uma ideia repentina, acreditando que estivesse sendo original ou criativa."

— Credo! Será? Isso não é falta de ética?

— Ué, não interferiram em seu livre-arbítrio, apenas conversaram com você de uma maneira diferente. Com certeza, você também deve ter descartado várias dessas "inspirações". De qualquer forma, é você quem toma as decisões.

Mais uma vez estagnei frente a esse assunto, sem conhecimento suficiente para argumentar. A vida como espírito era muito complexa e, quando eu achava que estava pegando o jeito, tinha que aprender algo.

Pontualmente às 2 horas teve início mais uma reunião. Foi a deixa para que a caravana da qual Keila fazia parte alçasse voo para outras esferas de trabalho. Basicamente, essa era uma reunião de estudo entre encarnados e desencarnados. Toda a sala havia transmutado em uma espécie de biblioteca. As paredes encheram-se de livros e as poltronas tornaram-se carteiras escolares, onde nos dispomos para assistir a uma verdadeira aula.

O assunto era verdadeiramente complexo: Consciência Desdobrada, um tema que descobri ser exaustivamente estudado pelos encarnados, de modo a auxiliá-los para um melhor desempenho ao se desligarem do corpo durante o sono físico. Da mesma forma, era importante aos desencarnados, para auxiliarem nesse processo, extensivo a médiuns e trabalhadores, facilitando o acesso deles ao Mundo Maior.

Havia ainda muito mais cursos, ininterruptos, e os mais diferentes assuntos eram estudados por aquele valoroso grupo. O objetivo principal era fazer com que encarnados e desencarnados trabalhassem bem juntos. Havia, por exemplo, cursos sobre a intuição e a inspiração, para médiuns e dirigentes ampliarem sua percepção espiritual; cursos sobre a terapêutica do passe e como utilizar melhor as energias anímicas dos encarnados, enfim, era uma extensa lista com disciplinas variadíssimas, e todos os dias um assunto era estudado, naquele mesmo horário. Eu teria atividades de sobra por toda a eternidade!

Às 4h30 da manhã, encerrava-se o estudo. Exausta, procurei Marly.

— Não imaginava que houvesse aqui reuniões de estudo tão edificantes. Foi maravilhoso ter participado.

— Sim, Célia. Que bom que gostou, mas vejo que sua luzinha está quase se apagando. É o cansaço. Suba e vá descansar. Tem um "expresso" saindo agora para a colônia.

— Você não vai?

— Oh, não! Há uma caravana que aportará ao raiar do sol e trará algumas entidades para o ambulatório.

— Quero me inscrever nos cursos, como faço?

— A casa é sua também. Fique à vontade. Pegue a lista e escolha com calma, depois nos avise. Pode vir a quantos quiser — e riu. — Não pensei que tivesse tanta energia nesse corpinho mirrado!

115

— Na verdade, não sei se tenho...
— Bom, então descanse. Amanhã terá um dia cheio.
E rindo, nos abraçamos ternamente.

Posicionando-me sobre o ponto central do edifício, fui transportada até o hangar de embarque, apinhado de entidades prontas para partir. Minhas pálpebras estavam pesadas e parecia ter areia nos olhos. Era o cansaço que me vencia e, de retorno ao meu lar, caí pesadamente na cama, apagando até o sol estar alto.

— Célia? Filhinha? Acorde, amor! Está na hora.

Abri os olhos ainda embaçados pelo cansaço e vi o rosto de papai. Ele, mesmo aqui no Mundo Maior, ainda tinha o hábito de me acordar com o café na cama. Amava-o profundamente, e seus mimos conquistavam-me sempre.

Conversamos por quase uma hora enquanto eu comia e, então, ouvimos quando Keila retornou de suas tarefas. Papai aproveitou para se despedir e iniciar suas atividades diárias com Celi. Ele sabia que tínhamos muito que conversar.

Keila, alegando cansaço, foi direto para o quarto recompor-se, onde ficou por cerca de uma hora. Ao acordar, deparou-se comigo na sala. A TV transmitia as últimas notícias sobre a colônia, um canal muito útil.

Keila, ao acordar, estava radiante. A maturidade espiritual fizera-lhe um bem impressionante. Estava belíssima e, literalmente, brilhava, irradiando paz e alegria. Seu semblante era reconfortante e, assim como Celi, era extremamente agradável tê-la por perto. Era estranho apenas não vê-la caminhar, pois deslizava acima do solo como um anjo de pés descalços.

Essa visão emocionou-me, e meus olhos encheram-se de lágrimas.

— Ah, Célia, além de baixinha é chorona? Por acaso está voltando à primeira infância?

Até meu nariz escorria. Enxugando o rosto, sorri e a abracei.

— Você é minha irmã mais velha, minha segunda mãe. Te amo muito.

— Também te amo, Célia.

Ficamos abraçadas por alguns minutos, sentadas no sofá. Sentia seu coração saltar no peito. Ela conservava dentro de si tantas emoções encobertas. Como será que superou todas as mágoas e decepções que sofreu? Como expurgou de si todo o mal que viveu na Terra?

— Eu me perdoei, Célia. Perdoei a mim mesma por não ter podido auxiliá-los e a todos que me fizeram mal.

E, vendo meu broche em cima da mesa de centro, vi quanta mágoa carregava ainda dentro de mim, quantos conflitos ele ainda tinha para extirpar. A emoção veio, então, incontrolável. As lágrimas desciam como chamas queimando meus olhos e meu rosto alvo, aos borbotões, molhando meu vestido e as roupas de Keila. Nervosa, eu suava e tremia, e não consegui controlar o grito de desespero, rouco e feroz.

Agarrada a Keila, a apertava e sacudia. Era o meu estertor, e após o clímax de decepções, lentamente fui silenciando, adormecendo nos braços de minha querida irmã, que carinhosamente me acolheu em seu colo, iluminando-me com sua luz e aquecendo-me com seu calor.

Quando me recompus, abri os olhos, encabulada. Keila também cochilara, segurando-me. Minha cabeça, do lado do ferimento que me "matou", latejava. Ao tocá-lo, senti que havia inchado onde fora o corte material. Keila abriu os olhos e percebeu minha dor.

— Está bem vermelho, mas vai passar. Pensei que já havia superado esse ferimento.

— Eu também.

— Está melhor?

— Não sei. Nem sei direito o que houve...

— Chama-se catarse. Há tempos você não se olhava nesse "espelho" mental, não é?

— Sim. Nem sei mais quem sou, vivo confusa. Existem quantas Célias aqui dentro? Três? Cinco? Dez?

— Existe só uma. Por isso, cuidado, porque essa Célia que está toda boazinha conversando aqui comigo, parecendo um anjinho com voz de fada, é a mesma Célia que fez um monte de

117

"feiura" em 1920. E se alguém provocar esse anjinho, ele pode virar um capetinha na mesma hora!

—Quando superarei isso?

— Já está superando.

— Ah, mas será mesmo? Ontem fiquei tão confusa, tão envergonhada. Demétrius me levou a tantos lugares sórdidos, me mostrando a realidade com a qual escolhi trabalhar e, logo ao fim do "passeio", deparamo-nos com três mulheres, entidades vampirescas do mais baixo nível. Eram belíssimas e não usavam quase nada de roupa. Eram incrivelmente sensuais e, por Deus, senti uma ponta de inveja delas! Senti até desejo por elas! O que é isso, Keila?

— Isso é a Célia do passado querendo viajar para o futuro e assombrá-la. O estudo, o trabalho e o amor são nossas armas contra a tentação. Jesus, minha irmãzinha, veio para expurgar todos os nossos males. Decididamente, nós não corrigimos definitivamente um defeito, não afastamos as tentações como se fecha uma porta à nossa frente.

"Na realidade, o que nos compete fazer é mudar nosso foco, mudar nossos objetivos e utilizar toda essa energia, esses recursos fantásticos de que dispomos a favor do bem, a favor do progresso. As energias sexuais de que dispomos são forças divinas, criadoras, do mais alto nível. E o que você deseja? Utilizar esse reservatório do poder de Deus para lançar-se na lama do gozo dos sentidos? Chafurdar novamente no mesmo charco? Você já bebeu dessa fonte imunda, Célia, e seu gosto a está amargando até hoje.

"Recupere sua vida, irmãzinha querida, reaplicando seus recursos nesse canal de bênçãos infinitas que é a prática do Evangelho do Mestre, capaz de nos proporcionar uma nova vida! Você já deu um grande passo, conhecendo seus defeitos como poucos conhecem. Já sabe de onde vem seu desequilíbrio. Ore, estude, trabalhe. Reaplique essa força, que só você tem, no bem, aprenda a amar, Célia. Amor é um sentimento puro que une a todos em prol da paz, da harmonia interior e exterior."

Constrangi-me frente às palavras de Keila. Havia tido uma grave recaída, e quantas ainda viriam? Era uma incógnita. Fazendo uma breve pausa, minha irmã continuou em tom mais duro.

— Afinal, por que escolheu as lides da desobsessão como vertente de trabalho? O que esperava, inconscientemente, encontrar lá? Decidiu isso por amor aos desajustados ou queria reavivar algo de seu próprio passado, reacendendo suas brasas por meio dos vampiros e obsessores presentes nas reuniões? Pense, Célia! Pense! Rogue aos planos superiores que lhe orientem as escolhas!

E, dividindo comigo suas melhores energias, restaurou-me com fluidos calmantes e purificadores. De pé, então, segurou minhas mãos e, juntas, fizemos uma bela prece, ouvindo mentalmente cada palavra que proferia com amor e ternura.

Novamente chorei, mas dessa vez de alívio em saber que eu sempre poderia recomeçar e, se caísse, era só levantar e continuar. Nada estaria perdido.

Após a prece, sentia-me muito melhor. Aquela angústia que me sufocou havia sido lavada com as lágrimas. Resolvi, então, voltar às questões pontuais, ainda pendentes.

— Então, Keila, agora você é parte real dessa nova família que está se constituindo?

— Sim, na verdade há tempos, mas só recentemente entendi. Durante o tempo em que fiquei na cidadela[20], achava-me sem rumo. Era só uma impressão errônea que tive. Celi já estava de caso pensado quando me colocou em seu antigo quarto, logo quando saí do hospital.

"Sei que me julga superior a você. Mas isso não é verdade. Celi sim, verdadeiramente, é infinitamente superior a nós duas, em inteligência, conhecimento e amor. Tenho sido especialmente grata a ela por tudo que tem feito por mim desde que cheguei aqui e pelos anos, décadas e séculos que ainda virão, em que estaremos todas juntas."

Realmente, havia muito sobre o que pensar.

— Lembro-me que reviu sua mãe.

---

20 Mais detalhes podem ser encontrados no livro *A Hora do Espelho*, da mesma autora espiritual.

119

— Sim, mas apenas para dar-lhe o adeus que não pude dizer-lhe em vida. Não irei revê-la por um longo tempo. Minha antiga família tem suas provas e expiações a cumprir, e nem mesmo minha presença pode lhes aplacar a ignorância. Eu era tão estudiosa, Célia e os amava tanto, mas nunca notaram. Minha doença veio para despertar-lhes a atenção, observarem a filha inteligente e amorosa e despertar-lhes o cuidado com a prole. Resultado? Desencarnei por falta de cuidados, por falta de interesse deles. Descobri que, muitas vezes, simplicidade anda de mãos dadas com a ignorância. Nunca oraram por mim. Nunca. Choraram e me esqueceram. Ponto final.

Nunca Keila havia falado tanto de si mesma. Na verdade, falou bem pouco e rápido, mas já estava bom.

— Desejo a todos eles grandes bênçãos, pois precisarão de todo o apoio que os bons anjos puderem dar. No fundo, torço por eles e quero poder reencontrá-los daqui a alguns séculos, e ver que estão bem. Não me é possível retornar para auxiliá-los, não até o fim do próximo século[21], pois os "tribunais celestiais" julgaram-me merecedora de um destino diferente, pelo menos temporariamente, e cá estou.

As barreiras que, porventura, ainda estivessem entre nós, mesmo que pequenas, haviam sido derrubadas nessa manhã de grandes descobertas. Aos poucos, ia percebendo o ponteiro da vida assinalando novo momento que começava em minha vida, abrindo novas possibilidades para mim e para aqueles que amava. Era um infinito universo de oportunidades que se abria em nossas existências e, aos poucos, galgávamos mais um degrau que nos levaria um pouco mais ao alto.

Possivelmente, minha próxima família carnal seria formada pelos laços amorosos do coração e não mais pelos terríveis laços do crime e da dor. O futuro descortinava-se para nós, revelando-se cada vez mais próspero e promissor.

Enquanto nos perdíamos, Keila e eu, nas mais variadas reflexões, ouvimos o chamado mental de Demétrius nos convidando ao encontro que tanto aguardava. Estava nos esperando em uma

---
21 A história se passa em 1977.

região da crosta, onde se encontrava a casa espírita em que trabalhei anos atrás.

***

A casa estava localizada em uma zona de conflitos espirituais, onde percebíamos o encontro espetacular entre a Terra e uma grande zona umbralina. Possuía forte guarnição dos agentes, devido ao trabalho vigoroso nas lides da desobsessão.

Mesmo em espírito, a movimentação no espaço é difícil, pois é necessário conhecer certos caminhos entre as dimensões. Partindo da colônia rumo à Terra, Keila foi nossa guia e, como estrelas cadentes sob o sol, precipitamos sobre o planeta em uma velocidade inimaginável, e logo estávamos à porta da casa espírita.

Sem a presença de Keila jamais seria capaz de fazer tal viagem de maneira tão tranquila e assertiva. Estava acostumada a só ir à Terra em comboios ou veículos e me assustava ter de me movimentar livremente à velocidade do pensamento, cobrindo distâncias dimensionais tão grandes, sozinha. Me sentia muito despreparada ainda.

Às portas da casa espírita, o agente estava à nossa espera. O trabalho na instituição corria normalmente, e víamos alguns desencarnados em atividades corriqueiras. Como não havia trabalhadores encarnados àquela hora, o lugar encontrava-se trancado.

Após cumprimentarmo-nos, caminhamos até um local que não havia visto antes. Atravessamos por uma escadaria localizada dentro das dependências da casa, e seguimos em direção a uma espécie de túnel, parte da construção etérea do lugar.

— Vamos por aqui — disse o agente, apressado.

— Que lugar é esse? — perguntei.

— Mantemos aqui algumas entidades, longe tanto de desencarnados quanto de encarnados.

— Prisioneiros?

— Não exatamente. Não estão presos aqui contra a própria vontade. Estão em reabilitação, mas, ao mesmo tempo, ainda não têm equilíbrio suficiente para desfrutar de liberdade, pois roubariam os fluidos de quantos encontrassem, mesmo sem intenção. O vampirismo para eles é tão natural quanto respirar.

"Aqui não é permitida a presença de encarnados em desdobramento, sob hipótese alguma. Os fluidos vitais anímicos são muito procurados por essa classe de entidades, e um encarnado sintonizado a eles seria um farto banquete, principalmente em desdobramento, pois o vampiro faria uma ponte direta com o corpo físico da pessoa e absorveria a energia dela muito mais facilmente."

Estávamos caminhando por largo corredor, que terminava em um portão gradeado, vigiado por dois agentes logo à frente. Cumprimentando-nos educadamente, sem fazer comentários ou observações, afastaram-se e abriram a pesada grade que nos separava. Ao adentrar o recinto, senti um calafrio. Antes de continuar, perguntei:

— Não existe perigo para nós?

— Nada que ameace a integridade física de nenhum de nós. A tecnologia dos agentes nos protegerá e manterá as ameaças contidas. Tenho apenas uma única observação, Célia. Esses espíritos, de maneira geral, são mistificadores por natureza e possuem grande magnetismo. Recomendo cuidado para que não saia daqui mais confusa do que quando entrou.

Keila acompanhava-nos em silêncio desde que chegara. Percebi que, na verdade, orava sem mover os lábios e, ao vê-la em atitude tão sublime, levei a situação mais a sério. Intimamente, ela elevava o pensamento buscando força e equilíbrio junto aos mundos superiores. Comecei a achar que deveria fazer o mesmo.

— Célia, vou pedir que seja específica e direta, sem perda de tempo em conversações fúteis ou desnecessárias. Já sabe o que vai perguntar? O que quer realmente saber? — questionou Demétrius.

— Sim. Quero saber mais sobre ele, e também o que está achando de sua nova vida.

— Tudo bem. Não se aproxime muito da grade.

Partimos para um corredor com várias vitrines, de vidro fumê, de modo que não víamos seu interior. O ambiente era extremamente silencioso e calmo, e Demétrius falava baixo.

— Essas são as celas? — perguntei.

— Sim, mas nem sei se poderíamos chamá-las assim. Estão mais para quartos de hotel.

Cruzamos com alguns trabalhadores do local. Vestiam-se como médicos e seguravam pranchetas que pareciam lâminas de vidro. Ao nos verem, todos sorriram, e um senhor, que estava à frente, cumprimentou-nos descontraidamente e parou para conversar enquanto o restante do grupo seguia para seus afazeres.

— Demétrius, meu amigo! Veio nos fazer uma visita de verdade agora? Essas não são prisioneiras novas, são?

— São amigas. Vieram visitar Tomas. Elas sim estão em visita. Eu continuo a trabalho. Essas são Célia e Keila. Célia esteve aqui no dia que o trouxemos.

— Sejam bem-vindas. Meu nome é Irving. Que a paz de nosso Mestre Jesus possa alcançar nossos corações.

E, falando isso, tocou nossas frontes em atitude paternal. Olhando para Demétrius, em tom mais sério, continuou:

— Nosso irmão Tomas está lá. Ele tem melhorado muito, mas ainda não pode receber a visita de encarnados. Como são espíritos, elas podem ir. Creio que não irão representar para ele grande tentação.

Pelo modo como falavam a respeito da entidade, parecia que iríamos encontrar algum monstro ou criatura especialmente perigosa, e isso criava um clima péssimo.

Caminhamos até uma das vitrines. Fiquei imaginando quantas haveria, se não ali, em outros locais similares. Havia uma espécie de interfone, que o agente apertou para falar.

— Bom dia.

— Sim, quem é? — perguntou uma voz cavernosa.

— Meu nome é Demétrius. Gostaria de saber se deseja receber visitas agora. Alguns amigos querem vê-lo.

E, depois de uma breve pausa, a vitrine desapareceu e revelou tenuíssimas grades, que separavam o corredor dessa espécie de *flat* ou quitinete.

Ao fundo, vimos um homem sentado, à meia-luz, lendo um livro. Erguendo a cabeça, levantou-se e veio em nossa direção. À medida que se aproximava, pudemos vê-lo melhor, e em nada se parecia ao grande lobo que conheci anos atrás. Era igualmente grande, alto e forte, mas humano. Ao parar próximo às grades, fitou-nos pensativo. Possuía olhos amarelos e vivos, longos cabelos, que lhe desciam à cintura e, ao abrir a boca para falar, notei que possuía caninos bem proeminentes.

Arrepiei-me dos pés à cabeça. Lembrei-me dos vampiros dos filmes da Terra, protagonistas de inúmeras lendas, seres tão sedutores quanto mortais, que bebiam na fonte espiritual dos desequilíbrios humanos.

Se estivéssemos encarnados, diria estar diante de um personagem de ficção científica, ator travestido em criatura das trevas, para nos assustar ou divulgar algum filme ou peça de teatro. Mas aqui, no Mundo Maior, sua presença era bem real e, ao nos encarar, parecíamos morrer um pouco sob seu hipnótico olhar. Será que nos enxergava como simples garotas ou alimento abundante que iria absorver e descartar, caso se livrasse da prisão que nos protegia dele?

— Demétrius. Lembro-me de você. Há muito não o vejo por aqui. Muito prazer, meu nome é Tomas.

— Meu nome é Keila, essa é Célia. Ela conheceu você, Tomas, quando foi trazido até a casa espírita. Célia trabalhava aqui no dia.

— Ah! Deve ter se assustado então!

E, pondo os olhos sobre mim, ergueu a fronte e respirou profundamente.

— Agora me lembro. Reconheci seu cheiro, seu perfume. Mas na época era mais jovem e cheia de vida, havia desencarnado há pouco tempo, certo?

— Sim. Havia chegado há poucos dias — respondi atordoada.

Como ele poderia saber tanto sobre mim se, na época, eu apenas havia sentado na plateia de estudantes e não participara de nenhuma atividade? Começava a ficar assustada de verdade.

Demétrius a tudo observava silenciosamente. Sabia que nos testava, deixando-nos à vontade enquanto lia nossos pensamentos. Pude senti-lo como se estivesse grudado em mim.

— Tenho me especializado em desobsessão desde então. Aquela reunião me despertou para essa tarefa. Fiquei muito impressionada quando o vi aquele dia.

— Nem me lembre desses tempos doentios. Desejo esquecer essas mazelas.

— Você está muito diferente hoje.

— Sim, concordo! Estou progredindo, menina, lentamente, mas progredindo.

E, sentando-se em larga poltrona, foi se sentindo mais à vontade com nossa presença. O agente, então, aproveitando a deixa, materializou um amplo sofá curvo para nos acomodar frente à entidade, que mostrava certa simpatia, apesar do ar de ironia em cada frase.

— Não desejamos incomodá-lo, Tomas. Célia gostaria de fazer algumas perguntas. Ela poderia? — perguntou Demétrius.

— Ora, o que mais faço é responder perguntas. Mas uma visita, não importa por qual motivo, é sempre uma dádiva.

Em nada Tomas se parecia com o monstro que havia encontrado, muito pelo contrário, passava-se por uma pessoa comum e, se não fosse pelo extravagante visual, era quase como qualquer um de nós.

— Esperava encontrar uma fera aqui, Célia? Enjaulada como em um zoológico? Gritando, rugindo e esmurrando as grades, sedento por seus fluidos juvenis?

— Não, claro que não. Lembro-me de que no mesmo dia em que foi trazido, já houve uma grande transformação e, ao final do choque anímico, deixou a reunião parecendo mais humano.

— Sim... — e olhando o vazio pareceu recordar aquele dia abençoado. — Mas aquela fera ainda está aqui, ansiando por liberdade. É uma tortura, mas preparo-me para a reencarnação. Não posso viver assim indefinidamente, correndo o risco de tornar-me novamente um fardo para a humanidade.

— Desculpe perguntar, mas, como se tornou aquela criatura?

— Não aquela criatura, Célia, mas essa criatura! — e apontou para si mesmo. — São tantos fatores, tantos. Desencarnei com muito ódio. Rapidamente me aliei a um grande grupo, que já me acompanhava em vida. Entre eles havia uma entidade especial,

125

que me prometeu poderes sobre-humanos, me auxiliando em minha torpe vingança contra aqueles responsáveis pela minha morte.

— Nossa! Você fala desse assunto, assim, sem constrangimento? Fico impressionada!

Fazendo breve pausa, ele continuou:

— Há alguns anos, essa conversa entre nós seria impossível, mas acredito ser um dever meu, já que não posso auxiliar a ninguém em mais nada, pelo menos passar adiante meu testemunho, para que talvez sirva de lição a outros.

"Tenho consciência dos erros e crimes que cometi. Torturei muitos desencarnados, Célia. Prendi meus inimigos em masmorras, colecionando-os um a um através dos anos, a medida que desencarnavam. Absorvia seus fluidos cadavéricos[22] e depois as poucas energias que restavam em seu perispírito. Foram épocas de grande insanidade. Lembra-se, Demétrius, quando fui trazido?"

— Você entregou-se ou foi capturado?

— Fomos ao encontro de vários desencarnados em um grande acidente motivado pela imprudência de alguns alcóolatras. No local, entre os cadáveres que nos serviam de alimento, encontrei os restos mortais do filho que tive em minha última existência terrena e que agora, séculos depois, reencarnado, quitava grandes débitos acumulados — fez então uma pausa e logo continuou. — Um lampejo de consciência aflorou e vi em que situação lastimável me encontrava. Titubeei sem forças, e os agentes que acorriam em defender aquela posição perceberam minha passividade, já que não fugi frente à investida dos soldados.

"Esse foi o momento em que, vendo a oportunidade para o reajuste, capturaram-me e, mesmo com alguma resistência,

---

22 André Luiz, no livro *Missionários da Luz*, psicografado por Francisco Cândido Xavier, nos informa que: "Sem nos referirmos aos morcegos sugadores, o vampiro, entre os homens, é o fantasma dos mortos, que se retira do sepulcro, alta noite, para alimentar-se do sangue dos vivos. Não sei quem é o autor de semelhante definição, mas, no fundo, não está errada. Apenas cumpre considerar que, entre nós, vampiro é toda entidade ociosa que se vale, indebitamente, das possibilidades alheias e, em se tratando de vampiros que visitam os encarnados, é necessário reconhecer que eles atendem aos sinistros propósitos a qualquer hora, desde que encontrem guarida no estojo de carne dos homens."

conseguiram trazer-me à presença de um aparelho mediúnico, que transformou aquele lampejo de consciência em luz de humanidade, quebrando o magnetismo implantado em meu ser por aquela diabólica entidade, e, aos poucos, tenho voltado à realidade."

— Graças a Deus! — eu disse aliviada.

Tinha imensa curiosidade de saber quais fluidos eram esses que ele absorvia, mas, achando a questão por demais delicada, calei-me. No entanto, Tomas pareceu notar minha curiosidade e continuou.

— Não tenha vergonha de sua própria curiosidade, Célia. Os encarnados possuem reservas de energia muito gratificantes e até hoje, para mim, os fluidos deles são inebriantes, e o aroma faz-se delicioso. Seu sangue, a umidade da pele e o odor do suor, que se desprende das axilas, dos pés e dos órgãos sexuais, o hálito deles... Todo o corpo está carregado de fluidos intensos e que nos dão força e prazer. Os líquidos, fluidos e odores de seus corpos estão carregados de energias, que podem ser muito bem aproveitadas por vampiros especializados, como eu o era. E talvez ainda seja. Os fluidos anímicos geram a profusão dos sentidos e funcionam como restaurador descomunal das forças do ser.

"Mesmo agora, anos depois de ter abandonado minha vida criminosa, posso sentir. Neste instante, sei que você, Célia, tem algo que nenhum dos seus outros dois companheiros têm. Você tem a força da juventude da matéria com você, e seus fluidos ainda são intensos, mesmo após tanto tempo vivendo como desencarnada. Posso farejar seus íntimos odores daqui, e para mim, sua presença é uma grande tentação, infelizmente. Sinto-me constrangido falando-lhe dessa forma, mas longe de mim faltar-lhe com respeito."

Demétrius, levantando-se, interferiu no estranho diálogo dizendo:

— Basta! Por ora, chega. É nosso dever manter o equilíbrio, e temo pelos rumos dessa conversa e dos desdobramentos que, porventura, possam ter.

Tomas, olhando-me com profundidade, penetrava-me o âmago do ser, mas desviando olhar para o agente, esboçou leve sorriso.

— Rendo-me ao seu bom senso, agente. É hora de irem embora. Adeus. Foi um prazer conhecê-los.

A estranha criatura deu as costas e retornou para o fundo do aposento.

— Vamos, garotas.

— Nossa! Foi muito estranho — disse baixinho, já seguindo de volta pelo corredor.

Demétrius, tomando a palavra, tratou de nos esclarecer antes de irmos.

— A redenção chega a todos. Tomas, com certeza vinha acompanhando a vida do filho na presente encarnação e, no encontro com seu cadáver, caiu em si e viu que fatalmente todos nós devemos assumir nossas responsabilidades e corrigir nossos erros, de retorno à pátria espiritual. A figura do filho sensibilizou-o profundamente, e sentimentos adormecidos afloraram. Foi o momento em que os agentes aproveitaram para trazê-lo à doutrinação. Se perdessem a oportunidade, Tomas poderia imergir nas trevas interiores que o engoliriam novamente. E depois, quantas décadas se passariam até sua consciência de manifestar novamente? Em momentos como esse, vemos o quanto o plano de Deus para nós é perfeito. Há quanto tempo será que essa situação que levou Tomas a conscientizar-se estava sendo planejada? Nas coincidências, podemos ver a ação da superioridade divina.

Compreendíamos Demétrius perfeitamente.

— Você está bem, Célia? Alguma coisa a chateou?

— Está tudo bem... Acho que foi melhor do que eu esperava. Tenho pena dele.

E era verdade. Apesar do infeliz assédio, não me senti constrangida ou intimidada, pelo contrário, sentia-me forte e corajosa. Dali em diante decidi que não me abalaria mais pelo desequilíbrio alheio. Sabia que se não tomasse essa postura agora, não seria efetivada como trabalhadora.

— Não há nada melhor para ver aqui, Célia. Nestas regiões e, especificamente neste local onde estamos, há entidades em estado pior do que Tomas. Algumas ferem o olhar, tamanha suas distorções; enquanto outras, apenas com sua proximidade nos desequilibram com suas densas energias. Ainda não tenho permissão para mostrar-lhes tais seres, pelo menos por hoje.

— As reuniões serão meu grande aprendizado daqui em diante. Não quero mais me expor dessa forma e nem expor nenhum de nossos irmãos em processo tão triste e doloroso. A reencarnação será capaz de curá-lo?

— Sim, mas encontrará muitas dificuldades. Seu perispírito está muito enegrecido. Talvez, em suas futuras reencarnações, sofra aborto espontâneo mais de uma vez, até que limpe seu perispírito e se torne menos prejudicial à sua futura mãe, mas analisaremos essa questão em outro momento com mais calma.

Em clima fraterno saímos das instalações subterrâneas dos agentes e, abraçando-o, nos despedimos de Demétrius, que em um piscar de olhos retornou aos seus afazeres e ficamos, Keila e eu, a contemplar aquela paisagem desoladora da favela onde estávamos. Havia muito sobre o que refletir dali em diante.

— Desencanou, baixinha?

— Nossa! Totalmente! Nada melhor para nos ensinar do que a prática, a experiência e a vivência sob a luz do Evangelho!

Rimo-nos e, de mãos dadas, retornamos ao nosso querido lar.

3
Conheça a ti mesmo

Ao chegar em casa com Keila, eu estava cansada. Na verdade, estava exausta. Não aguentava mais chorar e me lamentar, estava farta de sofrer. Queria uma nova vida, mas não a podia ter, não naquele momento. Então decidi não mudar de vida, mas mudar a maneira como via a vida. Tomei a decisão de não mais temer e encarar a realidade em que estava vivendo. Não ia mais me escandalizar, como vinha fazendo há longos cinco anos. Em vez disso, resolvi, simplesmente, aceitar.

Pela primeira vez, desde que chegara ao Mundo Maior, tive vontade de escrever. Era uma necessidade de desabafar, cuspir no papel tudo o que sentia. Acima de tudo, me julgava humana, imperfeita e cheia de "nóias", como dizem os jovens. Minha humanidade fazia questão de me perseguir, e minha santidade, de fugir.

Quanto mais tentava me afastar de mim mesma, mais ia ao meu encontro, porque, como qualquer ser humano, carregamos nossas qualidades e nossos defeitos para onde vamos.

Lembro-me que estávamos no primeiro semestre de 1977, pouco mais de cinco anos desde que chegara. Peguei uma folha de papel e comecei a rabiscar, derramando sobre a folha sentimentos e histórias sem-fim. É claro que ainda chorei um pouco e mais de uma vez, mas era porque a Célia, aquela menina mimada e inocente, estava morrendo. Aquela menina que se apegou à própria ingenuidade, agarrada às recordações nostálgicas daqueles que amava, mantendo-se cinco anos congelada no tempo, ia embora para nunca mais voltar. Vi que estava apegada a mim mesma, apegada a quem eu era quando encarnada.

Nesse mesmo dia, ao olhar no espelho, vi uma boneca branca de porcelana. Estava usando uma máscara, que me recusava a tirar com medo de ter que mudar e encarar que, na verdade, tudo já havia mudado. Os ponteiros do relógio da vida haviam girado em 1920 e novamente girado em 1972 e, por mais que me recusasse, teria que encarar o passar do tempo.

Demétrius havia me submetido a um doloroso teste, que me quebrou por dentro, mas só agora eu entendia. Quebrara-se a menina de porcelana para que a menina de verdade viesse à tona. É sempre tempo de recomeçar. E, após o desencarne, eu mesma já havia recomeçado várias vezes sem o perceber. Recomecei quando cheguei ao hospital, fui para a escola Maria de Nazaré, passei a trabalhar nas casas espíritas, voltei no tempo e relembrei meu passado por meio do broche de minha mãe, mudei de colônia, vi minha nova família sendo constituída, me identifiquei com nossos irmãos viciosos e vi a mim mesma em cada ato desregrado que praticavam e em cada pensamento que emitiam.

E isso era maravilhoso! Recomeçar significava que nada estava perdido e que tudo poderia melhorar. Lembrei-me de André Luiz falando a Francisco Cândido Xavier sobre o Nosso Lar, quando se iniciou uma vida de redenção para esse nobre irmão. Se ele pôde, por que eu e tantos outros não podemos também?

Mas, para falar de mim mesma, deveria deixar a vergonha de lado, aceitando minhas fraquezas e entendendo que também podia se forte. Poderia chocar os mais conservadores? Talvez, se fossem aqueles que se escondem de si mesmos e enganam-se sobre seus defeitos, se sentiriam constrangidos ou intimidados.

Minhas palavras — cheias de minha própria alma — servem àqueles que sabem que são humanos, têm consciência de que erram, mas querem melhorar. Espíritas que sabem que estão em um mundo de expiação e provas e que de santos pouco ou nada têm. Sou sincera e nada mais.

Se a palavra de Sócrates nos conclamava a conhecer-nos, eu me conheci. Dei, em cada palavra que escrevi, a oportunidade de me conhecerem também, de verem o quanto sou comum e talvez até pior que muitos, mas isso nunca me impediu de fazer o certo, o bom, e seguir os preceitos deixados pelo nosso querido Mestre Jesus.

TERCEIRA PARTE

1
Novo auxílio

— Perdoe-me, perdoe-me, eu não sabia que esse lugar era assim... Não sabia que esse lugar era o lar dos anjos!

E, de joelhos, o ser estertorava suas angústias em arrependimento momentâneo, mas, principalmente por medo da veneranda entidade que flutuava à sua frente. Tâmara, então, com um sorriso nos lábios, disse:

— Amado irmão, infelizmente, não tenho motivos para perdoá-lo, porque, em verdade, não me ofendeu! É uma honra tê-lo em nossa casa, sua presença aqui mostra que, de alguma forma, nossas preces estão sendo ouvidas. Levante-se, levante-se. Não me deixe constrangida dessa forma.

— Mas nós cometemos muitos crimes, temos a consciência culpada e as mãos sujas.

— Sim, mas se estão aqui, é porque têm também o desejo de mudar, de melhorar.

— Queremos abrigo. Estamos fugindo.

— E nossa casa está aberta a todos vocês. Poderiam ter buscado apoio em outros grupos, semelhantes aos quais estiveram filiados durante anos, mas vieram procurar abrigo aqui. Por que veio até aqui, especificamente, meu irmão? O que espera de nós ou deste lugar?

— Sabemos que vocês são poderosos! Tínhamos a certeza de que estaríamos em segurança total ao lado de vocês.

— Em verdade, digo a vocês que o único que nos pode salvar é Jesus. Apenas o Cristo é capaz de apaziguar todas as contendas. E, se servimos a Ele, é natural que seja para nós um protetor e, principalmente, um professor, que nos ensina como viver melhor.

— Já estamos condenados, senhora! Vivemos no inferno!

— Nunca mais repita isso. Nunca mais. Somos todos filhos de Deus e irmãos perante o Pai amantíssimo que olha por todos. Venha comigo, e lhe encaminharei para uma nova vida!

O ser, então, ergueu-se, colocando-se de pé. Sua aura escura tremulava, como a fumaça ao encontro da brisa. A luz de Tâmara era intensa. Ela, então, pisando no solo, baixou sua luminosidade até parecer-se completamente humana e, com imensa alegria ainda estampada no rosto, abraçou o infeliz com incrível ternura. Poucas vezes presenciara cenas assim.

Alguns minutos antes, entrara tumultuosa turba em nossa casa espírita, ameaçando-nos e exigindo a presença do dirigente espiritual. O líder acreditava que era merecedor de privilégios. Vieram quietos, encapuzados, conduzidos por dois agentes, mas ao pisar no interior da casa, revelaram-se, como se pudessem aplicar-nos algum tipo de golpe através do engodo.

Tâmara a tudo assistia, sem que pudéssemos vê-la, e manifestou-se entre nós com intensa luz, assustando-os com sua superioridade moral. Quando, então, viram-na levitando, a tomaram como uma espécie de anjo do Senhor e ajoelharam ante a presença dela, como se o próprio Deus estivesse ali para recebê-los.

A presença de Tâmara era um alento para todos nós, além de imenso incentivo para que continuássemos a trabalhar incessantemente a favor do bem. Era gratificante trabalhar junto a entidades tão iluminadas.

Mentalmente, ouvi o chamado de Celi e soube que queria me ver em caráter de urgência. Fiz uma pausa no trabalho e notei que ela já me aguardava à entrada do salão em que me encontrava.

A reunião seguiu normalmente já próxima ao encerramento, de modo que Marly não me impediu de sair, pois todas as entidades estavam sendo satisfatoriamente atendidas pela equipe presente.

— Mamãe, que surpresa! Não esperava vê-la por aqui. Aconteceu algo para justificar tamanha urgência?

— Ainda não aconteceu, Célia, mas temo que aconteça. Clarisse não está bem.

A notícia assustou-me tremendamente. Naquele instante, um filme passou pela minha mente. Clarisse era uma menina meiga e delicada, mas mostrava difícil adaptação à nova vida em que se encontrava. Há alguns meses não nos víamos, e senti um remorso terrível me corroer.

— O que ela tem?

— Temo que esteja entrando em depressão. Tem dado mostras de recaída. Depois que você se foi, tentou mostrar-se forte e determinada. Até pensei que realmente estivesse, mas, quando eu mesma mudei para a colônia e passei a dividir meu tempo entre a cidadela e os novos trabalhos, junto ao seu pai, Clarisse sentiu-se realmente solitária. Ela perdeu o contato com as amigas e com outras alunas, evitando-as, e seu rendimento nas disciplinas do espírito mostrou severa queda. Ainda frequento a cidadela pelo menos duas vezes por semana e, nesses momentos, percebo o quanto Clarisse está carente e abatida. Definitivamente, desiludiu-se com a vida no Mundo Maior.

— Isso é terrível! Ela não está ela sob alguma funesta influência espiritual ou sofrendo em demasia por sintonizar-se com algum encarnado em desequilíbrio? Alguém que conheceu na Terra pode estar sofrendo com sua ausência, conservando sentimentos tristes ou revoltosos...

— Por alguns meses, logo após a chegada de Clarisse ao Mundo Maior, sua família e, principalmente, sua mãe sentiram muito a falta dela, o que motivou algumas cenas tristes e angustiosas. Foram momentos de grande desequilíbrio para todos, inclusive para Clarisse que, absorvendo as notas de sofrimento dos entes queridos, intoxicara-se com energias raivosas de ódio e rancor contra Deus.

Inclusive a ideia de suicídio havia passado pela mente de sua estimada mãe. No entanto, o período de luta íntima passou sem mais perdas, e a vida seguiu seu curso natural, tornando-se

Clarisse apenas uma viva lembrança na mente dos seus entes queridos. As lágrimas deram lugar ao cumprimento dos deveres diários, e sua mãe voltou a ser o esteio de tão dadivosa família. Tudo retornou à normalidade, e todos entenderam que Clarisse partira em viagem rumo ao mais alto, onde provavelmente estaria velando e aguardando por todos.

Mas, em verdade, Clarisse não se libertou como fez a família dela. Continuou vivendo na sombra de sua vida física, como se a qualquer instante fosse retornar ao lar materno. A vida como espírito representa para ela pesado fardo, e ela se julga incapaz de carregá-lo.

— Não localizaram nenhum parente que pudesse acolhê-la ou auxiliá-la?

— Sim, sua avó paterna, mas como não se conheceram na vida material, a senhora mostra empenho e paciência, mas, para Clarisse, ela é tão desconhecida quanto qualquer uma de nós.

Parei para refletir um instante sobre a questão e como poderia ajudá-la. Será que, afastada como estava, ela ainda reconheceria minha amizade? Por um momento, tremi.

— Mamãe... Ela já teve contato com os familiares depois que chegou à cidadela?

— Ainda não. O afastamento mostrou-se necessário devido à sintonia dolorosa entre ela e seus familiares, sobretudo com a mãe.

— Vou levá-la até seu antigo lar. Quem sabe o choque de estar invisível a eles não a ajude de alguma forma? Falar e não ser ouvida, tocá-los e não ser sentida...

— Talvez pioremos a situação.

— Quem sabe eu, que ela considera uma irmã, possa lhe ser a melhor companhia nessa derradeira hora e mostre a verdade a ela?

***

No dia seguinte, bem cedo, eu e Celi partimos para a cidadela, cortando os céus como estrelas cadentes. Era a primeira vez que retornava desde minha mudança para a colônia. Era muito cedo, e as alunas ainda não haviam se levantado. Pousando suavemente à entrada da escola, tive receio de ser reconhecida e causar algum alvoroço por aquelas com quem tive mais amizade e intimidade, mas na escola Maria de Nazaré imperava o silêncio, e nenhuma alma — perdoem-me o trocadilho — perambulava pelos corredores.

Tudo estava igual e, com certeza, há décadas era daquele jeito. Caminhando pelo corredor que levava a meu antigo aposento, pedi para Celi deixar-me falar com Clarisse sozinha. Ela concordou e seguiu em busca de outros afazeres até que fosse o momento de nos reencontrarmos.

Silenciosamente — como só um espírito é capaz de ser — entrei em meu antigo quarto. Clarisse havia ficado com minha antiga cama e dormia profundamente. No outro leito, havia uma garota mais velha, da qual não recordava o nome, mas havia desencarnado cerca de três anos depois de mim.

Sentei-me ao lado da cama de Clarisse e pus-me a observá-la. Parecia uma criança inocente, afundada entre lençóis. O quarto em que estávamos cheirava a rosas, e o ambiente era bastante arejado e juvenil. O dia estava quase raiando, e o céu enegrecido ia dando lugar a um azul escuro e profundo.

Fechando os olhos um instante, busquei sintonizar-me com minha pueril e querida amiga. Queria ouvir-lhe os pensamentos e sentir suas angústias íntimas, pelo menos um pouquinho.

Uma lágrima desceu pelo meu rosto. A saudade que Clarisse sentia da mãe e da família era indizível. Mãe e filha amavam-se profundamente e sentiam a falta uma da outra. Ambas haviam perdido um pedaço de si. De que adiantaria entender o que era a vida do espírito? A ausência não seria compensada, não seria suprida. A espera fazia-se insuportável. Clarisse sentia-se sem saída. Não mais vivia, sobrevivia. Se estivesse encarnada, sem a presença da mãe, estaria, nesse instante, esperando pela morte que a arrebataria para o esquecimento da vida. Mas, vivendo como espírito, qual a melhor saída? Aguardar o retorno à carne para que o véu do esquecimento material servisse de consolo aos seus jovens anseios? Vida como solução para a morte.

Estava imersa nos sentimentos de Clarisse e, de certa forma, mesmo sem concordar, entendia sua maneira de ver as coisas. Ela queria, por tudo, retornar ao seio de seu antigo lar.

Perdida em meio a tantas sensações, mal vi quando Clarisse abriu os olhos. Quando me viu sentada à sua frente, ela congelou por um segundo, talvez acreditando estar sonhando.

— Bom dia, gatinha. Estava ouvindo você ronronar.
— Célia!

E, em um certeiro salto felino, agarrou-me em um forte abraço, puxando-me para a cama. Caímos pesadamente. Éramos como duas irmãs que não se viam há muito tempo.

— Sua sem-vergonha! Você sumiu! Me abandonou! E Celi também, aquela danada! E eu fiquei sozinha, sozinha!

E dizia isso rindo e, ao mesmo tempo, com lágrimas escorrendo pelo rosto.

— É, mas agora estou aqui. E aí? Vai ficar chorando? Vim ver como minha caçulinha está.

Agora entendia como Keila se sentia a meu respeito. Como meta pessoal, jurei que iria me policiar para dar menos trabalho a ela.

Clarisse e eu decidimos dar um passeio para conversar, pôr as fofocas em dia, como dizem os encarnados.

Tomamos um delicioso desjejum e fomos para a área externa no fundo da escola. Lá havia uma natureza maravilhosa. Assim, duas ansiosas jovens puderam falar da vida, do momento que vivenciavam e das descobertas que faziam.

À medida que conversávamos, aprofundávamos questões variadas e, como não poderia ser diferente, Clarisse foi se abrindo sobre sua real situação e revelou-se cheia de sérios conflitos, enfim, desabafou.

— Realmente, Célia, nosso dia a dia é muito cansativo, é uma rotina extenuante. Onde fica o "descanse em paz"? — e sorriu ironicamente. — Acordamos cedo para o estudo e, nas horas de folga, estou sempre exausta e procuro dormir para descansar. Algumas meninas daqui não dormem quase nada, apenas poucas horas. Mas eu me sinto muito indisposta a maior parte do dia e da noite.

Não seria esse cansaço sobre-humano um indício de que estaria indisposta não apenas para as atividades rotineiras, mas ainda pior, para a vida do espírito? Estava incapacitada para dar seguimento à vida real e, intimamente, sentia que Clarisse fugia da realidade, e levantar-se pela manhã, todos os dias, exigia dela forças descomunais.

— Clarisse... Sei que também sou jovem e estou aqui há pouco tempo, mas tenho certeza de uma coisa: nossa vida só melhora quando aceitamos a vida.

Ela respirou profundamente e olhou apática para a paisagem.

— Sabe o que eu queria, realmente? Eu queria voltar.

Eu já imaginava essa resposta. Oficialmente, Clarisse não voltaria tão cedo à carne. Teria mais alguns anos para aprender mais sobre a vida do espírito. Mas, ao olhá-la, via-se estampado em seu rosto o descontentamento. A testa sempre franzida revelava que sua mente estava em conflito, repleta de pensamentos nada reconfortantes. Ela não aceitava o desencarne e evitava falar de assuntos ligados ao desenvolvimento espiritual. Sua meta era retornar ao invólucro carnal o quanto antes e, por isso, encarava nossos estudos como perda de tempo, sem atentar-se para o fato de que, na verdade, o estudo também servia de preparo para o retorno à vida corpórea.

— Clarisse, já pensou como seria se retornasse? Voltaria a ser um bebê. Não se lembraria de ninguém. Reencarnar é reiniciar a vida corpórea, e você não se recordará dos motivos pelos quais voltou. Não se reencarna para "matar saudade".

— Melhor ainda, Célia. Será ótimo esquecer tudo e começar uma vida nova.

— Tenho uma pergunta: quantas vezes você já não fez isso? Voltou à vida carnal para esquecer algo e, ao retornar à pátria mãe, novamente sentiu raiva e quis retornar à carne!

— E o que importa? Estou mal hoje e quero voltar hoje. Futuramente, resolvo essa questão, vou amadurecer, sei lá.

— O futuro é hoje, Clarisse! Se você tem consciência desse problema, resolva agora! Imagino que, de alguma forma, seu retorno ao mundo espiritual tenha feito parte de suas provações, não acha? E talvez você consiga reencarnar para uma vida ainda mais breve. Não pensou nisso?

— Não acredito nisso! Ora, quanta bobagem, Célia!

— Vou te dizer uma última coisa, Clarisse: você está dando à vida material muito mais valor do que deveria. O futuro de cada um é vir para cá e ir ficando cada vez mais, até não mais ter necessidade de voltar à carne. Aproveite seus momentos aqui. Estude, aprenda, faça amizades!

Mas ela parecia irredutível, e isso me preocupava. Dando de ombros, ignorou minhas palavras e mudou de assunto.

— Mas, então, você veio aqui por algum motivo específico ou foi só para me passar sermão?

Ri e abracei-a.

— Vim porque estava com saudades. Queria saber como você estava.

— E como estou?

— Por fora, está ótima. Rosto rosado, cabelo brilhante, linda, como sempre foi. Mas por dentro está em chamas, como um vulcão prestes a explodir.

Apertando os olhos, Clarisse torceu a boca fazendo uma careta de ironia.

— Não exploda. Por favor, não exploda.

Vi que ela estava entediada. E eu que pensava que era mimada, mas Clarisse era infinitas vezes mais. Com 16 anos, esperava que ela fosse mais madura para entender questões sobre a própria vida e a morte. Clarisse não deveria visitar o antigo lar, nem rever os antigos familiares. Celi estava certa.

Logo mamãe nos localizou. Clarisse deveria ir, estava na hora de retornar aos estudos. Despedimo-nos emocionadamente com a promessa de nos rever em breve.

Ao nos afastarmos, Celi, imediatamente, quis saber como foi o diálogo que se processou entre nós duas. Mostrava-se aflita e preocupada.

— Mamãe, Clarisse não está bem...

— Ah, não diga?! Não foi por isso que a procurei, engraçadinha?

141

Respondeu-me fazendo chacota da minha afirmação.

— Estou preocupada, filha. Não sabe o tanto.

— Acho que você estava certa. Clarisse não deve reencontrar seus familiares. Ela não está apenas com saudade, mostra-se rebelde, com raiva. Sente-se, acima de tudo, injustiçada.

— Penso que seria prudente levarmos essa questão ao conhecimento de Luzia que, como tutora-mãe dessas jovens, poderá nos auxiliar com uma análise mais madura da situação.

Antes de ir embora, passamos pela sala de Luzia. Foi um reencontro emocionante, nos abraçamos e rimos de antigas histórias. Ela continuava igual. Em dado momento, perguntou-me sobre Keila.

— O que achou, Célia, de ter uma nova irmã em sua família?

— Maravilhoso! Não só por ser uma nova irmã, mas por ser Keila a escolhida. Temos muito em comum, sua neta é muito iluminada.

Luzia reiterou sorrindo.

— Não diga isso. Ela está em processo de aprendizado como você. As duas estão se ajudando. Para Keila, o retorno à carne será uma existência de reajustes, onde irá adquirir mais conhecimento e força para quando retornar ao seio de sua família de origem.

Entendia perfeitamente o que Luzia dizia. Nossa próxima encarnação seria muito preciosa, pois estariam em uma mesma família almas bem preparadas para viverem juntas anos de muita luz. Todos nós teríamos a oportunidade de vivenciar o Evangelho e nos qualificar para o trabalho cristão, auxiliando, talvez, Vânia, seu namorado e Júlio a subirem mais um pequeno degrau a caminho do Cristo, através da prática do bem. Interrompendo-nos, Celi trouxe nova questão à luz do diálogo.

— Irmã, temos uma urgente questão para lhe encaminhar.

— Ah, sim! Clarisse vem se desinteressando pela vida do espírito. Já tinha conhecimento dessa questão há algum tempo.

— Sim. — eu disse. — Falei com ela há alguns minutos e estou preocupada. Tenho medo de que ela nunca se adapte.

Luzia, olhando-nos profundamente, exalava paz e harmonia.

— Devem ter calma em seu julgamento. Proponho que deixem Clarisse como está e façam uma visita à família de nossa irmãzinha. Entendam que talvez falte a essa questão informações relevantes advindas dos dois planos de existência. Só então poderemos tomar uma decisão acertada, que não seja motivada apenas pela nossa emoção.

***

Mais consolada e de volta à colônia, meus estudos recomeçaram no edifício que abrigava essa grande universidade do espírito. Aprofundando-nos no estudo de *O Livro dos Espíritos*, adquiríamos conhecimento com dupla importância: ao mesmo tempo em que aprendíamos sobre as imutáveis leis de Deus a respeito da vida espiritual, também nos preparávamos para o trabalho na casa espírita, pois não éramos mais simples desencarnados, éramos espíritos-espíritas, e a doutrina que professávamos deveria refletir-se em nossas palavras e, principalmente, em nossos atos.

Costumeiramente encontrava-me com Keila, Marly, Rubens e Demétrius no Amor e Luz. A cada dia passava mais tempo nessa grande casa espírita, sobretudo, nas enfermarias. Diferentemente dos hospitais terrenos, aqui as entidades não sofrem indefinidamente. Mesmo os que chegam aqui em estado deplorável, após o choque anímico e alguns passes, melhoram surpreendentemente e logo estão aptos a se instalarem na colônia. Nossa casa espírita, como todas as outras, servia de intermediária entre a "Terra e o Céu", e fazíamos essa triagem entre os preparados para ascender às colônias e os que deveriam voltar à matéria.

Claro que nem todos necessitam passar pelos médiuns e, da mesma forma, são atendidos e encaminhados aos seus novos lares. Nosso dia a dia era bastante dinâmico, com novos rostos surgindo a cada dia. Às vezes, me sentia colaboradora de algum tipo de albergue devido aos visitantes que iam e vinham, alguns passavam apenas uma noite para se recompor e retomavam a viagem no dia seguinte.

Poucos ficavam e mostravam interesse em trabalhar, e, raríssimos, interessavam-se no estudo edificante que poderia lhes abrir a mente para as incríveis possibilidades da vida do espírito, o verdadeiro entendimento do que seria a Lei de Causa e Efeito.

Eu entendia que a reencarnação era a opção mais viável para a maior parte desses que batiam à nossa porta ou que eram trazidos até nós. Se a vida na Terra mostrava-se inóspita para milhões de pessoas, que sofriam com a adaptação às leis da matéria, ao sustento do corpo, à constituição de uma família ou ao trabalho material que lhes garantisse uma vida confortável, no Mundo Maior, a situação não era muito diferente. Não eram os poucos que se portavam como Clarisse, ansiosos por retornarem às lides da carne e ao esquecimento de todas as mazelas da vida.

Sentia-me aliviada por viver em paz junto com minha família espiritual e tendo longo tempo para me preparar antes de retornar ao útero materno. Graças a Deus, havia, definitivamente, aceitado a condição de espírito imortal e aprendido a conviver com medos e desejos, receios e sonhos. Aproveitaria meus anos no Mundo Maior ao máximo.

Todos os dias um sem-número de desencarnados aglomerava-se às portas do Amor e Luz em busca de consolo e asilo. Éramos como um oásis naquele deserto de perdições que representava aquela infeliz cidade. Certo dia, após recebê-los abrindo os portões e encaminhando-os para dentro da casa espírita para o atendimento fraterno, Demétrius chamou-me para falar-me em particular.

— Célia, querida irmã, tenho uma notícia que poderá interessá-la.

Curiosíssima como sou, logo perguntei do que se tratava.

— Nosso irmão Tomas está na colônia em vias de reencarnar. Enfim encontrou oportunidade.

Exultante com a notícia, quis imediatamente saber os detalhes.

— Como será isso?

— Você sabe, Célia, que a Terra é campo de luta e reajustes, e que todos nós estamos sujeitos aos efeitos da Lei Maior que nos rege. Tomas esteve perdido em trevas durante três séculos. Os que lhe eram caros, no período em que esteve na Terra, há muito conquistaram novas posições na escala da vida. No entanto, muitos ainda o querem auxiliar. Sua última mãe na Terra foi a primeira a manifestar-se em seu favor, já que carrega dentro de si a dor de não tê-lo orientado no período em que estiveram juntos na mesma família carnal.

Essa culpa nunca pôde ser expiada adequadamente e, agora, que está encarnada, encerra dentro de si grandes possibilidades de recebê-lo novamente em seu seio familiar e retomar a educação que foi esquecida nos anos passados.

— Nossa! Incrível coincidência!

— Nem tanto. Desde que Tomas desencarnou, ela retornou à carne muitas vezes. Fatalmente, em algum momento, esse encontro entre os dois na esfera carnal seria possível. Ela adquiriu muita maturidade nas questões espirituais e, em desdobramento, mostrou-se muito consciente de seus deveres perante a vida. De qualquer forma, obedecemos a um planejamento divino habilmente construído pelo Mundo Maior, de modo que abolimos a palavra coincidência de nosso vocabulário.

Realmente eu deveria ter abolido essa palavra do meu próprio vocabulário há muito tempo, e, igualmente, sorte, e azar. Eram expressões da ignorância humana e com tendência a mistificar situações não compreendidas na vida terrestre.

Estava muito feliz com a notícia e ainda mais curiosa com os pormenores dessa trama novelesca.

— A mãe dele já é madura para recebê-lo como filho?

— Acreditamos que sim. Com 26 anos de idade, está casada há alguns anos e planeja filhos para breve. Será levada em desdobramento à colônia para reencontrar seu antigo filho e reatar o antigo relacionamento que tiveram algum dia, reavivando o amor que tinham um pelo outro e se preparando para recebê-lo novamente em seus braços. Acredito até que já esteja sendo preparada para esse encontro.

— Isso me assusta, Demétrius. Depois de séculos, surge esse novo débito na vida dela. Será que está preparada para quitar essa dívida?

— Raramente nossos débitos são novos. Somos espíritos imortais, Célia. Tudo em nossa vida ocorre em termos seculares e até milenares. Nossas pendências com a providência divina atravessam as eras. Quando temos oportunidade de reajuste é

145

importante agarrarmos com força, pois não sabemos quando virá novo momento propício.

"Existem bilhões de espíritos querendo retornar às lides da carne. Levando-se em conta que somamos entre encarnados e desencarnados mais de 22 bilhões de seres[23], podemos afirmar que cerca de 15 bilhões aguardam nova chance de vida corpórea, já que temos encarnados cerca de 7 bilhões de espíritos. De modo que, ao retornarmos ao Mundo Maior, abrimos vaga na Terra, que é logo preenchida. Quando chegar a sua vez de voltar, não titubeie, pois a fila anda!"

— Mas, como será seu retorno à carne? Sofrerá?

— Acredito que seja melhor ir pessoalmente buscar informações específicas a respeito. O que acha?

— Acho que vou morrer de curiosidade até lá.

Rimo-nos e, despedindo-me, retornei aos meus afazeres. A situação de Tomas muito me interessava. Sua possibilidade de redenção era encantadora para mim. Era lindo poder acompanhar essa evolução, que se processava nos dois planos de existência, verdadeira evolução em dois mundos. Achava "mágico" o modo como as resoluções a respeito de nossa vida se processavam. Após séculos, Tomas iria retornar à vida corpórea por meio da mãe biológica dele de outras eras. Quantos séculos separavam essas duas almas penitentes? E quem seria esse abnegado pai que, talvez abrindo mão da própria felicidade, receberia em casa um possível algoz? Qual o grau de sofrimento e de bênçãos que essa família receberia pelos próximos anos?

Minhas horas de folga começavam a se tornar momentos a serem utilizados para outras tarefas no Mundo Maior. Minha agenda começava a ficar movimentada. Primeiro deveria ir com minha mãe à residência da família de Clarisse, para fazermos uma série de observações. Além disso, assim que encontrasse Keila, queria informá-la sobre os planos que incidiam sobre a nova vida de Tomas e, claro, levá-la comigo para uma visita. Talvez o último encontro que teríamos.

---

23 Emmanuel/ Francisco C. Xavier, Roteiro, cap. 9, FEB, 1952.

Será que era assim que começava a vida de um espírito missionário, acompanhando acontecimentos que se processavam, interligando os dois planos da existência e registrando-os para a posteridade, a título de referência para meu próprio progresso? Tinha certeza de que Deus estava abrindo novas portas para mim, dando-me novas oportunidades de aprendizado e progresso nas lides do amor.

E assim foi feito. Alguns dias depois, Celi e eu nos encontramos para viajar rumo ao antigo lar de Clarisse e, para minha surpresa, não iríamos sós. Quando Niras, eterno amigo e iluminado mentor, apareceu em casa, minutos antes de irmos, juntamente com minha mãe, surpreendi-me tremendamente, pois há muito tempo não o via. Abraçou-me com ternura e mostrou-se alegre e solícito. Foi um reencontro inesperado, e não entendi porque sua presença se fazia necessária em uma simples visita como a que pretendíamos fazer.

— Apesar de não ser absolutamente necessária minha presença nessa visita, fiz questão que fôssemos juntos, pois assim entenderiam melhor o momento especial que aquele lar está vivendo. É importante que acompanhem a rotina dos membros daquela família, em dias e horários específicos. Espero que aproveitem ao máximo os ensinamentos que essas visitas proporcionarão.

Niras não era apenas o grande mentor da cidadela. Os jovens desencarnados, que viviam na pequena colônia e advinham de famílias espíritas, tinham Niras como mentor de seus antigos lares, participando de suas rotinas. Infelizmente o número de famílias espíritas, cujos filhos eram encaminhados à cidadela, era ainda muito pequeno.

Sem perda de tempo, rumamos para a Terra. Em poucos segundos, estávamos em frente à nobre casa onde Clarisse havia morado por breves e felizes anos. Tudo estava calmo, e a casa parecia deserta. Nas paredes da sala de estar havia vários quadros. Nas prateleiras, porta-retratos de diferentes estilos guardavam fotos nas quais víamos o rosto sorridente de minha querida irmãzinha Clarisse. Sua família guardava as lembranças dela com carinho, e notava-se que sua presença ainda era muito viva naquele lar.

Às sete horas da noite, ao soar as badaladas do relógio que se encontrava na sala de estar, vimos uma mulher, aparentando 40 anos de idade, passar por nós rumo a uma estante de livros.

— É a mãe de Clarisse — disse Niras.

Ela escolheu um grosso volume e sentou-se em um confortável sofá. A casa era ampla, confortável e lindamente decorada. Notava-se que usufruíam de certa prosperidade financeira.

Só quando a mulher abriu o livro, percebi do que se tratava: era um exemplar de O Evangelho Segundo o Espiritismo.

— Ela prepara-se para realizar o evangelho no lar — explicou nosso mentor.

Assim que o livro foi aberto, o ambiente pareceu iluminar-se. À medida que a solitária mulher buscava a lição do dia, outros espíritos foram chegando e se aconchegando na sala onde estávamos. Eram visitantes à procura de alento e consolo. Niras recebia a todos, que o cumprimentavam amistosamente. Foi quando notamos que era ele o anfitrião daquela reunião, o espírito protetor daquela família espírita.

Uma simpática senhora idosa cumprimentou Celi e trocaram algumas palavras. Pareciam surpresas de se encontrarem ali.

— Esta é Célia, amiga de Clarisse.

A senhora, arregalando os olhos, abraçou-me efusivamente.

— Por Deus, finalmente conheci a famosa Célia! Nunca imaginei que fosse tão linda, parece uma modelo, uma artista, ou já será um anjo? Que Jesus a abençoe, menina! Clarisse gosta muito de você.

Sorri envergonhada, mas não havia tempo para conversas paralelas. Minutos depois, quando se iniciou realmente o evangelho, o ambiente estava especialmente preparado para o estudo, e as boas vibrações permeavam o ar, facilitando a transmissão de pensamentos entre os desencarnados e a encarnada que, aos poucos, entrava em sintonia com as mentes etéreas que lhe cercavam.

Os amigos espirituais, portadores de energias sutis, tornavam nossa pequena reunião especialmente agradável, renovando as energias contidas ali e utilizando-se de fluidos para deixar o ambiente mais propício à transferência de boas energias. À medida que transcorria a prece, luzes vindas do alto caíam sobre todos os presentes, renovando nossas forças e até os móveis e objetos do cômodo absorviam essas radiações sutis. A própria encarnada, sem nada perceber, absorvia essas luzes que lhe fortaleciam o organismo e, ativando seus neurônios, facilitavam seu raciocínio. Rogávamos que aquela mulher, aquela família e aquele lar fossem imensamente abençoados.

Foi um belíssimo momento, digno de ser registrado para a posteridade. Sentia-me imensamente privilegiada por estar ali vivenciando tantos novos fenômenos, verdadeiramente divinos.

A lição que o Evangelho nos ofertava dizia respeito ao capítulo 2, item 1, A vida futura[24], nossa meta de vida. A mulher, de nome Marlene, lia cada palavra cuidadosamente, em voz alta, e a lição era como um bálsamo para seu coração ferido, que a cada dia sangrava menos.

Éramos um seleto grupo, e por um instante pensei que Clarisse apareceria por ali. Passei a observar atentamente os amigos que participavam do culto. Eram entidades bastante heterogêneas. Silenciosamente, a plateia ali reunida absorvia aquelas lindas lições do Evangelho, no entanto, ainda estranhava o fato de Marlene estar sozinha. Onde estaria sua família durante aqueles minutos sagrados? Não entendiam que o evangelho no lar era o momento para a leitura e o estudo em conjunto de todos aqueles que dividem o mesmo teto? Mas calei-me até o término do estudo da lição.

Em voz alta a mulher explicava o que havia entendido da leitura e mostrava conhecer algo a respeito da doutrina espírita, pois falava muito bem. Apesar de o assunto da noite não significar para mim grande novidade, notei que para alguns dos espectadores o tema era inédito e, compenetrados nas explicações de Marlene, cochichavam sobre as frases que ouviam.

No momento da prece, todos nos concentramos no mais Alto em agradecimento à nossa própria vida e pudemos ouvir a nossa anfitriã rogando bênçãos ao marido que trabalhava até tarde quase todos os dias e às filhas que, envolvidas em atividades variadas,

---

24 Livro *O Evangelho Segundo o Espiritismo*, de Allan Kardec, cap. 2 – Meu Reino não é deste Mundo, item 1 – A vida futura.

cabulavam o dia dedicado ao evangelho. Niras, Celi e alguns dos outros presentes davam-lhe passes magnéticos, dividindo com ela suas melhores energias. No momento das despedidas, a avó de Clarisse resolveu ficar conosco mais alguns instantes. A casa, agora silenciosa novamente, irradiava paz e harmonia. Aproveitei para fazer algumas perguntas a Niras antes de irmos embora.

— Quando Clarisse desencarnou sua família já era espírita? Ela nunca me disse nada a respeito...

— Sua mãe conheceu a doutrina há poucos meses e tem frequentado uma casa espírita a algumas quadras daqui. Ela encontrou consolo nos ensinamentos contidos nas obras codificadoras e nos livros de André Luiz. Se não fosse pelo desencarne da filha, talvez nunca acordasse para a necessidade de desenvolver seu lado espiritual.

— Sinto falta do restante da família. Sei que Clarisse tem um pai e três irmãs. Onde estão?

— A semente da doutrina espírita foi plantada por aqui há pouco tempo. Vagarosamente germina. O marido trabalha até tarde quase diariamente, e as irmãs, envolvidas com os estudos da faculdade e os passeios noturnos, raramente participam do evangelho.

— Mas não são avessos à doutrina dos espíritos — completou Celi.

— De modo algum. Todos são simpáticos às ideias espíritas, no entanto, não se esforçam para apreender as lições ou seguir os ideais sagrados. Com o tempo, esperamos que essa situação progrida.

Atenta às nossas observações, a avó de minha irmãzinha aproximou-se mais.

— Meu sonho era que um dia minha neta participasse desse estudo.

— Se o evangelho está sendo realizado em horário impróprio para a reunião familiar, não seria lícito mudar o dia e a hora para que todos participassem, talvez aos sábados ou domingos?

Atento à minha pergunta, Niras respondeu:

150

— Aos fins de semana, o tempo ainda é mais escasso. Alegam precisar dormir até tarde para descansar, e à tarde ou à noite têm passeios e outros programas familiares. Viagens, clubes, cinema e festas ocupam seu tempo, além das visitas que recebem. Ainda vão à praia quase todos os fins de semana. A agenda de diversões na Terra é sempre cheia.

"A doutrina espírita abriu pequenina fresta em suas consciências espirituais mas é preciso que ampliemos essa luz, de alguma maneira. Quem sabe vocês não podem ser ferramentas do Mais Alto em benefício desta família? O amor que sentem por Clarisse pode mudar todo o panorama dela e de seu antigo lar. Estão todos a um passo de alcançarem a fé inabalável.

"Temos prospectado, de alguma forma, reaproximar Clarisse de sua família, já que sua mãe tem se mostrado tão receptiva às questões espirituais, lutando por entender seu lugar no mundo e o significado dessa aparente tragédia, que se abateu sobre sua família."

— Mas a aproximação não poderia se dar por meio do desdobramento? — perguntei.

— Sim, se Clarisse mostrasse equilíbrio para o entendimento de tais questões. Lembre-se de que você, Célia, compreendeu rapidamente o que lhe ocorria ao chegar à cidadela, aceitando sua situação como algo natural. Mesmo correndo algum risco, Celi levou-a até sua família poucas horas após seu desencarne, pois você demonstrou equilíbrio e maturidade na ocasião. Clarisse está longe de estar madura ou equilibrada, e temos medo de que esse encontro possa mais prejudicá-la do que ajudá-la. Precisamos trabalhar a mente dessa jovem de modo a facilitar a aceitação de sua condição.

Celi, que a tudo ouvia serena, foi demonstrando interesse maior pela questão à medida que Niras ia revelando pormenores do caso.

— Niras, sei que tenho estado um pouco afastada dos acontecimentos da cidadela, mas o bem de Clarisse me interessa imensamente. Você e Luzia já conversaram a respeito do próximo passo que será dado na intenção de auxiliá-la?

— Sim, temos conversado. O primeiro passo será encontrar os colaboradores certos para o caso, e você e Célia se encaixam perfeitamente no que pensamos. Temos por certo que a psicografia seria o melhor meio de intercâmbio entre mãe e filha nesse primeiro momento.

Ao ouvir suas palavras, empolguei-me ante a missão que teríamos pela frente.

— Mas, então, como se dará esse processo? Se ela estiver presente à sessão, reencontrará seus familiares.

— Talvez ela não esteja presente. Ela poderia escrever a carta, que posteriormente seria encaminhada à sessão mediúnica por um mensageiro.

— Não pensei que isso acontecesse. Nas reuniões o que vejo são espíritos transmitindo as próprias mensagens e não escrevendo recados de outros.

— Ora, Célia, os recursos de que dispomos são vários. Claro que é mais comum o espírito interessado escrever diretamente com o médium, mas há exceções. Há espíritos incapazes de escrever, pois mesmo estando presentes não conseguem se conectar ao aparelho medianímico[25]. Vemos isso com frequência no caso de recém-desencarnados, que ainda não estão articulando muito bem seu pensamento, como ignorantes da vida espiritual. É também o caso de algumas crianças, que necessitam de auxílio para escrever. Há também os deficientes mentais recém-desencarnados, pois alguém precisa ler seus pensamentos e transmiti-los com propriedade ao médium, de modo que se façam inteligíveis para serem colocados no papel com fidelidade.

"Continuando nesta mesma linha de raciocínio, vamos encontrar muitos desencarnados que, fixados em suas moradas no Mundo Maior, podem escrever mesmo impossibilitados de vir à Terra, ou mesmo quando não se sentem bem em rever os antigos companheiros da vida material. Suas cartas podem ser encaminhadas à psicografia por intermédio de um companheiro desencarnado,

---

25 O *Livro dos Médiuns*, de Allan Kardec, Cap. 25, item 275.

que levará o recado como um amigo espiritual ou espírito protetor, podendo até assinar por ele, sem problema algum[26].

"As formas de intercâmbio são tão variadas quanto as necessidades humanas. Para Clarisse, escrever uma carta aos seus pais pode ser um importante passo para aceitar melhor sua situação e entender que existe, agora, certa distância que precisa ser respeitada entre ela e sua família."

— Penso que a carta possa mostrar à família dela que a morte não existe, e que Clarisse está viva e bem. Pode representar para eles um divisor de águas em direção à espiritualização.

— Temos fé nisso, Célia. Sabemos que esse processo não é fácil. Quando nosso irmão Francisco Cândido Xavier encaminhava às mães cartas de seus amados filhos desencarnados, via-se que a maioria se emocionava profundamente, juntamente com suas famílias, rejubilando-se de alegria, tendo em mãos notícias do além-túmulo. Mas poucas se tornavam verdadeiramente espíritas. A maioria se apegava apenas ao fenômeno, à possibilidade de obter notícias, esquecendo-se de que há uma doutrina dando suporte ao médium, para cada mensagem psicografada.

"Nosso próximo passo é encontrar meios de fazer nossa querida Marlene chegar até um médium adequado, que possa nos representar, em uma casa espírita adequada aos ideais cristãos".

Niras e Luzia elaboraram um plano de ação minucioso. Faltava a ele apenas a colaboração de almas dedicadas, que dariam vida a essa brilhante ideia. Roguei a Deus que auxiliasse a mim e Celi nessa grande empreitada, pois, naquele mesmo instante, nos oferecemos como voluntárias para o trabalho.

De retorno à colônia, mamãe e eu reunimo-nos novamente com papai e, em clima de amor e paz, pudemos passar uma noite de conversações, onde dividimos nossas experiências no Mundo Maior.

---

26 Na obra *Mensagem do Pequeno Morto*, o espírito de Neio Lúcio transmite a Francisco Cândido Xavier as mensagens de Carlos, um garoto que desencarnou com apenas 14 anos, auxiliando-o no propósito de corresponder-se com seu irmão.

2
Missionária

Keila, envolvida em atividades na crosta, ficava pouco tempo em casa. No dia seguinte, sabendo que ela chegaria em casa logo pela manhã, aguardei-a ansiosa para lhe contar sobre os acontecimentos da véspera e sobre a nova vida que aguardava Tomas. No entanto, era ela quem tinha novidades para mim.

Abraçando-me fraternalmente, enquanto no horizonte o sol raiava mais uma vez, encarou-me notando que eu tinha muitas histórias para contar e, tapando minha boca com os dedos, começou a falar.

— Baixinha, antes que me conte suas desventuras, preciso lhe falar. Estive com Demétrius ontem à noite no Amor e Luz, e ele me avisou para que nos preparássemos para hoje. Tomas irá reencontrar sua mãe para os primeiros entendimentos visando ao seu retorno à vida material e, se quisermos auxiliá-lo, seria interessante participarmos desse importante encontro.

— Nossa! Não imaginei que esse encontro fosse acontecer de imediato. Pelo visto, estão acelerando os preparativos para a reencarnação dele.

— Sim, há meses, e hoje será um dia muito importante. Minha missão é levar você até lá, se estiver preparada para reencontrá-lo e ainda quiser acompanhar o caso.

— Demétrius também irá?

— Ah, sim, pelo menos nesse primeiro encontro... Está tudo marcado para as duas horas da manhã.

***

A colônia possuía o Departamento de Planejamento das Reencarnações, um edifício dedicado à reencarnação. Pontualmente, Demétrius nos aguardava à entrada do prédio. Vendo-nos, deu um sorriso e convidando-nos a entrar.

— As damas podem seguir à frente.

Keila, que já conhecia o lugar, sabia exatamente aonde ir, e eu a seguia. Internamente o edifício era lindo, e eu, que imaginava encontrar ali algo parecido com um hospital, surpreendi-me ao ver que se parecia mais com um laboratório de engenharia. À medida que caminhávamos, passávamos por grandes salas com modernos computadores projetando e moldando corpos holográficos tridimensionais. Keila, notando minha curiosidade, desacelerou o passo, e Demétrius foi me instruindo a respeito do que via.

— Aqui, Célia, são projetados os futuros corpos físicos de alguns de nossos moradores, que irão retornar à carne em breve. Os técnicos criam mapas corporais e analisam as projeções corpóreas para ver se estão de acordo com a programação do espírito na Terra[27].

As cenas que via eram belíssimas, frutos de uma tecnologia inédita na Terra. Intrincados *softwares* projetavam o corpo humano, já prevendo como seria todo seu desenvolvimento até a velhice. A manipulação do DNA do novo corpo era feita de uma maneira impressionante, ampliando-se holograficamente a molécula e ajustando suas micropartículas. A cada interferência realizada pelos cientistas, a estrutura do corpo físico modificava-se imediatamente.

Passei a entender melhor por que o DNA apresentava estrutura tão complexa para a ciência terrestre. A molécula era capaz de armazenar cada mínimo detalhe celular da constituição física material, juntamente com a programação do desenvolvimento do corpo

---

27 André Luiz/ Francisco C. Xavier, *Missionários da Luz*, cap. 12, FEB, 1945.

carnal durante toda sua existência. Passei a achar a operação toda muito complexa e pensei em voz alta:

— Quantos anos seriam necessários para se finalizar o projeto de um corpo físico?

— A base do projeto já existe, Célia. É o nosso próprio perispírito — respondeu Keila.

— Mas tudo é planejado com antecedência e, em alguns meses, o projeto do novo corpo está pronto para ser utilizado — completou Demétrius.

— Como é definido esse corpo? Quem decide como ficará?

— Aí a questão é mais complexa, tudo depende[28]. Aqueles espíritos que apresentam perispíritos deficientes ou deformados pelo crime, pela culpa ou pelo vício terão um corpo físico que refletirá essas características. Aqueles que precisam vencer certas provações podem solicitar um corpo físico adaptado aos seus futuros desafios. Ainda há aqueles que não têm consciência de sua situação ou não apresentam condições de tomar decisões a esse respeito e, da mesma forma, têm seus projetos definidos de acordo com suas futuras necessidades.

Subindo uma extensa rampa logo após as salas de projetos, alcançamos o pavimento superior. Demétrius parou em frente a uma parede transparente. Para mim, lembrava mais um aquário sem água e, em seu interior, encontrava-se montado um quarto. Era uma cela. Ali, isolado, vimos Tomas sentado lendo um livro. Parecia calmo e sereno e, ao notar o movimento externo, ergueu os olhos e nos viu. Senti de imediato um mal-estar, resultado das más recordações da última vez em que nos encontramos. Tive vontade de ir embora mas resisti. Quando Tomas levantou para vir ao nosso encontro, Demétrius, vendo o que se passava em meu íntimo, tratou de me acalmar.

— Esta cela é fechada e protegida de tal forma que ele não percebe nossos pensamentos nem o calor e os odores de nosso corpo. Tivemos que utilizar de uma tecnologia própria para isolá-lo do mundo, ficando, assim, livre das tentações que podem consumi-lo.

---
28 O *Livro dos Espíritos*, de Allan Kardec, cap. 4, item 171.

— Como ele está? — perguntei.

— Bem melhor do que da outra vez em que nos encontramos. Esse isolamento tem feito muito bem a ele. Está sendo um preparo necessário para que possa se concentrar adequadamente no que é importante: seu retorno à vida corpórea.

Da outra vez em que nos encontramos, Tomas havia deixado em mim recordações constrangedoras após farejar o odor de minhas partes íntimas como um animal, o vampiro que ainda era, exultando-se com essa mórbida "conquista" [29]. O que sentia por ele era uma mistura de asco e piedade. Ele era um ser desequilibrado e, mesmo sentindo um frio na barriga, esqueci momentaneamente os acontecimentos passados e o recebi sem embaraços, como se nada houvesse entre nós.

— Olá para vocês. Pensei que nunca mais veria vocês duas e, principalmente, você, Célia. Meu comportamento na última vez em que nos encontramos foi reprovável, e, mais uma vez, peço desculpas. É uma alegria ver todos vocês aqui. Hoje é um dia muito importante para mim.

— Sim, bem o sabemos, por isso, viemos. Gostaríamos de acompanhá-lo e dar-lhe o apoio necessário no encontro com sua mãe.

— Conte conosco — disse eu sem muita empolgação.

— Queremos conhecer sua mãe e, quem sabe, convencê-la se ainda tiver dúvidas... — disse Keila.

Mostrando-se sensibilizado, Tomas pôs-se a falar.

— Agradeço a oferta. Para mim, não há outra saída senão o retorno à vida física. Tenho ainda um longo caminho a percorrer e, mesmo que consiga reencarnar por meio do ventre de minha mãe, ainda corro o risco de voltar a essa cela muito mais rápido do que podem imaginar[30]. O tempo urge. A cada segundo minhas oportu-

---

29 Allan Kardec, *O Livro dos Espíritos*, questão 567, FEB, 2004. Allan Kardec, *O Livro dos Médiuns*, item 74, FEB, 2004. André Luiz/ Francisco C. Xavier, *Missionários da Luz*, cap. 4, FEB, 1945. Divaldo Pereira Franco, *Transição Planetária*, cap. 5, Leal, 2010. J. Herculano Pires, *Mediunidade: Vida e Comunicação*, no cap. 8, Edicel, 1984.

30 Allan Kardec, *O Livro dos Espíritos*. IDE, 1996. Hammed/ Santo Neto, *A Imensidão dos Sentidos,* cap. Falibilidade, Boa Nova, 2000.

nidades esgotam-se. Minha mãe é meu último recurso. Se ela se recusar a me receber com filho, temo não mais conseguir resistir e voltar a ser o monstro que fui por séculos. Pensamentos viciosos invadem-me a mente e aqui, isolado do mundo, sem contato com outros seres e longe das tentações viciosas recomponho-me artificialmente. Vivo a ilusão da paz e não posso mais ser solto. Sei que tudo isso começou quando permiti que me transformassem[31] em um "monstro", mas depois disso passei a gostar das abominações que fazia. Não posso culpar a ninguém pela minha desgraça.

Tomas parecia triste e solitário. Em nada se parecia com aquele espírito lascivo e confiante de outrora. Longe dos vícios, sua humildade vinha à tona.

À frente de sua cela havia uma confortável sala de estar. O ambiente havia sido especialmente preparado para esse encontro. Não tardou e recebemos o aviso de que a encarnada havia chegado acompanhada de duas entidades venerandas, que iriam auxiliar nesse difícil processo. Pelo que sabíamos, já preparavam a futura mãe para receber seu antigo filho rebelde, novamente, em seu lar.

Demétrius pôs-se de prontidão em pose respeitosa e pediu que continuássemos ali para recebê-las. Ao chegarem, Demétrius apresentou-nos como amigas de Tomas, de modo que recebemos permissão para ficar, o que nos deixou mais à vontade. A mulher, mãe de Tomas, era uma jovem muito bonita, de olhos verdes, traços fortes e longos cabelos pretos. Ela demonstrava calma e não percebeu a parede transparente que estava quase à sua frente. Eu e Keila, silenciosamente, acompanhávamos o que acontecia como meras espectadoras.

O encontro entre os dois foi realmente emocionante. Mãe e filho surpreenderam-se com aquele encontro após tantos séculos, e as lágrimas correram livremente. No entanto, a emoção inicial da jovem, carregada de piedade e culpa pelo filho que havia se perdido, foi dando lugar à contrariedade. Levando a mão à boca, parecia horrorizada ante a perspectiva de carregá-lo de novo no ventre.

---

31 André Luiz/ Francisco C. Xavier, *Nos Domínios da Mediunidade*, cap. 23, FEB, 1954.

Tomas parecia um desses personagens vampirescos que vemos nos filmes, com olhos amarelos felinos e caninos proeminentes. Seu porte avantajado e a farta cabeleira, que lhe caía sobre os ombros, davam-lhe um aspecto ainda mais sobrenatural, que a jovem encarnada passou a não aceitar muito bem. A saudade, a piedade e a culpa davam agora lugar ao horror e ao preconceito.

— Preciso de você, mãe! Não me abandone de novo! Preciso de você!

— Como, meu filho, você foi chegar a esse ponto? Vejo-o e o reconheço, mas, ao mesmo tempo, também vejo o monstro em que se transformou. O que você fez? Me contaram que você está doente e talvez eu não o reconhecesse, mas não me prepararam para isso!

A jovem mulher o julgava pesadamente, criando entre ambos grande tensão.

— E agora, o que será? Darei à luz um monstro? Que ser é esse que carregarei no ventre por nove meses? E quando nascer, o que será?

Suas palavras martirizavam o pobre prisioneiro. Nem em seus piores pesadelos ela havia imaginado no que seu filho se transformara. Era uma cena triste de se ver, e mal respirávamos, tamanha era a tensão. As lágrimas corriam pelo meu rosto e, agarrando a mão de Keila, orei baixinho.

A encarnada, sentada em um dos confortáveis sofás, olhava o vazio como se concatenasse ideias. Seus olhos movimentavam-se rapidamente revelando que, em seu interior, ideias conflitantes debatiam-se. No entanto, as entidades que a acompanhavam não se mostraram despreparadas. Por um instante se concentraram e buscaram forças no mais Alto. Todos nós, então, fechamos os olhos e unimo-nos mentalmente a elas, orando fervorosamente.

Ao fim da prece, notei que me olhavam. Uma delas sinalizou para que eu me aproximasse, e Demétrius, meneando a cabeça, concordou que eu fosse até lá.

— Lembrei-me de você, agora. Você trabalhava com Celi, não é?

Sorri e concordei.

— Precisamos que use seus talentos agora. Fale com ela.

Mesmo sem ter certeza de que talentos ela se referia, sentei-me ao lado da jovem encarnada. Ela lamentava os séculos em que esteve longe do filho e ansiava por auxiliá-lo, sem imaginar o quanto sua situação era grave. Achava-se incapaz de tomar qualquer decisão.

Vendo-a daquela forma, apiedei-me dela, pois sabia o quanto era importante que aquele encontro caminhasse a um bom entendimento entre almas tão necessitadas de redenção.

Segurei sua mão, e ela me olhou, mas sem resistir. Estava trêmula. Tomas, à nossa frente, silenciosamente nos observava esperançoso. Apesar da urgência, a jovem não entendia a necessidade de expiar os erros que ambos cometeram no passado para que pudessem colher as bênçãos no futuro.

— Meu nome é Célia. Sou amiga de seu filho.

— Tudo bem? — disse sem ânimo — Você não é muito nova para ser amiga dele? É quase uma criança!

— Não sei se você sabe, mas aqui, na dimensão dos espíritos, assim como na Terra, as aparências também podem enganar... E muito!

Esboçando leve sorriso, olhou de relance para Tomas e rapidamente voltou a olhar para mim.

— Conheceu meu filho quando ainda estava vivo?

— Não. Conheci Tomas há poucos anos, logo quando foi resgatado. Ele estava em situação terrível, mas melhorou muito de um tempo para cá. Seu filho é um exemplo de mudança e reforma íntima, e tenho aprendido muito com ele. Quero muito que ele se cure.

— Entenda... Essa situação é muito difícil para mim.

— Seu filho está muito doente. Precisa de ajuda urgente.

— Ele não parece doente. Não sei o que ele tem, mas não parece humano.

— Ah, é porque aqui não temos corpos físicos — disse em tom despreocupado —, então, quando adoecemos, é nossa alma que adoece. É a alma de Tomas que está doente e, por isso, ele parece assim, diferente. Mas, como eu disse, por aqui as aparências enganam. Seu filho precisa de você para se curar, e você também precisa dele. Vocês dois estão doentes. Você está infeliz!

À medida que me sintonizava com ela, sentia seus batimentos cardíacos pulsando em meu corpo. Captava-lhe os mais íntimos sentimentos. Ela estava confusa, com medo de como seria esse filho, da gestação dessa aberração em seu jovem ventre.

Pensativa e mais calma, ela ergueu os olhos para o filho, que ainda nos observava, e levantou-se em sua direção. As lágrimas caíam em abundância. Tocando o vidro da cela, ela começou a falar.

— Me arrependo de tanta coisa, meu filho. Como você foi ficar assim?

— Eu queria vingança, mamãe. Tornei-me o pior dos algozes, mas agora não consigo trilhar o caminho de volta sozinho. Filiei-me a um grupo muito mau, mamãe, e eles me ajudaram a me transformar em um monstro. Já fui muito pior do que está vendo, durante séculos minha humanidade se perdeu, mas agora eu quero melhorar.

Via-se em Tomas o desejo sincero de transformação. No entanto, todos sabiam o quanto sofria em decorrência dos vícios que o atormentavam.

Intimamente eu tinha medo de que, ligando-se ao ventre materno, colocasse a vida da própria mãe em risco. Era uma situação delicada que vivenciaríamos dali em diante caso a jovem aceitasse essa missão. Mas, afastando os pensamentos negativos, vi que a semente da aceitação havia sido plantada no coração daquela confusa jovem.

Mãe e filho conversaram por alguns minutos. Choraram, gritaram, extravasaram seus sentimentos e fizeram a catarse dolorosa, necessária ao bom entendimento. A mãe reconheceu seus erros, e o filho, os dele. Despedindo-se de Tomas, ela veio até nós novamente, mas agora estava sorridente.

— Tenho ainda muitas dúvidas. Precisamos acertar uma série de detalhes — disse a moça.

— Graças a Deus! — exclamei alto.

As venerandas entidades sorriram satisfeitas. Todos nos rejubilamos com o desfecho da noite.

— Temos muito a conversar e não só com você, mas com seu marido também. Por hoje, você precisa descansar. Vamos acompanhá-la de volta ao corpo físico, e nos próximos dias nos reencontraremos — disse uma das entidades.

A moça, visivelmente emocionada, deu-me um abraço demorado.

— Obrigada. Tomas é muito abençoado por ter uma amiga tão especial.

— Fico feliz por tê-lo encontrado e conhecido você — eu disse.

— Vamos nos encontrar novamente?

— Sim, claro que sim. Estaremos por perto sempre.

Após a despedida, fomos embora, mas não antes que uma das entidades, mentalmente, convidasse-nos a um novo encontro em futuro próximo, deixando em minha mente um recado que ecoa até hoje: "Conserve esse dom, Célia. O amor que carregamos em nosso coração é capaz de curar as feridas mais profundas do ser".

Entendi que, mesmo temporariamente, faria parte desse pequeno grupo familiar, até que Tomas estivesse, definitivamente, reintegrado à sua nova família material.

Muitos dias se passaram a essas visitas tão importantes.

Nossa emoção era indescritível pelas novas situações que vivenciávamos com pessoas que estávamos aprendendo a amar. Começávamos a amadurecer para o fato de que por trás de cada pessoa existiam vidas infinitas que as tornavam aquilo que eram.

Ficava imaginando quantos amigos e familiares tivemos em tantas existências, de modo que poderiam formar uma multidão de seres que nos aguardaria no pós-vida e nos receberia com festa no reencontro.

Mas na prática não era assim que se processava. As idas e vindas de nossas existências causavam mais desencontros do que encontros, justamente porque possuíamos extrema dificuldade de cumprir nossos objetivos como encarnados na Terra.

Lembrava-me de Tomas e me afligia ao imaginar onde estariam seus outros familiares, amigos ou companheiros de luta terrena. Possuiria a favor de si apenas sua mãe encarnada? E, mesmo assim, por que tivemos que unir forças para convencê-la a aceitá-lo como filho? Para espíritos como ele, a vida no mundo espiritual mostrava-se inóspita, já que não haviam cultivado o bem e os bons relacionamentos na vida carnal.

E no caso de Clarisse, o que pensar? Perdida nas ilusões da vida corpórea, ela encontrou apenas uma avó que a amparasse na vida no Mundo Maior, mas que ela nem havia conhecido durante a vida na Terra. Essas questões me suscitavam extrema curiosidade, e me pus a refletir onde estariam esses desencarnados conhecidos de tantas eras que já vivemos na Terra. Pessoas que fazem muita falta no momento do nosso desencarne.

Eu também me encaixava nesse perfil. Onde estariam meus amigos e familiares de tantas existências? Por mais que lesse no Evangelho sobre a parentela espiritual e a parentela material, não encontrava respostas precisas às minhas indagações.

Aproveitando, então, um momento tranquilo durante o trabalho diurno, interroguei Marly a respeito dessas e outras dúvidas que detinha a respeito do destino de nossa "parentela".

A instrutora, rindo-se de minhas indagações, respondeu de forma simples e descomplicada.

— Todos que você conheceu estão como você, Célia.

— Como eu?

— Sim.

— Da mesma forma que você, após o desencarne, eles também necessitaram ser resgatados por amigos e familiares mais lúcidos que eles próprios. E, da mesma forma, não se lembram de seu passado distante e o que lhes sucedeu em existências anteriores.

— No caso de Tomas, essa situação de abandono, em que se encontra hoje, soa grave! Me parece uma grande infelicidade!

— Não podemos analisar essas questões em termos de felicidade ou infelicidade. Tomas necessita de tempo para o reajuste, que chegará quando for o momento, mas, de alguma forma, todos nós já vivenciamos situação semelhante em algum momento de nossa existência. Não podemos, em hipótese alguma, julgar-nos melhores. O que será que nos aconteceu ontem? E o que o futuro nos reserva? Várias incógnitas nos acompanham... Lembre-se de que você mesma cometeu grave crime em um passado não tão remoto.

Tomas, nesse ponto, foi menos criminoso do que você quando esteve encarnado. Ele sucumbiu à revolta somente após desencarnar, quando ocorreu sua maior queda. Seus companheiros da luta material não se mostraram melhores do que ele, no entanto, Tomas, como vítima de cruéis algozes e chegando antes ao mundo espiritual, teve mais tempo para planejar sua vingança.

Lembre-se, Célia, de que nenhum de nós está isento de semelhante queda e nem do reajuste posterior. Imagine uma cena adversa, Célia. E se Vânia, ao desencarnar por suas mãos, não houvesse se arrependido? Poderia ela ter se tornado sua algoz desencarnada, perseguindo-a indefinidamente como obsessora sedenta por "justiça". Talvez até mantendo-a prisioneira, após desencarnar, em alguma furna escura, em decorrência do sentimento de culpa que você mesmo carregaria dentro de si, Célia. Provavelmente você não teria vivido essa última encarnação.

Devo esclarecê-la de que Vânia teve menos tempo do que você para preparar-se para a vida corpórea, pois você ficou no Mundo Maior até que ela apresentasse condições de recebê-la como filha. Deve agradecê-la por isso, Célia, por ter tido consciência dos atos e permitido que você se redimisse.

Não tratemos Tomas como um infeliz caso raro longe de nossa realidade de vida, pelo contrário, por muito pouco também nós não vivenciamos semelhante situação. Já passou pela sua cabeça o que houve na existência precedente a 1904, data em que reencarnou no Rio de Janeiro?

— Já me disseram que vivi sérios desvarios.

— Sim. E se voltasse mais ainda no tempo, talvez descobrisse ter sido uma criminosa igual ou pior do que Tomas foi um dia. Ainda não estamos preparados para vislumbrar nosso passado, não em profundidade.

— Marly, entidades solitárias avolumam-se ao nosso redor, cada dia mais. Na enfermaria, vemos passar multidões de andarilhos. Muitos que atendemos clamam a presença de amigos ou parentes que nunca vêm e, mesmo após sua recuperação, continuam sozinhos, sem o esteio da família. Noto que os mais interessados em melhorar são encaminhados à colônia, mas, a partir daí, como localizar os antigos companheiros de luta carnal para dar-lhes o devido apoio no retorno à esfera terrestre, em novo corpo e novo núcleo de lições?

— Tudo demanda tempo. O reajuste não pode ocorrer da noite para o dia. As famílias são localizadas com o devido cuidado e, muitas vezes, é necessário, primeiramente, o resgate de todos os ex-companheiros em esferas variadas de sofrimento e provação, preparando-os para uma nova vida. Uma certeza há: nunca estamos sozinhos.

— E há casos onde não se encontra ninguém?

— Sim, há, como no caso dos suicidas, que são retirados temporariamente do contato com seus familiares para não lhes causar mais sofrimentos em uma próxima existência. Algumas vezes, o espírito pode mostrar-se desequilibrado, necessitando de urgente retorno à carne. São inúmeras as situações que nos afastam dos nossos entes queridos. Mas, de qualquer forma, também há abnegados irmãos que assumem deveres junto à providência divina e, quando encarnados, recebem de bom grado o nascimento de espíritos estranhos em seus lares, dando-lhes novas oportunidades de vida, mesmo sem ligações anteriores entre eles.

— E será, Marly, que algum dia reencontrarei amigos e familiares por aqui, antes que eu retorne à carne?

— Isso, Célia, só o tempo dirá.

Temporariamente, estava satisfeita com as respostas que Marly havia fornecido. De certa forma, todos estávamos em situação análoga e sentia-me privilegiada por estar bem e, como objetivo de vida deveria evitar quedar-me na intemperança, preparando-me cada vez mais para o futuro que se descortinava à minha frente. Ainda teria que reencarnar junto aos que ficaram na Terra, sem saber quando nos reuniríamos no mundo espiritual.

O fluxo da vida era incansável e as idas e vindas na carne eram intermináveis. Hoje estava aqui aguardando meus familiares desencarnarem. Amanhã, talvez seja eu vivendo na carne enquanto todos me aguardam no Mundo Maior. No futuro, as situações podem se inverter e, por mais equilibrados que estivéssemos, corríamos o risco de cairmos novamente, pois a vida na esfera carnal fatalmente nos ofertaria grandes tentações, nos expondo a situações que nos comprometeram anteriormente.

Eu corria o risco de na próxima reencarnação repetir as situações de vidas pregressas e agir da mesma forma errada de antes. Me torturei pensando que, quando encarnasse, teria a oportunidade de vivenciar as experiências sexuais naturais de qualquer mulher, mas que corria o risco de me entregar ao despautério dos prazeres sórdidos e da promiscuidade sem limites, enxergando apenas o gozo dos sentidos físicos, como já vivenciara em outras eras.

E será que se fosse traída novamente, como em 1920, eu seria capaz de me controlar para não cometer novo assassinato? Essa e outras perguntas semelhantes passaram a me assombrar.

Celi, eu e Keila prevíamos que haveria muito trabalho pela frente e deveríamos agir sem perda de tempo se quiséssemos auxiliar Clarisse e Tomas a contento. Mamãe e eu decidimos visitar a casa espírita onde Marlene assistia às palestras semanalmente e, encontrando-a em casa, acompanhamos a senhora até lá.

Realmente, a casa era próxima da residência da mulher e, indo de carro, em menos de cinco minutos estávamos à porta da instituição. O centro era pequeno, mas organizado, além de muito movimentado. Várias entidades prestavam assistência a grande quantidade de desencarnados que por ali aportavam, enquanto os encarnados formavam considerável volume de visitantes interessados na palestra e no passe magnético. Não vi por ali rostos conhecidos, mas fomos muito bem-recebidas e muitos notaram que estávamos em algum tipo de tarefa e seguíamos de perto Marlene, observando-lhe os menores movimentos.

Celi extraía muito mais informações do que eu e percebia muitos detalhes, já que até o pensamento da encarnada ela era capaz de captar, sabendo a todo instante o que se passava no íntimo de Marlene. Ao fim da bela palestra, ficamos alguns instantes conversando com alguns trabalhadores desencarnados da casa.

Tínhamos uma questão primordial: onde encontraríamos um médium psicógrafo que pudesse servir de instrumento e que fosse acessível à nossa querida dona Marlene? Pelo diálogo com as entidades do local, notamos que a casa era muito bem amparada espiritualmente e atuava dentro dos ideais cristãos que buscávamos, mas apresentava sério problema: os médiuns dali não psicografavam. Aliás, da mesma forma que nós, torciam para que alguns dos trabalhadores encarnados dali desenvolvessem a aptidão ou que algum dia batesse às portas da instituição um médium com essa capacidade.

Sentia que as dificuldades avolumavam-se à nossa frente, mas ainda era muito cedo para desistir. Continuando nossas conversações com as entidades do local, descobrimos que ali havia a visita de um médium psicógrafo a cada seis meses, em dia especialmente dedicado ao recebimento de cartas consoladoras.

Desencarnados enviavam mensagens aos seus afins presentes na reunião. Mas, como ainda demorariam alguns meses para esse encontro especial, tínhamos tempo para procurar um médium adequado.

Indicaram-nos outra casa espírita, mais distante, onde eram realizadas sessões mensais de psicografia pública, sempre no último domingo do mês. Foi uma grande alegria para nós termos opções variadas para a execução de nossa tarefa e tratamos de rumar para lá sem demora, na tentativa de resolver a situação o mais breve possível. Assim que tivéssemos informações concretas dos dois médiuns, levaríamos um relatório a Luzia e Niras.

A casa espírita ficava em um bairro bem mais afastado e apresentava intensa atividade por parte da espiritualidade. Nunca vira antes tantos desencarnados juntos, talvez pelo caráter do trabalho mediúnico ali realizado, mais bem elaborado. Havia muitos espíritos interessados nas diversas áreas de trabalho que a mediunidade propiciava. As sessões de psicografia eram realizadas duas vezes por semana, na presença de um grupo fechado. Uma vez por mês havia uma reunião aberta ao público.

Podíamos, perfeitamente, encaixar Marlene entre os espectadores sequiosos por mensagens do além-túmulo. No entanto, mais uma vez, barreira desafiadora nos sobrepunha: como Marlene iria até ali, se nem ao menos sabia da existência de tal casa espírita?

Com urgência, deveríamos levar ao conhecimento de Marlene a existência de médiuns capazes de receber mensagens de sua

167

filha desencarnada. Era imperativo que ela sentisse a necessidade de receber um recado de Clarisse. Ela precisava sentir essa vontade para que valorizasse a carta quando a recebesse. Na mesma noite, enquanto a senhora dormia profundamente, aproveitamos que havia assistido à palestra e se encontrava magnetizada por fluidos diversos provenientes da água fluidificada e do passe magnético para tentar um diálogo em desdobramento.

Ao entrarmos em sua residência, deparamo-nos com a mulher na sala de estar olhando fixamente para um retrato de Clarisse. Silenciosamente nos aproximamos, procurando não assustá-la, pois todos os acontecimentos seriam absorvidos por ela como um sonho, e não desejávamos tornar essa experiência um pesadelo. Quando nos viu, a senhora não estranhou nossa presença e pôs-se a dialogar.

— Conheço vocês de algum lugar. Por acaso estiveram no centro espírita hoje?

Celi não se fez de rogada e iniciou curioso diálogo com Marlene.

— Sim, eu e minha filha.

Após cumprimentar-nos, a mulher voltou a falar.

— Essa aqui da foto é minha filha. Mas, infelizmente, Deus a levou embora com apenas 16 anos. O que me resta agora é a fé de que vou reencontrá-la no mundo espiritual quando eu morrer.

— Ah, pelo menos você já sabe que a morte não existe.

— Acho que acredito, pelo menos parece óbvio, não? Mas existem também outras coisas que não morrem, e uma delas é a saudade que sinto de minha filha. Essa, além de não morrer, ainda tenta me matar todos os dias!

— Não diga isso. Tenho certeza de que sua filha está ótima e morrendo de vontade de falar com você.

Quando Celi disse isso, eu me assustei. Era a isca perfeita para que Marlene ficasse com uma "pulga atrás da orelha" da possibilidade de receber notícias da filha através das mãos de algum médium.

— Já ouvi muitas histórias de pessoas que recebem cartas do além-túmulo, enviadas por familiares. Eu nem saberia onde buscar tais mensagens.

— Ora, muitos médiuns fazem esse trabalho. Procure saber mais sobre a psicografia. Quem sabe sua menina não tem boas notícias para você?

— É uma possibilidade maravilhosa. Pode ter certeza de que irei pesquisar mais sobre esse assunto.

— Sim, pense nisso — disse Celi enquanto nos afastávamos de Marlene, deixando-a sozinha com seus pensamentos.

Uma semente havia sido plantada. No entanto, eu ficara com uma série de dúvidas a respeito desse sublime encontro.

— Mamãe, não achou que a conversa foi muito rápida? Poderia ter dado mais detalhes. Não lhe contou que somos amigas de Clarisse. Acho que poderia também ter falado sobre a casa espírita e as reuniões mensais. Havia tantos assuntos para conversar! Ali não era uma ótima oportunidade para esclarecê-la?

Sorrindo, mamãe explicou:

— Célia, lembra-se de quando seus familiares a visitaram? Por acaso não notou o quanto estavam deslumbrados e confusos, absorvendo da cidadela apenas imagens e sensações, que os reconfortaram, auxiliando-os a abraçar a fé cristã com mais fervor? Marlene não se apresenta até nós de forma diferente, Célia. Em desdobramento, sua aparente seriedade e capacidade de dialogar conosco é limitada, bem como seu entendimento. Nesses casos, devemos ser diretos em nossos diálogos, sem detalhes desnecessários. Marlene captou a mensagem principal.

— De que ela se lembrará amanhã?

— Marlene se lembrará de um sonho em que duas queridas amigas a visitaram em seu lar. Pensará em Clarisse e despertará para a possibilidade de receber mensagens através da psicografia. Com certeza, ela pesquisará sobre o assunto nos próximos dias.

Mesmo que não se lembre do que conversamos de maneira consciente, novas ideias surgirão em sua mente, e isso nos basta, pois nossa intenção é que busque os meios de chegar até um dos médiuns.

— E será que sozinha se disporá a ir até um deles?

— Veja bem, Célia, devemos dar-lhe crédito. Estamos fazendo nossa parte e, por isso, devemos acreditar que ela terá a

169

fé necessária para que a nossa tarefa se cumpra. Marlene, despertando para as questões da psicografia, naturalmente colocará indagações a esse respeito em suas conversações diárias, até que encontre o que busca na resposta de algum companheiro de doutrina.

— Ficará com essa ideia na mente...

— Sim, Célia. Mesmo sem o saber, se interessará pelo assunto, principalmente, se ouvir algo a esse respeito.

E assim ocorreu conforme o que Celi havia planejado. Nos dias subsequentes, acompanhamos Marlene nas visitas à casa espírita e notamos mudanças nas atitudes dela. Ela adquiriu o hábito de folhear livros na biblioteca, principalmente os psicografados, fartamente presentes nas prateleiras do local. Notávamos que, por vezes, comentava algo: "Incrível como os espíritos escrevem bem!", gerando novos diálogos sobre a importância dos livros psicografados para o melhor entendimento da doutrina espírita e a vida no mundo espiritual.

Certa feita, tivemos a certeza de que no íntimo algo havia mudado, quando Marlene estava em conversação com uma companheira de ideal.

— Minha filha faleceu há um ano. Será que ela poderia mandar uma mensagem algum dia?

— Ora, as pessoas que amamos estão por aí, nos esperando. Aqui mesmo, no centro, temos reuniões desse tipo, em que recebemos mensagens de nossos conhecidos. Pena que só ocorrem a cada seis meses.

— E quem pode participar? Como funciona a reunião?

— Geralmente, acontecem aos sábados. É ministrada uma palestra e depois vem o momento da psicografia. O evento é aberto a todos. Damos o nome da pessoa que gostaríamos de receber a mensagem, juntamente com as datas de nascimento e desencarne.

— E chegam muitas mensagens?

— Ah, sim, numa reunião de uma hora e meia recebe-se até trinta cartas, às vezes, até mais.

Interessada pelo tema, Marlene mostrava-se mentalmente aberta à possibilidade de receber uma carta da filha. A semente que plantamos dias antes germinara rapidamente. Tínhamos cerca de quatro meses para organizar o envio da mensagem. O próximo passo seria preparar Clarisse. Se a garota não mostrasse equilíbrio para escrever pessoalmente a carta, eu mesma me encarregaria de levar a mensagem ao médium, para que repassasse a Marlene.

Tudo estava sendo orquestrado de maneira simples, mas eficiente. Começava a entender melhor os bastidores da vida e me sentia ótima fazendo o papel de emissária do Alto para Marlene e Clarisse. Sentia-me muito bem as auxiliando, ao mesmo tempo em que aprendia muito durante esse processo.

Realizava minha primeira missão como missionária entre os encarnados. Mamãe dizia que nada melhor do que uma tarefa fácil na primeira vez para que eu visse que não havia mistério na sintonia entre os encarnados e desencarnados, bastando apenas boa vontade de nossa parte e um pouco de aceitação da parte deles, para mudar-lhes o destino.

Saber como funcionava essa interação entre os habitantes das duas esferas da vida era um dever imprescindível para o êxito de nossos propósitos. O que realizávamos era como um grande jogo de xadrez no qual várias vidas estavam em jogo, e, a cada movimento que realizávamos, sentia-me mais e mais responsável por essas pessoas tão carentes de respostas, que lutavam por reorganizar suas vidas. O peso de tal responsabilidade quase me sufocava.

— Celi, e se falharmos? E se Marlene faltar à reunião psicográfica, ou mesmo receber a carta de Clarisse e ainda assim desacreditar que a filha a escreveu? Teremos trabalhado em vão?

— Não existe trabalho perdido! Se por acaso ela faltar à reunião por algum motivo adverso, ainda assim haverá outras reuniões. Se mesmo recebendo a carta da filha, ainda não acreditar na veracidade, a semente da esperança já terá sido plantada em sua mente e em seu coração. Ainda que Clarisse não desperte para o entendimento da situação, a reencarnação constitui remédio infalível para a cura de quaisquer males que surjam na vida do espírito.

De uma forma ou de outra, demandando mais ou menos tempo, seremos vitoriosas em nossas intenções, desde que o trabalho em prol do bem seja nosso principal objetivo.

— E no caso de Tomas, corremos o mesmo risco?

— Nós, seres humanos, ainda somos criaturas muito instáveis. Tomas e sua futura mãe são portadores de sérios conflitos. Sei que não os tenho acompanhado de perto, mas sei que Tomas pode incorrer nos mesmos vícios, atrapalhando o próprio progresso à custa de muita dedicação das equipes socorristas.

Da mesma forma, a mãe dele vive neste instante uma equação que precisa conciliar o marido, Tomas e a si mesma, para que possa expiar grandes erros do passado. Toda expiação é dolorosa, pois toda dívida é forjada a partir da dor que infligimos ao outro. Tanto Tomas quanto a mãe dele sabem que não será fácil, e isso os assusta imensamente.

— E se um dos dois desistir?

— Será uma nova queda, com novos agravantes para antigos débitos e, consequentemente, novo reajuste será necessário. Se esse empreendimento falhar, não se sabe quando será realizado novamente, pois aí só o tempo nos dará novas oportunidades de planejamento. Essa situação se estenderá por décadas ou séculos, e esse resgate acontecerá de forma ainda mais severa, devido à rebeldia de quem fugir à bênção da conciliação nos dias de hoje. Se a jovem desiste, põe a perder o progresso conquistado pelo filho e adquirirá novo débito; se Tomas desistir, adquirirá novo débito, incorrendo em um caminho perigoso, e poderá endividar-se com outros seres dos quais se fizer algoz.

Você participa de delicado jogo, Célia, por isso, sugiro a você e a Keila que se preparem por meio da oração, rogando forças extras e orientação para os próximos dias.

E foi o que fizemos. No íntimo, preocupava-me com Tomas. Seria terrível se a conciliação entre ele e a mãe desse errado. Já havia alguns anos ele se preparava para o reajuste. E se falhasse? Será que seu coração conservaria o entendimento sobre o progresso que conquistou? E será que ele manteria a gratidão pelo esforço e pela dedicação que as equipes espirituais fizeram em seu favor?

Enquanto a situação entre Marlene e Clarisse parecia mais clara, e o horizonte de eventos ligados a elas mais promissor, para Tomas e sua mãe ainda havia uma longa estrada a ser percorrida.

3
Berço de médiuns

  Se por um lado a tarefa de unir Clarisse e Marlene, em prol de bons resultados, caminhava a contento de todos, a situação de Tomas e sua mãe era totalmente inversa. Mesmo tendo a bela jovem aceitado o fato de que Tomas deveria reencarnar em seu seio familiar, sabíamos que ela havia sido convencida dessa necessidade apenas em nosso último encontro, e temíamos pelo equilíbrio de ambos. Tanto ela poderia mudar de ideia, quanto seu marido não aceitar o dever de ser pai de tal criatura. Ele poderia muito bem negar a paternidade de tal espírito em seu lar; além disso, Tomas ainda poderia desequilibrar-se, caindo novamente na perigosa tentação que era o vampirismo, dificultando a possibilidade do resgate necessário a essa família.
  Era uma corrida contra o tempo, no entanto, diferentemente do caso de mãe e filha do qual eu e Celi participávamos como protagonistas, a serviço de Niras, o caso de Tomas era deveras complexo para eu e Keila o solucionarmos, apenas acompanhávamos como coadjuvantes, já que havia toda uma equipe cuidando dos detalhes desse processo.
  Já com nossas permissões em vigor, fomos até o Departamento de Planejamento das Reencarnações colher notícias mais atualizadas sobre o progresso de Tomas, que já havia vários dias estava sendo mantido em cárcere especial, que o protegia dos vícios e das tentações. Chegando à instituição no horário em que uma

das entidades venerandas responsáveis pelo caso estava lá para nos receber, nós a encontramos trabalhando no projeto do corpo material de Tomas, que se concretizaria nos próximos meses.

No laboratório, cuidavam de sua fisiologia e nos impressionamos ao ver que trabalhavam em dois corpos distintos: um pequeno feto e um corpo adulto do sexo feminino. No primeiro momento, não entendemos o porquê, e pensei tratar-se dos corpos de mãe e filho, até que a veneranda entidade nos explicou.

— Seu amigo apresenta graves distorções perispirituais, que foram deflagradas por hipnose magnética e que ele depois assumiu como parte de sua personalidade, aprofundando essas mesmas distorções durante anos. O choque anímico, realizado através de um médium, conseguiu eliminar as características mais bestiais dessa transformação e resgatar a humanidade que ainda havia nele, no entanto, ele ainda manteve uma série de viciações, de modo que entendemos que uma parte de sua psique ainda ansiava pelo vício.

Ele, no fundo, quer mudar, mas ainda não se livrou da sensação de prazer que os fluidos humanos podem lhe proporcionar. Ainda deseja esse prazer, sentir o poder de tais fluidos dando-lhe forças extras, mesmo sabendo que é errado. É uma situação calamitosa, e corremos o risco de perdê-lo se não for forte. Sua recuperação definitiva começa através desses dois corpos físicos.

A entidade parecia ler nossos pensamentos, fornecendo-nos todas as informações que gostaríamos de saber.

— Este primeiro corpo aqui, como podem perceber, ainda está em estado fetal e apresentará má formação já nos primeiros meses de vida.

— Ele irá nascer com deficiências físicas ou mentais? — perguntei, interrompendo a explanação.

— Não. Não chegará a completar seu desenvolvimento. Antes dos três meses de gestação, a mãe sofrerá aborto espontâneo.

— Mas qual a necessidade do aborto?

Com paciência angelical, a entidade sorriu e nos mostrou uma imagem de Tomas em um monitor.

— Nosso irmão não apresenta condições de reencarnar normalmente ainda. Notem como mesmo parecendo humano, ele possui musculatura sub-humana, além de bizarras características inumanas, como olhos felinos, de esclerótica amarelada, caninos proeminentes, mãos que mais parecem garras e farta cabeleira, formando uma espécie de "juba" leonina, com couro cabeludo que lhe desce pela nunca até uma parte do ombro e das costas.

Era óbvio que havíamos notado, Tomas era um ser estranhamente único.

— O corpo somático humano não suporta certas modificações, não sem interferir na quantidade de cromossomos que possuímos. Tomas irá reencarnar, porém, em determinada fase de seu desenvolvimento, seu corpo fetal não o suportará, resultando na má-formação que levará ao aborto espontâneo.

— Nossa! Isso é muito complicado! — disse, aturdida com tantos novos conhecimentos.

— Calma, ainda tem mais — disse a veneranda entidade sorrindo ante minha inocência. — Será também uma importante lição para nosso irmão, para que entenda o valor da vida e o quão difícil é uma chance como está tendo, de voltar à Terra, e redimir-se de débitos pretéritos. Ele está tendo uma grande oportunidade.

— E este segundo corpo? — perguntou Keila. — É de sua mãe? Por acaso já estão prevendo como se comportará nas situações adversas que o feto encontrará?

— Esse já está quase pronto e será seu corpo definitivo. Esperamos que o primeiro corpo fetal lhe corrija as distorções do perispírito, para que possa retornar em definitivo neste corpo, saudável e funcional.

Pasmas, Keila e eu nos olhamos.

— Ele nascerá em um corpo feminino? — perguntou Keila.

— Sim.

— Será mulher? — perguntei quase gritando.

— Não deveriam se assustar. Tomas precisa de reajuste. — E, olhando-nos seriamente, baixou o tom de voz, como se nos confiasse algum segredo. — Estamos lidando com um indivíduo em profundo desequilíbrio. Seu desejo por fluidos animais é intenso e, quando reencarnar, ainda o será. As chances de que se perca nos prazeres sexuais, nos excessos da alimentação e nos vícios do álcool serão grandes[32]. Por mais que esse seja um corpo feminino, apresentará altas taxas de hormônios sexuais, devido à constituição que apresenta hoje e, portanto, sua libido estará um pouco acima da média.

No entanto, pode parecer mais razoável que nascesse com uma série de deficiências físicas ou mentais, impossibilitando-o de ter uma vida normal e o afastando das tentações, mas ainda há um fator determinante na escolha de suas funções orgânicas: a necessidade de auxiliar os desencarnados que prejudicou.

Nossos olhos foram se arregalando ante as explicações da veneranda entidade. Absorvíamos cada palavra com impressionante atenção.

— A melhor saída que encontramos, nesse caso, foi recuperar-lhe o perispírito para torná-lo o mais saudável possível e depois reencarná-lo em um corpo feminino, que lhe tolheria um pouco mais as tendências abusivas, devido às próprias características do estrogênio. Assim, acreditamos que, vivendo como mulher, terá mais sensibilidade no trato humano, até mesmo por causa da possibilidade da maternidade, e esteja menos apta aos abusos ligados ao consumo do álcool e da alimentação.

"Para resgatar os débitos adquiridos com antigos adversários, a faculdade mediúnica se manifestará no período da puberdade, auxiliando-a a corrigir de vez seu passado de erros. A mediunidade também será um meio de lhe fortalecer os ideais espírito-cristãos em favor do próprio desenvolvimento moral, tolhendo-lhe ainda mais as tendências viciosas".

Estávamos encantadas, e uma lágrima desceu pelo meu rosto. Visivelmente emocionada, tomei a palavra.

— Que desfecho lindo para a história de Tomas! É um plano maravilhoso!

— Sim, acreditamos que seja. Agradecemos muito a inspiração que recebemos de nossos irmãos das esferas superiores da vida. Estamos muito satisfeitos.

---

32 Allan Kardec, *Revista Espírita*, janeiro de 1866.

— Qual o próximo passo? — perguntou Keila.

— Várias etapas se iniciarão agora. A primeira delas é entregar um dossiê a Tomas, para que estude o que preparamos para seu futuro. Assim que entrarmos em acordo a respeito de seu plano de vida, reuniremos pai, mãe e filho para explicar-lhes o que acontecerá.

— Tomas poderá recusar ou pedir revisão em algum ponto? — questionou Keila.

— Naturalmente. A vida é dele, estamos aqui para auxiliá-lo somente. Somos apenas um suporte, as decisões são dele.

— Pode ser impressão minha, mas parece que ela será uma mulher muito bonita. — observei.

— Seus pais formam um belo casal. Ela herdará os traços fortes da mãe, os negros cabelos, os olhos verdes e o rosto marcante. Sua forte personalidade já se manifestará em seus traços físicos. Mas fiquem sabendo que a beleza constituirá para ela mais um objeto de provação.

— Quais tentações irão ameaçá-la? Sei que citou alguns pontos de desequilíbrio, mas na prática, quais as situações difíceis que enfrentará?

— Resistir ao apetite sexual exacerbado será uma das maiores provações que enfrentará. Tomas reencarnou como homem em todas as suas existências e, mesmo como mulher, ainda conservará certa predileção pelos relacionamentos com o sexo feminino. Será um de seus vários conflitos. Nessa próxima encarnação, será confrontada com situações que nunca enfrentou antes. Na puberdade, mesmo sentindo-se atraída por rapazes, poderá também interessar-se por garotas, e a juventude será para ela época de testes expressivos em seu caminho por reajuste.

Sabemos que a homossexualidade ou bissexualidade não é empecilho para a boa prática da mediunidade cristã. A provação real estará na busca pela moral e o equilíbrio em suas relações pela fidelidade a uma parceira ou parceiro fixo, para não se entregar à promiscuidade.

Seu mandato mediúnico deverá estar acima de qualquer conflito que venha a desenvolver, pois será sua missão principal e, para isso, deverá vencer as más tendências que carrega há vários séculos. Tomas precisa reconciliar-se com seus adversários o quanto antes para que, encontrando-o encarnado, não se tornem seus cruéis obsessores, prejudicando-o ainda mais.

Parecia para nós que Tomas incorreria em uma missão impossível de ser completada, tamanho eram os percalços em seu caminho. Ele teria uma vida de inúmeras tribulações.

— E a família dele? Terá condições de conviver com seus conflitos e auxiliá-lo em suas necessidades?

— Seus pais, na presente existência, não deverão passar por provações materiais e, do ponto de vista terreno, vivem razoavelmente bem, e Tomas reencarnará neste ambiente, o que já é um alento. Além disso, o casal encontra-se em processo de aceitação da doutrina dos espíritos e dará para a futura filha a base moral através do evangelho. Será para ela um grande remédio, pois, compreendendo a naturalidade de seus íntimos conflitos, não incorrerá na culpa que destrói a autoestima do ser, e a palavra dúlcida e amorosa do Cristo lhe fortalecerá o caráter para a conquista dos mais justos objetivos.

— É fabuloso! Ela terá realmente uma base sólida.

— Acreditamos que sim. Seus pais têm curiosidade pela doutrina e a estudam por meio de romances. Em poucos meses, estarão frequentando regularmente a casa espírita. Não sabemos se se tornarão trabalhadores comprometidos, porém, se souberem aplicar as lições do Evangelho em suas vidas, já estarão bem encaminhados.

O plano parecia perfeito, mas até então era só um plano. Na prática, para que todo esse planejamento se realizasse, seria preciso muita dedicação de todos os componentes dessa abençoada família nos anos vindouros.

Fiquei imaginando quantos milhões de vidas eram planejadas diariamente, era uma verdadeira indústria da reencarnação, unindo famílias e conciliando adversários em todo o mundo. A magnanimidade do trabalho realizado no mundo espiritual me impressionava e não conseguia mensurar o tamanho de tal obra.

Integrar tal estirpe de trabalhadores do Mundo Maior enchia-me de orgulho e sentia-me muito bem quando podia ser útil a alguém.

Na Terra, o auxílio ao próximo para muitos representa perda de tempo ou enorme sacrifício e, quando o fazem, evitam ao máximo que essas atividades interfiram em suas atividades diárias, incluindo seu trabalho material. É perfeitamente compreensível, já que na Terra as obras sociais são extremamente desvalorizadas, e quem se envolve com elas é quase forçado a relegá-las a segundo plano, assim como tudo o que se relaciona com a conquista de valores morais.

Seria mais correto dividir melhor o tempo de nossas atividades, de modo que o trabalho material não nos ocupasse tanto tempo. Deveria haver instituições reguladoras de trabalhos sociais, que formalizassem benefícios a voluntários que se mostrassem dispostos às tarefas comunitárias. Seria uma ótima forma de incluir os jovens em atividades saudáveis diárias, que os imbuiriam de valores humanos, além de ensiná-los a ser úteis.

O que para os humanos encarnados configurava-se uma utopia desmedida, para nós já era matéria de estudo e prática buscar alternativas para se educar melhor a sociedade terrena, causando o mínimo de impacto nos ganhos materiais da população, ao mesmo tempo em que implantava formas eficientes de se obter altas somas de valores morais.

No Mundo Maior, grandes projetos já haviam sido estruturados, mas sua aplicação na Terra era lenta e difícil, indicando que a era em que vivíamos ainda não era propícia mas, de qualquer forma, as sementes estavam sendo plantadas, ainda que limitadas a ONGs, instituições sem fins lucrativos e através das próprias casas espíritas.

A cada dia, no mundo espiritual, tínhamos mais fé no futuro, pois víamos o quanto a espiritualidade trabalhava pelo progresso do mundo e de seus habitantes. Acompanhar os casos de Tomas e Clarisse me mostrava o quanto a espiritualidade se preocupava com nossa felicidade e com o nosso bem-estar, cuidando de cada detalhe de nossa vida para que pudéssemos realmente viver em paz.

Continuei normalmente minhas atividades diárias, na colônia e na casa espírita, reservando algumas horas por semana para acompanhar esses dois queridos irmãos nesse momento de transição pelo qual passavam. Como mamãe visitava a cidadela semanalmente, aproveitava esses momentos para ir com ela e ver Clarisse.

Na Terra, Marlene preparava-se mentalmente para a reunião de psicografia que aconteceria ali a poucos meses, amealhando forças através da oração e da fé recém-conquistada para o recebimento de uma mensagem da filha. No entanto, no Mundo Maior, Clarisse mostrava-se apática e intransigente.

— Me diga, Célia, morrer é apenas isso? Esta prisão onde me encontro? Não seria isso o que os católicos chamam purgatório? Ou já terei ido diretamente ao inferno? Vivo como se estivesse amordaçada, de mãos e pés atados, no meio de estranhos que me impõem normas severas e horários para tudo. Quero liberdade! Quero ver o mundo, conhecer tudo o que existe, afinal, não sou espírito? Não é isso que dizem? Quero ver minha mãe, minhas irmãs, meu pai, minha família! Quero voltar para casa! Quero minha vida de volta! No entanto, nos prometem uma liberdade inalcançável, por meio de um reajuste utópico, fruto da mente de déspotas!

Rogava forças ao Mais Alto para que tivesse paciência ao ouvir tantas blasfêmias saídas do coração de alguém que eu tanto amava, mas que demonstrava tanta confusão a respeito da própria situação. Clarisse passara de menina chorosa e triste a uma pessoa irritada e amarga. Estágio perigoso, que ameaçava a boa convivência dentro dos limites da cidadela.

Tinha medo que se tornasse garota-problema e vi que era o momento de dar-lhe a excelente notícia que tinha.

— Venho aqui para trazer-lhe uma ótima notícia mas, com toda essa irritação, como podemos conversar? — disse em tom de brincadeira.

— Perdoe-me, Célia. Não é nada pessoal. Sei que quer o melhor para mim. Eu é que não me sinto muito bem. O que veio trazer? As chaves de minhas algemas junto com a carta de alforria? Isso sim seria uma ótima notícia.

Respirando fundo e ignorando a ironia, continuei, mesmo sem saber como ela reagiria.

— Já que pensa dessa forma, não irei lhe dar notícia alguma!

— Ah, Célia. Boa notícia para mim seria poder rever minha querida mãezinha, reencontrar minha família de novo...

— Clarisse, se os reencontrasse, como se comportaria? Conseguiria revê-los apenas para dar um último adeus?

— Encontrá-los para despedir-me? Não seja tola, Célia. Qual o sentido que haveria nisso? Quero voltar a participar da vida deles, claro! Por qual outro motivo os reencontraria?

Clarisse demonstrava não estar apta a rever seus familiares na Terra, e eu tinha medo do que poderia advir desse reencontro.

— E se pudesse conversar com sua mãe agora, o que diria a ela?

Pensando um pouco, Clarisse finalmente sorriu, com lágrimas nos olhos.

— Saudade. Falaria da saudade que sinto.

Já era um bom começo para uma mensagem. Lembrava-me das reuniões mediúnicas das quais participava. Muitos desencarnados escreviam, e as orientações eram sempre as mesmas: "Diga algo edificante. Dê esperança através das palavras que usar. Diga que está bem, tranquilize sua família sobre sua situação. Não perca tempo com detalhes desnecessários. Diga algo que o identifique para estimular a fé de quem ler a mensagem". Pequenas orientações que vi serem dadas inúmeras vezes e, com certeza, Celi passaria essas advertências a Clarisse também.

— Já ouviu falar de psicografia, Clarisse?

— Fala-se muito sobre isso por aí. Mas ver, nunca vi, não posso ir à Terra.

A mediunidade não era um assunto recorrente apenas aos encarnados ligados à doutrina espírita. Os desencarnados, muito mais do que os encarnados, reconheciam a importância do fenômeno mediúnico. Nas casas espíritas, os médiuns eram admirados por seus talentos e por sua dedicação, como porta entre os dois planos de existência. Muitas vezes, mal compreendidos, os médiuns instigavam os mais diversos sentimentos, justamente por darem voz a recados vindos do Mundo Maior que, em sua maioria, cobravam a corrigenda íntima de seus companheiros de doutrina.

Do ponto de vista dos espíritos, a possibilidade de se ter um médium à disposição, para transmitir-lhes recados, era fabuloso e, se entre os encarnados a mediunidade era questão polêmica e mal compreendida, gerando ao mesmo tempo admiração, desconfiança e até temor, entre os desencarnados os médiuns de boa vontade eram sobremaneira valorizados e tinham dos espíritos o maior respeito. Apenas os médiuns eram capazes de quebrar as barreiras que divisavam os planos e serem porta-voz dos dois lados da vida.

Os médiuns, sobretudo, aqueles conscientes de suas responsabilidades, eram tão valorizados que ao lado deles caminhavam grandes falanges de entidades, que buscavam fortalecer-lhes as aptidões naturais, como instrumento saudável de intercâmbio entre os mundos, trabalhando por sua educação.

Infelizmente, nem todos dispunham de equilíbrio para a prática da vida espiritual saudável, o que, de certa forma, atrasava-lhes a marcha rumo ao progresso, mas todos eram ferramentas da espiritualidade, operando como bons ou maus instrumentos, de acordo com seus próprios sentimentos.

A possibilidade de ter um médium à disposição era um "luxo", ,digamos assim, pois abria grandes possibilidades aos espíritos. Um médium era não só instrumento de comunicação mas também fonte de energia anímica, imprescindível para a restauração da saúde física e mental de muitos desencarnados. A importância dos fenômenos mediúnicos para os habitantes do Mundo Maior era ilimitada, e a presença do médium era digna do maior respeito entre os desencarnados.

— Mas o que você quer dizer com essa pergunta, Célia? Por acaso está achando que vou escrever uma carta à minha mãe, nessas reuniões realizadas em casas espíritas, através de algum médium? Poupe-me, Célia! O que sugere é inverossímil! Eu estou viva, não sou nenhuma assombração ou fantasma, como minha mãe não perceberia isso?

Clarisse endurecia sua posição frente à realidade dos fatos. Sua teimosia beirava o ridículo, e só agora eu notava o quanto

183

estava confusa e desinformada a respeito da própria condição. A ironia que demonstrara antes dava, agora, lugar a uma severa irritação.

— Pense melhor, Clarisse. Como sua mãe ouviria ou veria você? Diga-me! Seu corpo físico morreu!

— Mas eu não morri!

— Seu espírito não morreu! Entenda. Vive em um mundo diferente agora. Mudaram as regras do jogo, Clarisse.

— Tenho tantas coisas engasgadas aqui, Célia! Quero tanto poder rever mamãe, papai, minhas irmãs. É uma saudade que dói, Célia, dói muito. Sinto dor física! Quero avisar-lhes de que estou viva, que estou bem, que estou com saudade, que sinto falta de todos. Célia, estou a um passo de enlouquecer!

Abracei-a com ternura, apertando-a entre meus braços. Clarisse chorava compulsivamente. Buscando inspiração no Mais Alto, tentei consolá-la, utilizando como argumento a própria verdade consoladora da realidade espiritual.

— Irmãzinha... Você terá a chance que eu nunca tive. Poderá escrever à sua família. Poderá contar a verdade a eles.

Erguendo a cabeça e olhando-me com seus grandes olhos verdes marejados de lágrimas, Clarisse parou por alguns segundos. Sua boca tremia tentando articular as palavras.

— Eles vão saber? Saberão que estou viva? Que estou com saudades?

— Saberão de tudo o que contar a eles na carta.

Seu rosto iluminou-se. Fitando o vazio, passou a imaginar a reação dos pais recebendo a notícia de sua sobrevivência. Um esboço de sorriso estampou seu rosto.

— Como será isso? Como essa carta chegará às mãos da minha família.

— Do modo que você mesma descreveu. Em uma casa espírita, através de um médium.

— Só que minha família não é espírita. Quero até ver...

— Não fale do que desconhece, Clarisse. A situação de seu lar mudou muito depois que você se mudou para cá. Hoje, sua mãe anseia por notícias suas.

Após descarregar todas as suas frustrações em choroso desabafo, Clarisse mostrava-se mais receptiva à verdade. No fundo, ela havia aprendido muitas coisas nas aulas que frequentara no Mundo Espiritual, que agora lhe davam suporte para aceitar melhor sua condição. A inocente garota adquirira, afinal, algum conhecimento nesse tempo em que estava na cidadela.

— Como sabe que as coisas melhoraram lá em casa?

— Ah, essa é uma longa história...

E então lhe contei em detalhes todas as desventuras que eu e Celi vivenciamos ao lado de sua mãe, a visita à sua casa, o Evangelho no lar, o encontro em desdobramento e o interesse crescente de Marlene pelo fenômeno da psicografia, na tentativa de obter notícias da filha.

Clarisse observava-me a contar-lhe essas histórias, encantada, como se eu narrasse uma fábula infantil. Atenta a cada detalhe, mostrou-se entusiasmada com meus relatos do começo ao fim.

— Adoraria escrever à minha mãe, Célia. Já que é impossível encontrá-la para falar-lhe pessoalmente a verdade, escreverei. Contarei a ela que a morte não existe, senão para os incrédulos!

Finalmente senti-me aliviada ao ver que todos os nossos planos estavam bem encaminhados e com grandes possibilidades de sucesso. A revolta de Clarisse era, justamente, pela falta de contato com seus entes queridos. A comunicação psicográfica revelou-se, enfim, solução genial e bem-aceita pelos envolvidos nos dois planos de existência.

A desencarnação era curiosa vista por certo ângulo, pois a pessoa continuava viva após a morte do corpo físico, e essa separação entre planos ou dimensões parecia estranha. A sensação que se tinha não era de "morte" mas de separação e distância apenas. O fenômeno da morte era supervalorizado pelos encarnados. A menor perspectiva de contato com alguém de sua família, fez com que Clarisse se transformasse da água para o vinho, aliviando-lhe as angústias íntimas, graças a Deus. Se Clarisse mostrasse equilíbrio nesse processo, poderíamos até cogitar a possibilidade de ela encontrar seus familiares pessoalmente.

— Quando iremos enviar essa mensagem?

— Em menos de três meses.
— Mas é muito tempo para esperar!
— Não pense assim. E não será uma espera, será um momento de trabalho para você. Além do tempo e da tranquilidade que precisará para escrever uma bela mensagem, é necessário, ainda, desenvolver a sintonia entre o espírito que transmitirá a mensagem e o médium que a receberá. Temos muito trabalho pela frente.
— Poderei escrever o que quiser?
— Escreva o que tiver vontade e não se preocupe, pois depois eu e Celi vamos ler para ver se está bom. Vamos ajudá-la nisso também. Se tiver alguma dúvida, pode nos chamar.

Clarisse tinha, agora, a fé e a esperança renovadas, e isso muito me alegrava, pois vê-la triste e rancorosa como estava amargurava-me. Poderia dar a boa notícia a Celi, finalmente.

No dia determinado para a nova visita dos futuros pais de Tomas ao Departamento de Planejamento das Reencarnações, fomos convidadas, Keila e eu, como observadoras e pudemos acompanhar mais um belo evento. Trazidos para uma reunião especial, o casal participaria de uma espécie de curso, com vários outros pais de primeira viagem. Fiquei imaginando quantas crianças deveriam nascer no Brasil diariamente, quiçá no mundo todo.

Centenas de casais que se mostravam preparados para o exercício da família foram encaminhados para um vasto auditório, que mais se parecia com um grande cinema. Nós duas sentamo-nos em um local reservado e fomos observando os encarnados desdobrados durante o sono irem se aconchegando, guiados por uma grande equipe espiritual. Era impossível calcular quantas pessoas havia ali. O grupo era o mais heterogêneo possível. Havia pessoas de várias etnias na assembleia, incluindo vários casais homossexuais de ambos os gêneros. Todos se mostravam alegres, e o ambiente estava descontraído e barulhento.

Se não fossem pelas características óbvias[33], poderia jurar que todos ali estavam desencarnados. Questionei Keila sobre o alvoroço.

---
33 O famoso cordão de prata que liga o espírito ao seu invólucro carnal: "[...] vê-lo-emos, porém, constantemente ligado ao corpo somático por fio tenuíssimo, fio este muito superficialmente comparável, de certo modo, à onda do radar, que

— É impressão minha ou todos estão lúcidos de sua situação, como se soubessem onde estão e o que fazem?

— Existem vários níveis de consciência no desdobramento. Devemos entender que se encontram aqui aqueles capazes de compreender o que será transmitido durante a madrugada de hoje. Esse público possui um perfil de maior entendimento das questões espirituais. Com certeza, os assuntos apresentados aqui serão de caráter mais elaborado, aprofundando-se em certos pontos de natureza reencarnatória e abrangendo, talvez, até vidas passadas e a necessidade do reajuste em família.

— Existem, então, reuniões com temas variados, de acordo com as diferentes capacidades de entendimento dos encarnados convocados a vir aqui?

— Sim. Esse tipo de encontro é frequente, mas nem todos que terão seus filhos participam desse tipo de assembleia. Cada caso merece uma atenção especial. Hoje estamos participando de um encontro entre espíritos que necessitarão se esforçar muito, pois seus filhos poderão fazer prodígios, no entanto, precisarão de orientação à altura de seus talentos, pois, ao mesmo tempo, carregam graves delitos morais.

"Esses casais aqui reunidos trarão ao mundo espíritos com grandes potencialidades, como médiuns, cientistas, empresários e pessoas que, de alguma forma, estarão representando ideais superiores junto à comunidade em que vivem, sendo futuros agentes de transformação social se souberem canalizar suas capacidades.

"Todos os encarnados aqui já possuem alguma formação religiosa, e hoje começará a conscientização deles sobre a responsabilidade que têm como pais e educadores de novos seres humanos, seus futuros filhos e filhas, que precisam abraçar causas nobres, para cumprir bem os desígnios de Deus na Terra".

— Você parece conhecer bem essas reuniões...

---

pode vencer imensuráveis distâncias, voltando, inalterável, ao centro emissor, não obstante sabermos que semelhante confronto resulta de todo impróprio para o fenômeno que estudamos no campo da inteligência". André Luiz/ Francisco C. Xavier e Waldo Vieira, *Mecanismos da Mediunidade*, cap. 21, FEB, 1959.

— Já vim aqui algumas vezes. Existem reuniões de vários caracteres, e a família de Tomas é muito abençoada, pois ele tem uma missão ao mesmo tempo expiatória e consoladora. Uma interessante oportunidade que não pode ser desperdiçada.

"Existem outros encontros, Célia, entre casais como esses, mas cujo foco não é o preparo para o nascimento de futuros benfeitores mas para a implantação da expiação de graves crimes, como assassinatos, suicídios, estupros e abusos diversos. São reuniões de teor mais "pesado", que contemplam o nascimento não de futuros trabalhadores em prol da sociedade, mas de deficientes físicos e mentais, autistas, esquizofrênicos e inúmeros portadores de variadas moléstias da alma, ligados ao reajuste por conta dos crimes que cometeram contra a vida alheia e à própria vida. Esses encontros visam à conscientização das famílias sobre suas responsabilidades junto ao criminoso e aos crimes que ele cometeu em época remota, tentando amenizar suas angústias, aliviando-lhes o sentimento de culpa e oferecendo-lhes oportunidades de reajuste".

— E depois dessa reunião? O que acontecerá com os pais de Tomas?

— Lembra-se que sua mãe o encontrou anteriormente? Essa reunião de hoje é o segundo passo para a consolidação dessa nova família. Ao término dessa assembleia, espera-se que eles estejam mais conscientes de seus deveres e da excelente situação em que Tomas virá ao mundo. O ideal é que se tornem otimistas para um novo encontro, no qual, pai, mãe e filho tomarão a decisão final.

— Imagino que o preparo deve ser intenso para que esse futuro pai não se assuste ao ver o estado do futuro filho.

— É uma decisão que não pode ser apressada. Estamos lidando com três encarnações, três vidas em jogo. A justiça divina não exige punição ou sofrimento mas reajuste, aprendizado e trabalho. Tomas utilizou as grandes potencialidades que tinha, quando encarnado, para fazer o mal. Será novamente um encarnado com grandes potencialidades.

— Mas seu futuro pai não está em situação igual à futura mãe, com débitos contraídos em outras existências?

— Não débitos com Tomas. O casal tem débitos entre si, e Tomas será uma ponte entre ambos, visando à solução de diversas questões para a melhoria de todos.

Estava fascinada por aquele ambiente de alta intelectualidade, onde seria atualizada sobre informações tão importantes sobre o futuro de tantas famílias. Para mim, da mesma forma, era uma ótima oportunidade de aprendizado, já que também me preparava para um dia retornar à carne. Talvez daqui a alguns anos eu estivesse novamente ali, mas não apenas com Keila, mas também com a presença de papai, mamãe, Júlio, Vânia e seu amante, preparando-nos para uma nova vida de amor e paz.

Keila, minha futura irmã nas lides da carne, também entendia o grande significado daquele momento e, de mãos dadas, aguardávamos ansiosas pelo início do evento.

Notei quando Marlene e o marido passaram perto de nós, em fileira próxima. Apertei a mão de Keila para chamar a atenção dela para o casal. Eles mostravam-se serenos e curiosos, observando tudo ao redor, tentando descobrir onde estavam.

Na universidade do espírito, todos os movimentos que fazemos representam matéria de aprendizagem, pois tudo é novo para nós, que somos pessoas comuns. Os encarnados ali reunidos apenas sentiam o gostinho da vida no mais-além, sem plena consciência de onde estavam e o que faziam ali.

— A mente humana obedece ao que está acostumada a fazer — disse Keila. — Sendo direcionados para cá, automaticamente, vão seguindo a lógica do lugar. Vendo as poltronas, buscam assento e, observando o teatro, sabem que uma apresentação acontecerá. Suas próprias memórias os vão guiando para a realização dos objetivos da espiritualidade que os assiste.

"Nossa memória tem inúmeras serventias, e uma delas é garantir que repitamos o que nos parece certo e repilamos o que nos parece errado ou estranho. O próprio instinto é uma forma de memória que nos acompanha há milhões de anos, fruto do acúmulo de nossas experiências pregressas em todos os reinos da natureza".

Muda como fiquei ante aquelas colocações "filosóficas", Keila notou que havia forçado demais minha compreensão sobre o assunto.

No auditório, a música leve embalava os diálogos amigáveis. Havia um planejamento para nos deixar mais à vontade. Entidades venerandas passeavam distribuindo sorrisos e orientações. Os encarnados foram se avolumando, sendo atendidos com muito esmero e muita dedicação pelos trabalhadores espirituais. Sentia-me preguiçosa, pois éramos praticamente as únicas desencarnadas sentadas na plateia.

Cumprimentando a todos, uma simpática jovem desencarnada pediu silêncio. Iniciou falando sobre a importância da família e do lar equilibrado como fonte de bênçãos para todos seus componentes. Agradeceu a presença de todos, dizendo-nos como era lindo ver aquele auditório repleto de futuros papais e futuras mamães, em busca de seu primeiro bebê.

"É formidável ver nosso Divino Mestre Jesus operando em cada um de nós presentes aqui hoje. É lindo vê-los aqui, reunidos em um propósito tão edificante quanto o da construção de uma família. Rogamos que Deus abençoe a todos nós, nos auxiliando a encontrar a paz e a felicidade que tanto almejamos...".

Seu discurso continuou belíssimo por mais alguns minutos, falando-nos, ainda, das responsabilidades que aguardavam a todos e da necessidade de sermos corretos em nossas atitudes e serenos em nossos atos. Orientou-nos de que grandes amigos ou inimigos podem nascer em nossos lares e dependia de nós darmos o amparo necessário para que vencessem os desafios e as tentações que o mundo lhes ofertaria. Na plateia silenciosa, muitos choravam, com certeza por relembrarem o porquê de estar ali ou os processos pelos quais passariam em alguns meses. Alguns, emocionados, sentiam naquele momento o peso da responsabilidade que era a maternidade e a paternidade.

Pudemos conferir uma espécie de filme holográfico, que mostrou o quanto era complexa a concepção da vida nos dois planos de existência. Primeiramente, o espírito adormecido sendo conectado à futura mãe e ligando-se ao óvulo materno no momento da fecundação. O espírito quase desaparecia, tornando-se minúsculo. Assistíamos a essa metamorfose, que tinha um caráter altamente didático.

A apresentação, nessa parte, era bem visual e animada. O som ambiente era pano de fundo para as cenas que se desenrolavam, dando-lhes emoção, excitando-nos os sentidos. Era uma música instrumental mesclada perfeitamente aos sons naturais da vida intrauterina, difícil de descrever.

— Não são necessárias as palavras!

— Sim. Mas tudo isso tem um fundamento. Hoje, todos sairão daqui entendendo a importância da família e o valor sagrado da gestação, o quanto devemos amar e valorizar esse pequenino ser ainda no ventre materno, que desde o momento da concepção apresenta uma alma humana milenar.

— Mas será que se lembrarão dos detalhes de tudo o que estão vendo aqui?

— Dificilmente. As informações adquiridas hoje serão absorvidas, mas não como um evento único, como estamos presenciando agora. As lembranças, provavelmente, não estarão relacionadas de maneira linear. Alguns acordarão achando que sonharam estar no cinema ou em uma convenção de vendas; outros no teatro, vendo uma peça dramática, enquanto outros acharão que sonhavam com uma apresentação de orquestra. Outros se lembrarão deste auditório e outros pensarão terem sonhado com uma futura gravidez.

De maneira geral, todos acordarão com os pensamentos voltados às suas famílias, aos seus cônjuges e mais preparados para o exercício da maternidade e da paternidade. Aos poucos, as recordações da noite de hoje irão influenciá-los inconscientemente, guiando seus atos, e isso é o mais importante.

Quando as jovens aqui presentes apresentarem-se grávidas, vão entender o fato de que seus fetos já possuem uma alma, que sentem e ouvem e, por isso, desde os primeiros meses de gestação, aprenderão a conversar com seus bebês ainda no ventre, tentando já lhes transmitir mensagens de afeto e amor.

— Não terão recordações nítidas, mas seus hábitos serão modificados. Genial, não é?

— É como disse. Nossa memória trabalha de diversas maneiras. Não é porque não lembramos convenientemente de algo que nossa memória não está em nível subconsciente, auxiliando-nos a entender certas questões que, muitas vezes, não fazem parte de nossa razão. Interfere em nossos pensamentos e sentimentos, auxiliando-nos em nossas reflexões e em nossos julgamentos.

Muitas decisões difíceis são tomadas melhor após uma noite de sono. Isso porque durante o desligamento noturno estudamos melhor o desdobramento de certas questões que nos afligem, como no caso dos encarnados desdobrados aqui, e somos orientados. Nossa memória, então, nos contempla com um arquivo monumental de erros e acertos. Daí acharmos novas soluções ou mudarmos de opinião e até mantermos certas decisões ao acordar de manhã.

Ao término do evento, todos os encarnados foram encaminhados aos seus lares, sob um clima de paz e harmonia. O encontro havia sido um verdadeiro sucesso. Enquanto Keila e eu ainda estávamos na plateia, vimos a mãe de Tomas que nos cumprimentou. Ela parecia feliz.

Despedimo-nos das venerandas entidades, que nos convidaram ao retorno quando quiséssemos. De volta ao nosso lar, nós duas buscamos o repouso restaurador antes das atividades que se iniciariam com o começo de um novo dia.

4
Novos desafios

Os estudos a respeito da Doutrina Espírita faziam-se cada vez mais necessários. Na Terra, transcorria o ano de 1978 em clima de grandes transformações. Eu, como muitos outros desencarnados, vivia alheia aos acontecimentos terrenos, absorta nas questões espirituais.

A maioria das notícias que recebíamos vinha através de espíritos missionários, como a própria Keila, que frequentavam a crosta diariamente, interferindo nas questões dos homens a favor deles mesmos, como ferramentas do Mais Alto. Pessoalmente, evitava buscar notícias, já que pouco podia fazer a respeito dos problemas por que passavam a humanidade.

E se a agitação do mundo físico era grande, mais intensos eram os acontecimentos no mundo espiritual. Não sentia inveja de Keila ou dos espíritos missionários. Entendia que cada um de nós, dentro de nossas possibilidades, oferecia o que possuía de melhor.

Na Terra, as "sementes" que havíamos plantado nas mentes de Marlene e nos pais de Tomas, na forma de orientações durante o sono, enquanto seus espíritos estavam desdobrados, germinavam silenciosamente, avançando em seu subconsciente e transformando seu modo de agir e pensar.

A Doutrina Espírita era fabulosa, e a mente humana, quando aberta às questões espirituais, tornava-se vale fértil para o plantio da boa-nova pelos emissários do Mais Alto.

A aceitação facilitava a ação dos bons espíritos, permitindo que os desígnios divinos pudessem operar com tranquilidade, dentro da extensa programação reservada a cada ser humano.

No lar da futura família de Tomas, onde vivia o equilibrado casal, recebíamos notícias de que, mais e mais, programavam a chegada de um bebê, amadurecendo seus ideais familiares. Eles passaram a se interessar mais pelos trabalhos da casa espírita que frequentavam, participando regularmente de suas reuniões públicas e iniciaram o Evangelho no Lar. Intimamente, preparavam-se armando-se de conhecimento e fé para os desafios que, inconscientemente, sabiam que iriam enfrentar.

Era uma pena que Tomas não pudesse visitar esse abençoado lar, para conhecer-lhe as minudências. Com certeza se emocionaria ao ver o esforço que seus pais empreendiam para domar as más tendências a favor do progresso moral, através das lições do Evangelho e da frequência na casa espírita.

No entanto, nem tudo eram flores. No Amor e Luz, certa noite, Marly e Demétrius chamaram-me aflitos para conversar.

— Célia, sabemos que você e Keila têm participado do projeto de reencarnação de Tomas. Ficamos muito felizes em ver o quanto estão empenhadas nesse importante trabalho missionário — disse Marly.

— Muito obrigada, Marly! Mas não somos mais do que espectadoras. Todo esse projeto de vida futura já está muito bem resolvido. Estamos, como se diz, assistindo de camarote.

— Mas sua intervenção foi muito benéfica, com resultados muito positivos ao auxiliar a futura mãe a aceitar a tarefa sagrada da maternidade.

— É... Passamos por momentos delicados onde todos deram o máximo de si. Graças a Deus não foi preciso muito mais do que isso para convencê-la.

— Célia, Keila nos trouxe notícias preocupantes dos planos inferiores nos quais tem trabalhado nos últimos dias — disse Demétrius — e aparentemente Tomas ainda possui muitos inimigos desencarnados que tentam localizá-lo.

— Mas já faz tantos anos que ele está sob a jurisdição dos agentes do bem, afastado de tais seres!

— Mas justamente aí reside o cerne da questão. Quando ainda estava envolvido em atividades criminosas, era temido e respeitado. O desaparecimento de um espírito do porte de Tomas levantou suspeitas, pressentiram que algo estaria acontecendo. Seus antigos inimigos pensam que esteja reencarnado ou em processo de reencarnação. Não estão enganados. Eles sabem que, novamente na carne, será um alvo fácil e preparam-se para assumir a postura de seus obsessores. Estão o procurando para assediá-lo e torturá--lo em busca de vingança.

— Meu Deus! O que será de Tomas? Será que corremos o risco de perder todo o trabalho que foi feito até agora?

— Todo cuidado é pouco. Desde que foi resgatado, tem sido alojado em dependências de segurança extrema. Seu rastro energético precisou ser apagado para evitar visitantes indesejados em seu encalço. Esteve sempre bem protegido em ambiente muito bem preparado com esse intuito. Quando se iniciaram os preparativos para sua reencarnação, e ele foi transferido para o Departamento de Planejamento das Reencarnações, precisou de um alojamento especial, de modo que não captasse a presença de fluidos alheios, e que seus possíveis perseguidores, se houvesse algum, também não lhe captassem a presença. Tomas está muito bem guardado sob forte esquema de segurança — disse Demétrius.

— Não se preocupe em demasia, Célia — disse Marly. Tomas está muito bem protegido. Compartilhamos essas informações com você apenas para que entenda o quanto a situação dele é delicada. Tomas cultivou muitos crimes e inimizades, e hoje é necessário colher o que semeou, tanto pelas vias reencarnatórias, nas capacidades mediúnicas inerentes ao seu corpo físico; quanto pelas vias obsessivas, pelas companhias espirituais que se farão presentes em sua vida futura.

Minha mente funcionava a mil por hora, e pensamentos desordenados passaram a me afligir. Será que corríamos o risco de nos envolvermos em algum tipo de guerra ou combate com tais entidades?

— Então não poderão encontrá-lo antes de reencarnar?
— Acreditamos que no momento não. Mas a partir do instante em que seu perispírito aliar-se ao perispírito da mãe, poderá estar mais vulnerável. Seu sofrimento, quando estiver em estado fetal, devido à culpa acumulada e às deformidades de seu perispírito, que resultarão no aborto de seu próximo corpo físico, poderão atrair mentalmente seus algozes. Tomas tem passado por tratamento psicológico intensivo, para que se sinta melhor, não permitindo que a culpa aflija-lhe a alma.
— Mesmo sabendo que esses seres encontrarão Tomas somente quando estiver de volta à carne, não corremos o risco de tê-los em nosso encalço já que procuram por ele neste momento?
— Essas hordas estão se movimentando avidamente, buscando rastrear os últimos passos de Tomas e, de posse dos últimos acontecimentos, poderão chegar à casa espírita em que foi levado em primeira instância, após o resgate — disse Demétrius.
— Tenho medo! Será que nos poderão fazer mal?
— Não intentam declarar guerra aberta. Seu objetivo é bem específico. Atuarão silenciosamente, como espiões de nossos movimentos. Se descobrirem que Tomas foi levado inicialmente a uma casa espírita, e não descobrindo qual, aí sim, corremos o risco de tê-los por aqui em breve, enquanto averiguam tanto quanto possível sua presença nas casas espíritas mais prováveis.
Não duvido que, em determinado momento, nos próximos meses, batam à porta do Amor e Luz. Não ignoramos sua atuação e estamos preparados para inibir-lhes qualquer ação demérita.
Ficamos silenciosos por alguns segundos até que Marly quebrasse a tensão que se fez.
— Envie, tanto quanto possível, Célia, seus melhores pensamentos a Tomas. Ore por ele. É a melhor forma de auxiliá-lo a distância. Ele precisa de nossas melhores vibrações. Quanto mais em paz estiver, menores as chances de ser encontrado por esses candidatos a algozes.
— Mas, Marly, por outro ponto de vista, Tomas fez-lhes mal, não foi? Não os prejudicou? Não deve resgatar esses débitos, naturalmente, em algum momento? Quer dizer, esses seus inimigos

não estão totalmente fora de razão, pois querem algum tipo de restituição. A vingança é apenas um meio que encontraram de obter justiça, ou estou enganada?

— Sim, Célia. Existe uma lógica por trás dos atos deles. Você não está enganada. Como diz o Mestre: "É necessário que o escândalo venha..."[34]. Nossa esperança é que essa situação seja aproveitada para a própria corrigenda desses seres. Ao adentrar os portões da casa espírita, participando das reuniões e até sendo encaminhados ao choque anímico e à doutrinação, poderão ser, aos poucos, destituídos de seus intentos menos dignos.

— As casas espíritas abrirão as portas para eles?

— Naturalmente. É evidente — disse Demétrius. Virão a título de observadores silenciosos e, ao mesmo tempo, perscrutarão nossas atividades e as lições endereçadas aos visitantes e trabalhadores. Poderão cansar-se e ir embora ou aos poucos serem convencidos. As casas espíritas, de maneira geral, agem dessa forma.

E era verdade. Como postos de socorro funcionando dia e noite, os centros espíritas estavam abertos a todos que lhe chegassem aos portais necessitando de auxílio. E, aos grupos ameaçadores que perambulavam pela crosta carregados de segundas intenções, a casa espírita reservava grandes surpresas ao lhes revelar, através das palavras do Evangelho, as verdades escondidas por trás de seus atos, que, em vez de confrontá-los, os compreendia e amparava.

— Mas, e se por acaso a casa espírita não for capaz de frear seus impulsos? E se eles não se convencerem a abandonar seus planos de vingança? Até onde levarão seu plano maligno?

— Continuarão em seu encalço pelos próximos anos, até encontrá-lo. Se estiver em atividade edificante na seara espírita, poderão encontrar dificuldades em obsediá-lo e, quando Tomas estiver com a mediunidade desenvolvida, poderá ele mesmo auxiliá-los de maneira ostensiva.

— Mas não podem, antes, encontrá-lo na infância, acompanhando-o de perto na intenção de afligi-lo?

---

34 Mateus 18:7.

— Sim, é possível. E se isso ocorrer, caberá à família o papel de defensores, levando uma vida dentro dos princípios cristãos e frequentando a casa espírita, recebendo proteção natural graças à boa sintonia. Acreditamos que, em qualquer circunstância, Tomas estará bem amparado e não sofrerá as mazelas dessa terrível vingança que ameaça seus dias na Terra.

Mais aliviada apesar de ainda aflita, abracei Marly e Demétrius, rogando a Deus que nos aparasse, nos orientando para que estivéssemos sempre alerta em nossos deveres.

Todas essas questões abriram precedentes que nunca havia imaginado serem possíveis e eu mesma torci para que não tivesse inimigos desconhecidos em meu encalço! De qualquer forma, não podia disfarçar a insegurança e a ansiedade que tomavam conta de mim. Tinha medo desse inimigo desconhecido, que a cada minuto se aproximava mais de nós.

Quando me via sozinha, buscava na oração o refúgio, temendo que a qualquer momento fosse me deparar com algum estranho a me observar pelas ruas ou mesmo encontrar um invasor dentro de casa. No lar, mamãe observava-me atentamente, sem que eu notasse, e, após alguns dias, chamou-me a atenção.

— Filha... Você está tensa ultimamente. O que está havendo?

Obviamente, ela já sabia de tudo o que me acontecia, muito antes de mim, mas queria ouvir de meus próprios lábios.

— Estou preocupada, mamãe, e a senhora já deve saber o porquê.

— Sim, mas o que você sente o próprio nome já explica: "pré-ocupada". Está ocupando sua mente desnecessariamente, prevendo problemas improváveis, e isso a aflige.

— Receio pela nossa segurança.

— Pois não deveria. Você sabe que nossa colônia é protegida, todas as colônias são. Nossas idas à Terra são monitoradas, e você não fica perambulando sozinha na Terra nem em zonas inferiores à mercê de forças desconhecidas. Tem medo de quê, afinal?

— Ora, dos inimigos de Tomas nos encontrarem!

— E passarão sorrateiros pelo sistema de defesa dos agentes de segurança? Serão mais fortes e inteligentes que nossos agentes? Não se entregue à negatividade dessa forma. Não se desequilibre dessa maneira ou você mesma porá muito a perder. Lembre-se de que todos nós somos instrumentos do altíssimo, e o que acontecer, não importa o que seja, será para o bem geral, mesmo que em um primeiro momento não compreendamos tais desígnios.

— Mamãe, preciso admitir que, quando tomo conhecimento de fatos como esses, não só no caso de Tomas mas também nos inúmeros casos que já presenciei nas reuniões espíritas, me assusto ao perceber o quanto eu mesma estou próxima de nossos irmãos que vivem nas trevas. Às vezes, sinto-me um engodo. Uma doente auxiliando outros doentes. Sinto-me tão pequena, insignificante!

— Não se anule dessa forma. Todos nós temos nossa importância. Lembre-se de que somos pequenos, realmente há muitas almas nobres, infinitamente superiores a nós em moral, mas igualmente, há almas muito inferiores a nós nas questões morais, e, para essas, nós podemos ser luz. Você é luz para Tomas e sua nova família, um exemplo que ele planeja seguir quando já estiver reencarnado como a bela e talentosa jovem cristã.

— Eu?! Exemplo?! — e ri ironicamente, dando de ombros.

— E por que não? Nenhum de nós passa despercebido no universo, Célia. Muitos olhos nos observam, todos os dias.

E após essa "flechada" de sinceridade que me estocou o peito, mamãe calou-se com um sorriso no rosto.

Despedi-me dela com um olhar e retornei aos meus afazeres domésticos. Quando me preparava para os trabalhos vespertinos no Amor e Luz, notei que em minha tenuíssima tela cristalina uma mensagem jazia armazenada. Acessando-a, vi que era de Clarisse: escrevera uma carta à mãe e a compartilhara comigo.

Chamando mamãe aos berros, agitada como fiquei, lemos a mensagem juntas. Era um texto extenso e detalhado. Falava sobre seu desencarne, a frustração da separação e a saudade que beirava o desespero. Falava da cidadela, das aulas e as poucas amizades que fizera. Lembrava-se de uma bela cena de sua infância, e no final dizia que estava "enlouquecida" de saudades, que mal esperava a hora de vê-los.

— O que achou, mamãe?

— Linda carta. Ela está preparada. Apenas lhe peça que retire esse final "enlouquecida" que colocou, afinal, não queremos seus familiares mais aflitos ainda, acreditando que Clarisse esteja querendo assombrá-los ou pior, rogando que "morram" logo para se encontrarem.

Rimo-nos dos comentários, e, imediatamente, enviei um recado a Clarisse. O plano caminhava maravilhosamente e, mais conformada com as reviravoltas que a vida dá, fui enfrentar mais um dia de labuta no Amor e Luz.

Durante o atendimento aos enfermos, o trabalho correu normalmente e, logo no início das atividades noturnas, uma caravana de missionários, advinda da própria cidade, aportou à frente de nossa instituição. Entre eles estava Keila, e alegrei-me ao vê-la após dois dias que me mantive ausente de casa.

Abraçamo-nos fraternalmente, mas minha irmã parecia abatida, realmente cansada. Há tempos já não utilizava mais aqueles óculos arredondados, e seus olhos negros brilhavam intensamente, revelando algo poderoso guardado em seu íntimo. Afastando seus cabelos encaracolados do rosto sardento, vi que profundas olheiras lhe marcavam a face rosada.

Parecia constrangida por ter desvendado algum mistério, e lançando um questionamento mental, logo percebi que algo grave acontecera. Ela se pôs a me dar explicações.

— Missão difícil? — perguntei.

— Ah, sim. Certos lugares que visitamos nos impressionam pela hediondez. Vemos tantas maravilhas ao nosso redor e, por vezes, esquecemos o quanto nosso mundo é díspar! Muitas religiões ensinam que sob o céu paradisíaco encontra-se um inferno em chamas, e essas visões têm o seu motivo de ser.

Mesmo não tendo explicado o que aconteceu, entendi o que Keila queria dizer. Nossa realidade possuía muitas faces, e tudo dependia do prisma sob o qual olhávamos.

— O que se passou?

— Será, Célia, que está preparada para as visões que trago comigo?

Enquanto os tarefeiros companheiros de Keila deliberavam junto aos trabalhadores do Amor e Luz, ela e eu pudemos dispor de alguns minutos. Eu passava meus dias entre a colônia e a casa espírita, e um ou outro dia passei pela Terra, mas nunca havia visto uma mínima porção das trevas exteriores que nos cercavam, regiões umbralinas ou zonas abissais. Será que estaria preparada? Não sabia. Será que gostaria de ver tais visões? Com certeza!

Nós nos sentamos um instante. Amparei Keila, que parecia fraca e triste. Notei que não levitava como de costume.

— Mostre-me.

Keila me olhou nos olhos como se esperasse que eu mudasse de ideia e, como eu mantive-me impassível, ela então pôs a destra sobre minha testa e, quando ambas fechamos os olhos e nos concentramos, foi como se os meus se abrissem para outra dimensão. Uma dimensão mental tão real quanto o mundo em que vivia. Enxergava através dos olhos de Keila e conseguia ver como ela mesma havia visto uma das mais aterradoras visões que já teve.

Chegando o veículo em que estávamos numa escura furna, após turbulenta viagem, repleta de solavancos e manobras evasivas, pudemos, então, estacionar em alto e íngreme platô. Deveríamos ser rápidas e, sem demora, descemos do veículo. Apagamos as luzes para não chamarmos a atenção, e a escuridão fez-se quase total. Temíamos que nossa nave houvesse sido vista ao atravessar o sinistro céu daquele lugar, como um luminoso meteorito em queda, mas o silêncio era total.

Acima de nós, densas nuvens mal deixavam transparecer a luz do luar, que atravessava o negro céu sem estrelas. Abaixo de nós, o solo pedregoso parecia rocha vulcânica e dificultava-nos os passos. Em vão, tentei levitar, meus pés ergueram-se a poucos centímetros do solo, o que não foi suficiente para livrar-me dos grandes pedregulhos do caminho. O silêncio era absoluto. Nossa missão era apenas observatória, não importava o que víssemos ou ouvíssemos aquela noite, nosso dever era apenas registrar as informações.

Dois agentes assessoravam-nos, servindo-nos de guias e protetores. Nessa estranha atmosfera em que nos encontrávamos, o ar era incrivelmente rarefeito e respirávamos a longos haustos. Ao alto, as nuvens moviam-se velozmente, como se houvesse alguma tormenta em uma região afastada, lançando impressionantes rajadas de vento a alturas incalculadas.

Apesar da inóspita situação em que nos encontrávamos, não estávamos com medo, apenas a ansiedade nos dominava, afinal, não estávamos ali para instigar nenhum confronto. Éramos apenas visitantes inoportunos.

A pé, à medida em íamos subindo o platô com certa dificuldade, nossa visão foi se adaptando à escuridão, de modo que passamos a enxergar quase normalmente e, chegando ao topo da montanha em que estávamos, pudemos ver o largo horizonte que se abriu diante de nós, iluminado por estranho luar. Perdia-se no infinito intrincado conjunto de vales, formado por montanhas de vários matizes, e sentíamo-nos como exploradores na superfície de um bizarro planeta inabitado.

Após chegarmos ao cume, divisamos grande descida à nossa frente e, recuperando o fôlego, pusemo-nos a uma tarefa ainda mais árdua e, em vez de subir, passamos a descer, cuidadosamente, galgando pedras que rolavam e quebravam o silêncio de nossa jornada. O cuidado era extremo para não nos acertarmos com o grosso cascalho e as grossas rochas que se movimentavam sob nossos pés.

Sem parar, continuamos a tortuosa descida, sem, na verdade, ter certeza do que aconteceria ou quais atenções iríamos atrair. Mais uma vez tentei levitar, em vão. Para quem é acostumado a volitar, caminhar em solo tão pedregoso exigia forças extras. Apesar de nossa desastrosa descida, ainda não havíamos alarmado nenhuma outra forma de vida nem avistáramos nenhum outro ser além de nós mesmos.

Quando o terreno tornou-se plano novamente, os agentes que iam à frente ligaram aparelhos de localização que passaram a mostrar o caminho a seguir. Apesar de aquela região ser estranha a todos nós, não era desconhecida da espiritualidade superior, que já a tinha mapeada desde tempos remotos.

Caminhamos mais alguns minutos quando sentimos a boca amargar. O ar que respirávamos com certa dificuldade começava a intoxicar-nos. Nosso tempo era curto, precisávamos cumprir nossa missão o quanto antes. Quase me desesperei ao me lembrar do fato de que na volta enfrentaríamos íngreme subida em meio às rochas soltas.

Aos poucos, notamos forte iluminação trepidante e amarelada que vinha de uma região mais abaixo. Os agentes, então, pararam à beira de uma escarpa que havia ao fim de nossa caminhada. A visão panorâmica que tínhamos era impressionante. Dali não havia como descer, e vi que não era essa a intenção: havíamos chegado ao nosso objetivo.

Pude, então, ver a origem da luz que nos chamara a atenção: um infinito mar de tochas acesas nas mãos de uma multidão de seres. Era uma cena assustadora, e meu primeiro pensamento foi virar as costas e colocar-me em retirada de retorno à nave.

De punhos erguidos, eles gritavam ferozmente, guiados por um líder. Não entendíamos o que vociferavam e entreolhamo-nos, percebendo que estávamos em região tão densa que nem os pensamentos uns dos outros conseguíamos ouvir. Um dos agentes pôs-se, calmamente, a falar.

— Há meses eles estão contatando uns aos outros. Formam uma corrente de ódio contra o homem-lobo. Querem destruí-lo. Formaram um grande exército e agora irão ao ataque, perseguindo-o, pois pressentem que estará renascido na carne em breve. Será caçado como uma presa. Sentem-se forte e se organizaram de tal forma que nos próximos meses alcançarão as casas espíritas em busca de pistas do espírito que, para eles, não passa de uma besta-fera que deve ser destruída.

O outro agente, então, reiterou.

— Seu ódio não tem limites. Durante anos viveram assombrados e amedrontados. Agora têm a oportunidade de retaliação através da vingança.

Sentíamos o ar à nossa volta tornar-se cada vez mais pesado. A multidão gritava agora algum mantra de guerra que não conseguíamos discernir. Uma espécie de fuligem foi caindo levemente na escuridão da noite, sobre a região em que estávamos. Era hora de partirmos. Não pertencíamos àquele odioso lugar.

Antes de irmos, olhei ao redor uma última vez, fixando bem as características daquele local. Os abismos pareciam não ter fim e, entre uma ou outra planície, o terreno acidentado e cavernoso estendia-se pelas profundezas até ser engolido pela escuridão.

Retornando pelo mesmo caminho que viemos, demoramos o dobro do tempo para chegar à nave. Nosso peito queimava e arfava tamanha era a dificuldade de respirar. Sujos, cansados e silenciosos colocamo-nos em nossos lugares. Era o momento de vigiar e orar como recomendara-nos o mestre.

Keila, então, retirou a mão de minha testa. Todas essas memórias me haviam sido repassadas em poucos segundos. Sabia agora como eram os reinos inferiores. Sentia-me como se estivesse estado lá e, se antes estava apenas insegura, agora estava apavorada e temia o pior. Nunca havia presenciado agremiações unindo-se contra casas espíritas e não sabia o que esperar.

— Rubens e Marly estão sendo avisados da mesma forma que eu a avisei. Aos poucos, as casas espíritas vão sendo comunicadas sobre esses novos intrusos, que provavelmente lhe baterão à porta ou sorrateiramente espionarão seus trabalhos — disse Keila.

— Quando virão? Será que já podem estar aqui?

— Estamos transmitindo essas notícias em primeira mão. Quando saímos de lá, ainda se reuniam. Estão deliberando sobre a melhor forma de executar seus planos. Poderão demorar meses até que cheguem aqui.

— Mas, Keila, o Amor e Luz é uma grande obra. Talvez por isso venham aqui mais rapidamente.

— Talvez sim, talvez não. Lembremos, Célia, de que qualquer situação que vivenciamos em nosso dia a dia é palco para a manifestação da justiça divina. Por mais que nos assustemos com esse momento, que nos parece ameaçador e sombrio, lembremo-nos de que a crise também serve para a corrigenda e o progresso. Não devemos ter medo, irmã. Devemos ter fé de que essa busca por Tomas, empreendida por essa multidão, faz também parte de um plano divino. Fazer nossa parte e dar o melhor de nós é um dever, pois Deus sempre agirá através de seus filhos.

Os agentes não poderiam se organizar e irem até lá para confrontar esse grupo enlouquecido e tolher as intenções dele e acabar com essa rebelião à força? Poderiam prender o líder e trazê-lo à doutrinação.

— Será que essa é a melhor tática a seguir? Será que, de nossa parte, o confronto será melhor do que lhes abrir as portas para que conheçam nosso trabalho? Não será melhor que tomem conhecimento do que fazemos antes de optarem por se voltarem contra nós? Nem sabemos o que pretendem fazer. Na realidade, a única certeza que temos é que não querem atacar a doutrina espírita. O objetivo deles é encontrar Tomas. O que fazemos aqui, para eles, é irrelevante. Por isso, devemos aguardar.

Havia realmente ficado impressionada com as questões envolvendo Tomas e seus inimigos, demonstrando o tamanho de minha falta de fé na Espiritualidade Maior, descreditando no poder da justiça divina sobre todos nós, negando a onisciência e onipresença de Deus na vida de cada ser, cada partícula presente no Universo.

Havia aprendido tanto sobre a Lei de Causa e Efeito e, na hora de pô-la em prática, falhara grandemente. Concentrando-me, enchi-me dos fluidos benéficos do ambiente em que estava. Recompus-me mentalmente e, em silêncio, roguei forças aos mundos elevados. Decidi que não mais me preocuparia com essas questões. Ainda havia muito trabalho a ser feito junto a Marlene, Clarisse, Tomas e seus pais. Devia me concentrar no que era mais urgente no momento e que demandava minha atenção em particular.

Realmente não estava preparada para as visões de Keila e, de qualquer forma, já havia conhecido uma terrível tragédia que acontecera comigo anos antes, ao desencarnar atropelada com apenas 16 anos. A tragédia de Tomas era apenas mais uma que vivenciava.

Poucos dias depois, recebemos a notícia de que Tomas, finalmente, reencarnara. Torcíamos muito por ele nesse difícil processo pelo qual passaria. Rogava todas as noites para que os anjos o amparassem pelos próximos meses, já que sabia que o aborto não tardaria a acontecer.

Quando a jovem mãe descobriu a gravidez, já estava com seis semanas. Levadas até sua residência, Keila e eu notamos imediatamente que era difícil para Tomas manter-se no útero da mulher, e víamos que a compatibilidade entre seu novo corpo e o corpo de sua mãe ficava cada vez menor.

A moça sentia-se mal. Sua pressão oscilava. Seu corpo físico, a todo custo, tentava manter a vida do feto. Tomas, a seu turno, debatia-se dentro do mísero corpo fetal de que dispunha, ávido pelos fluidos animais que absorvia da mãe, ao mesmo tempo em que lhe intoxicava os órgãos e tecidos, gerando nela cólicas e enjoos repentinos. A luta pela vida processava-se nos dois planos da existência e, para nós, era uma visão dolorosa, pois nem mãe nem filho tinham consciência da extensão de suas provações.

O corpo físico da mãe não conseguiria reter o organismo de Tomas com equilíbrio e segurança por mais de dez ou onze semanas.

Keila, eu e Celi participávamos nos dias em que realizavam o Evangelho no Lar. Aproveitávamos para dar passes reconfortantes na mãe, em seu companheiro e também no bebê, sempre auxiliadas por entidades venerandas responsáveis pelo caso em particular. Também fluidificávamos uma garrafa de água especialmente colocada na sala de estar com esse propósito.

Era um bálsamo para aquele lar a oportunidade de estudo da doutrina espírita. Víamos os pais de Tomas como amigos porque eles continuavam a nos visitar no mundo espiritual, pois o caso exigia atenção. Por mais doloroso que fosse, seus pais deveriam estar preparados para os eventos que se seguiriam.

De certa forma, a bela mãezinha fazia uma espécie de pré-natal espiritual, sendo acompanhada pelas entidades venerandas. Mesmo antes de a gestação iniciar, o casal já havia sido avisado de que essa primeira gravidez seria temporária e que, após os tormentos dessa primeira provação, a segunda gestação seria um sucesso. Ainda assim, os jovens conservavam esperanças sinceras de que a gestação de Tomas iria até o fim, e que esse primeiro filho fosse se desenvolver normalmente. Houve um sentimento de melancolia presente entre o casal, fruto de um conhecimento adquirido no mundo espiritual durante a madrugada, mas que, em vigília, não conseguia mensurar: seu primogênito não iria vingar, não daquela vez.

Aproximando-se dos três meses de gestação, as crises na jovem mostraram-se mais intensas. O feto intoxicava-a cada vez mais com seus fluidos deletérios, e a incompatibilidade dos organismos envolvidos chegava ao ápice suportado pela biologia terrena. A ocorrência da má-formação fetal era notória e fazia parte da oportunidade de reparação concedida à família. Tudo havia sido programado pela espiritualidade superior como o melhor caminho para o reajuste de todos.

O casal foi chamado durante o sono noturno para uma conversa franca. Foi relembrado de que a gestação estava próxima do fim e que não deveria desanimar nem se entristecer em demasia, pois, o que parecia ser uma tragédia, era, na verdade, o melhor caminho para que a próxima gestação fosse um sucesso. A má-formação do feto era a garantia de que na próxima gestação, dali a alguns meses, ele gozaria de saúde perfeita.

O casal entendeu as palavras da veneranda entidade, que, calmamente, explicou esses pormenores da situação. No entanto, mãe e pai não conseguiram disfarçar a dor que tal notícia lhes causou. A jovem, chorando, concordava com tudo que lhe era dito e, de mãos dadas, o casal retornou ao corpo físico.

No dia seguinte, após um sangramento ocorrido logo de manhã, Tomas retornava ao mundo espiritual. Já não aparentava mais aquele ser bizarro e inumano de antes. Sua constituição física havia se humanizado, e ele se revelou um belo jovem de constituição forte e robusta. Revimos Tomas apenas em uma única oportunidade, enquanto dormia profundamente, em êxtase, aguardando nova oportunidade de retornar à carne.

— Ele não vai acordar? Vai dormir até ser religado ao seu novo corpo físico? — perguntei à entidade veneranda.

— No momento, ele recupera-se do sofrimento pelo qual passou. Os fluidos maternos regeneraram-lhe o corpo, restaurando-lhe a humanidade perdida. Para Tomas, a recente tentativa de retorno à vida material foi dolorosa e até traumática. Devemos auxiliá-lo para afastar de seu íntimo essa má impressão. Agora ele está em estado intermediário de consciência e recupera-se. Seu perispírito foi curado das transformações impostas por hábil magnetizador no passado e agravadas por ele mesmo posteriormente. Mas sua mente ainda conserva-se viciada e degenerada.

"Ao acordar, ele ainda terá os mesmos pensamentos e desejos do vampiro de antes, e incorremos em novo risco de perdê-lo. Será mantido em sono profundo até sua mãe apresentar condições psicológicas e estar apta para recebê-lo em outra gestação".

— Ele não tem consciência de nada?

— Desde que foi ligada ao feto, sua consciência permanece sublimada, e tudo ao seu redor parece um sonho ou pesadelo. Durante sua gestação, viveu uma série de tormentos, motivados pela culpa, e várias imagens do passado o atormentaram. No momento, percebe a realidade de maneira sutil. Sabe apenas que descansa e, em breve, viverá uma nova experiência na Terra. Se você se concentrar, Célia, poderá até comunicar-se mentalmente com ele.

Impressionadas com as palavras da nobre entidade, Keila e eu observamos Tomas por mais alguns minutos. Fechamos os olhos por um momento, fixando-o mentalmente para perscrutar a consciência dele e nos conectarmos a ele. Aos poucos, fui sentindo-o e, apesar de ele não dispor naquele momento de pensamento ativo, pude sentir-lhe a alegria e a esperança de que tudo daria certo. Tomas mostrava-se incrivelmente esperançoso.

5
Ponte entre mundos

Maurício tinha uma rotina. De segunda a sexta levantava-se no mesmo horário, arrumava-se, tomava calmamente seu desjejum e seguia para o trabalho. Após o expediente de oito horas, iniciava seu segundo turno de trabalho, porém, desta vez, não o trabalho material, que garantia seu sustento, mas o trabalho espiritual, que lhe garantia méritos, e era realizado na casa espírita.

Maurício era médium. As companhias espirituais em sua vida eram constantes, estava acompanhado quase 24 horas por dia, e raramente ficava só.

Ao lado dele era muito comum a presença de um senhor maduro, desencarnado, de nome Núbio, a lhe tutorar os passos. Esse espírito acompanhava-o em período quase integral, e não raro guiava o rapaz em atividades diárias. O pensamento de Núbio era como um raio, uma corrente elétrica que estimulava o cérebro de Maurício, misturando-se às correntes elétricas de seus neurônios e mesclando-se aos seus próprios impulsos mentais.

E foi Núbio que, certo dia, mamãe e eu procuramos para uma franca conversa sobre o andamento de nosso projeto Clarisse/Marlene. No entanto, entre os espíritos mais experientes e portadores de certa evolução moral como Núbio e Celi, a comunicação dava-se em nível mental, muito acima de minha compreensão. De modo que, quando chegamos ao encontro do mentor, o assunto que buscávamos resolver já estava em franca resolução.

— Nobres damas, é uma honra estar na presença de vocês. Tão elevados motivos as trazem aqui que fui compelido a dar-lhes total apoio em seu intento. O despertar do entendimento espiritual em Marlene não pode ser ignorado e sua busca espiritual precisa frutificar! Contem com meu apoio e o de Maurício também, para o encaminhamento dessa sublime e importante mensagem.

— Muito obrigada, Núbio — disse mamãe. Esta é Célia, minha filha de outras existências, de quem lhe falei. Será ela a responsável por transmitir o recado à encarnada por meio de seu pupilo.

Cumprimentei o simpático espírito com um aperto de mão. Ele, segurando minha mão entre as dele, passou a falar-me sem sequer mover os lábios.

— Entenda, querida Célia, hoje começará para você uma nova etapa em seu desenvolvimento. Dê asas aos seus pensamentos, pois deve aprender a comunicar-se em âmbito mais elevado. Seu corpo físico se foi, e a imagem que vemos um do outro não passa de uma ilusão provocada por uma humanidade que não mais nos pertence. Torne-se espírito, Célia. Você é energia pura, portanto, quando for falar a Maurício, os ouvidos dele não ouvirão o que seus lábios disserem, mas a mente registrará os pensamentos endereçados a ele.

Sim, eu sabia disso, já havia visto esse fenômeno várias vezes. Só que agora minha posição era diferente. Tinha uma mensagem a transmitir. Mamãe a tudo via, silenciosamente, acompanhando minhas reações.

— Já fez isso antes, Célia? Mesclar seus pensamentos aos de um encarnado?

— Nunca! Me parece um tanto invasivo incorrer no risco de interferir na vida alheia, no livre-arbítrio do outro. Pelo menos é o que penso.

Núbio abriu um sorriso e pôs-se a dar explicações.

— Maurício e eu temos uma amizade de longa data. Já estivemos reencarnados juntos em mais de uma ocasião. No entanto, em nossa última existência, na Europa, segui pelos caminhos sinalizados pelo Espírito de Verdade através da doutrina espírita, enquanto Maurício enveredou por outras trilhas, moralmente menos edificantes. Nossas filosofias de vida tornaram-se radicalmente diferentes.

Maurício não era ignorante da doutrina dos espíritos, mas não se disciplinara em seus ideais, apreciando apenas sua beleza estética e, ao nos reencontramos no mundo espiritual, após a desencarnação, pediu-me auxílio para a nova oportunidade de vida que lhe surgia. Optei por auxiliá-lo, mas não no mesmo plano existencial.

Minha posição é como a de um vigia, que do alto de um monte ou edifício visualiza melhor e em amplitude o que há abaixo e ao longe, apontando a melhor direção a ser tomada. Ora, posso apenas mostrar a Maurício o melhor a fazer, dentro de tantas possibilidades que para ele se descortinam, mas, efetivamente, é ele quem dará os passos no caminho que escolher.

Seu ponto de vista era dos mais interessantes.

— Mas será que haverá sintonia entre nós dois? Tenho visto na casa espírita muitas entidades ansiosas por comunicar-se mas que, na prática, não angariam recursos nem equilíbrio para fazê-lo, amealhando dificuldades na utilização do aparelho medianímico. E, ao fim, quando conseguem superar os obstáculos próprios de tal fenômeno, sintonizando suas vibrações com as do médium, não logram mais do que curtas comunicações, que rapidamente esgotam os fluidos animais destinados a tal. Não corro esse mesmo risco?

— Célia, existem casos e casos. Cada situação merece uma análise própria e, a respeito da sintonia que há entre encarnados e desencarnados, você, provavelmente, conhece a resposta devido à experiência que já apresenta. Sintonia diz muito mais respeito ao quanto você está disposta a colaborar com determinada situação do que qualquer outra coisa. Por acaso você seria capaz de aliar-se a alguém com quem não compartilha as mesmas ideias? Auxiliaria alguém que a contraria em seus atos? Procuraria como companhia uma pessoa que a ignora e não tem por você nenhum apreço? Sintonia tem a ver com troca, comunhão, fraternidade.

"Nessa fase inicial de nossa análise sobre a sintonia, não julgaremos o propósito dessa comunhão de ideais. Falamos apenas de identificação. No entanto, há no intercâmbio de forças uma série de barreiras que os encarnados enfrentam, como as preocupações cotidianas, a ansiedade, a alimentação, o cansaço, o animismo, o uso de medicamentos, a concentração e muitos outros fatores que se interpõem no sucesso desse encontro entre mundos.

Mas como o foco de nossos comentários é a relação que haverá entre você e Maurício, digo-lhe, Célia, que ele já possui larga experiência neste âmbito e já superou todas as barreiras que poderiam prejudicar o intercâmbio. Os sentidos dele podem ampliar-se de modo que até sua respiração ele é capaz de ouvir e sentir, isso lhe garanto. No caso da psicografia, diferentemente da psicofonia, um pensamento que lançar, nobre irmã, será capaz de alcançar a mente de Maurício com relativa facilidade, bastando apenas que esteja concentrado nesse propósito para captá-lo.

Não quero que se preocupe com o aparelho medianímico. Preocupe-se em transmitir-lhe bem o recado, esqueça a captação e concentre-se na emissão. Interprete bem as palavras de sua amiga, traduza os sentimentos dela quando ler a carta. Você deve acreditar no que lê, pois Maurício, absorvendo-lhe as emoções e os pensamentos, será um instrumento muito mais habilidoso. Se houver confusão em sua mente, ele reproduzirá no papel uma mensagem igualmente confusa e incerta".

— E ele será capaz de captar integralmente meu pensamento ou traduzirá a essência muito mais do que as palavras?

— Ora, você sabe que nas tarefas de intercâmbio, a correspondência entre as mentes nunca é idêntica, mas fique sossegada, ele é muito coerente como o que repassa ao papel e possui enorme acerto intelectual. Sua mensagem será reproduzida o mais próximo possível do original, desde que você, minha irmã, a transmita com retidão.

Nesse instante, mamãe interferiu em nosso diálogo.

— Célia, não seja indelicada.

Envergonhada, baixei o olhar.

— Desculpe-me, mas é que para mim essa comunicação será uma grande novidade e quero me informar o máximo possível para não ser pega de surpresa.

— É natural — disse Núbio sorridente — relaxe e aguarde. Durante o sono noturno de Maurício, irei apresentá-los. Outros também precisam falar-lhe. Que tal esta noite?

Em uníssono, mamãe e eu concordamos.

E, então, durante a madrugada, retornamos à casa espírita onde aconteceria a reunião de psicografia pública. Quando chegamos, havia cerca de vinte entidades aguardando Maurício para esclarecimentos e, avistando Núbio, tratamos de ir ao encontro dele.

— Nossa! Muitos espíritos irão escrever, não é?

— Nem todos que estão aqui hoje vão escrever, a maioria é formada por acompanhantes. Ainda faltam vários comunicantes, que não apresentaram condições de estar aqui hoje. Maurício logo virá, mas vocês podem aguardar no salão.

Enquanto aguardávamos a chegada do médium, fiquei a observar os outros que, assim como nós, também o esperavam: uma mulher desencarnada havia pouco tempo, acompanhada de dois homens, o marido e um irmão, igualmente desencarnados; um jovem acompanhado de uma mulher mais madura e um homem rude e inquieto, cerceado por três espíritos que, apesar de próximos a ele, pareciam fazer-lhe guarda. Vidas tão diferentes entre si mas com um objetivo em comum: comunicar-se com os encarnados que já não estão entre eles.

Passados cerca de dez minutos, eis que vemos um rapaz cruzar o salão acompanhado por Núbio e colocando-se onde normalmente ficaria o palestrante em dias de reunião pública. Virando-se para nós, chamou-nos a atenção.

— Boa noite, pessoal! Venham, sentem-se nas primeiras fileiras.

E fomos todos.

— Meu nome é Maurício, e é um prazer conhecer vocês. Rogo forças ao nosso Mestre para que eu possa atender as expectativas de cada um vocês. Sei que não é fácil para vocês estarem aqui hoje e, da mesma forma, para mim, por isso, não percamos tempo.

Desinibido e falastrão, Maurício encantava-me com seu jeito despojado. Mostrava uma maturidade que ainda não havia visto entre os encarnados desdobrados. Alegre e disposto, sua lucidez era impressionante e, se não fosse pelos tenuíssimos fios que o ligavam ao seu corpo físico, poderia jurar que era um desencarnado.

Maurício sentou-se sorridente. Núbio estava calado ao seu lado. O rapaz iniciou uma curta entrevista com cada um de nosso pequeno grupo. Vi que sua intenção era criar uma empatia com cada comunicante e, aos poucos, Maurício foi criando laços com cada espírito presente e, para cada um, tinha uma palavra afetuosa.

— E você deve ser a Célia, certo? Núbio falou-me a seu respeito. Achei linda sua atitude, intercedendo a favor de sua amiga, que tanto sofre com a distância da família que ficou no plano físico.

— Temos nos esforçado pela sua recuperação e não medimos esforços pela sua melhora. Estamos fazendo o que podemos.

— Os casos em que desencarnados vêm trazer recados de outros, incapacitados de falar, não são tão raros. Qual o nome de sua amiga que a fez portadora de sua mensagem?

— Clarisse.

— Desencarnou por acidente, assassínio ou doença?

— Doença grave.

— Já sabe se alguém estará aqui para receber a mensagem?

— Sua mãe virá, acredito que apenas ela.

— Mostra-se revoltada com a morte da filha?

— Acredito que não. Ela é espírita agora e, pelo que vemos, parece consolada, consciente da transitoriedade da vida e da continuidade da existência.

— Excelente notícia! Que dádiva! Pessoas assim nos dão mais ânimo para o trabalho!

— Mas... E você, Célia? Já escreveu aos seus entes queridos?

— Ah, não... É uma situação delicada. Minha família não é espírita e, além disso, estão do outro lado do país!

— Como se sente, Célia, transmitindo o recado de sua amiga?

— Bem. Sinto que estou fazendo o certo. Clarisse é como uma irmã caçula e, vendo-a sofrer, sofro junto. Quero o melhor para ela.

— Existe alguma possibilidade de ela vir escrever?

— Está revoltada. Não aceita a separação dos seus e tem muita saudade. Mostrou interesse em escrever, mas não apresenta o equilíbrio necessário para reencontrar a mãe, dizendo várias vezes que, se a visse, retornaria ao lar na companhia da genitora.

— Eu entendo, não precisa dizer mais nada. Iremos orar muito por ela.

Durante mais alguns minutos, Maurício conversou com nosso grupo, inclusive contando histórias inusitadas de suas psicografias. Por fim, em tom mais sério, passou-nos as últimas recomendações.

— Agora iremos nos encontrar apenas no dia destinado à psicografia. Alguns outros desencarnados não puderam vir, mas deverão estar aqui no dia. Espero vê-los até lá. Da próxima vez em que nos encontrarmos, Núbio repassará a todos como devem se comportar, porém, de antemão, digo: O silêncio é uma prece!

Ao auxiliar Clarisse em sua comunicação com a mãe, eu estava aprendendo muitas coisas novas. O conhecimento que estava adquirindo no trabalho de auxílio era enorme.

Lembrei-me de quando havia utilizado o aparelho medianímico de uma mulher na primeira casa espírita em que trabalhei. Na época, fui muito auxiliada e, com o perispírito restaurado pude, a partir dali, recuperar o acesso às minhas memórias "perdidas". Após esse fato, nunca mais me arrisquei à utilizar a passividade mediúnica.

Vivenciaria nova oportunidade de intercâmbio através de novo aparelho mediúnico, mas, dessa vez, a situação invertia-se e, em vez de receber, eu iria doar. Notava certo progresso pessoal a favor de minha evolução. Já não era mais a entidade passiva de antes, tornara-me espírito ativo, não apenas nas lides da desobsessão, mas dava meus primeiros passos como futura missionária e, tudo o que estava fazendo por Clarisse e Tomas serviam-me como uma espécie de graduação, onde aprendia muito sobre os outros, mas muito mais sobre mim mesma.

O longo caminho que ainda havia de percorrer a favor de minha melhora moral não me impedia de auxiliar já e, da mesma forma que inúmeros espíritos eram moralmente superiores a mim, muitos mais me eram moralmente inferiores e, para esses, eu poderia ser uma pequena luz.

215

Sentia-me cada vez mais útil e feliz comigo mesma. Enquanto nas reuniões de desobsessão eu conhecia tantas entidades que se viam perdidas e sem perspectiva futura, eu, ao contrário, enxergava muitas oportunidades de trabalho e aprendizado. As situações iam aparecendo, e eu deixava a Espiritualidade Maior trabalhar, sem me afobar. As oportunidades surgiriam, solicitando minha atenção imediata.

Sabia que o caso de Clarisse e Tomas não havia surgido ao acaso e sempre me lembrava das palavras de nosso irmão André Luiz: "Quando o servidor está pronto, o serviço aparece". Tal frase era meu maior consolo e fazia serenar meu coração.

Retornei ao lar, junto de mamãe, com a consciência leve. Aparentemente não haveria problemas quando chegasse o momento de enviar a mensagem com o auxílio de Maurício. Se as palavras de Rubens se confirmassem, minha boa vontade, aliada à boa vontade do médium, garantiriam nossa comunicação mental para o que fosse necessário.

Não nego que, intimamente, havia grande ansiedade, e cheguei a imaginar-me, na época, escrevendo livros, romances e poesias. Só depois entenderia o quanto esse processo era complexo e o quanto era difícil encontrar médiuns aptos a exercerem a disciplina que tal tarefa exigia.

Enfim, no dia seguinte retornei às atividades no Amor e Luz. No entanto, por esse tempo, minha cabeça começava a mudar um pouco. Acredito ter sido por conta das várias experiências novas que vivenciei, visitando constantemente a crosta, a mudança de ambientes e a visão de Keila, revelando-me outra dimensão. Esses fatos reunidos foram me deixando curiosa sobre a vastidão do mundo em que habitávamos. Não digo apenas o mundo físico, com seus vários países e culturas, mas também o próprio mundo espiritual.

No dia a dia da casa espírita via entidades que vinham de níveis dimensionais muitos diferentes do meu e ainda de outros orbes. Era comum. Infelizmente essa oportunidade de viajar por aí ainda não me havia sido proporcionada, por eu não apresentar condições, materializada como estava e não ter méritos para tal.

Vivia no fio da navalha, pois ainda podia perder-me nos abismos do vício e da destemperança. Facilmente deslumbrava-me e, por isso, mantinha-me em "regime".

Sentindo-me especialmente equilibrada nessa época, aproveitei o momento oportuno para conversar com mamãe. Sabia que papai e Keila estavam ocupados em várias atividades que envolviam viagens astrais no mundo espiritual e visitas ao plano material, e quis iniciar um franco diálogo, intentando minha própria "libertação".

Meu relógio interior marcava o tempo de nova mudança íntima. Sentia-me preparada para novas experiências, mas tinha receio de como mamãe interpretaria minhas palavras. Será que me julgaria preparada ou, assim como minha mãe terrena, me via como uma eterna criança? Acercando-me dela, mesmo sem dizer nada, ela já me conhecia os mais íntimos pensamentos e, me olhando ternamente, acariciou-me os cabelos, pondo-se a falar.

— Existe um manancial de vida dentro de cada um de nós, Célia. Uma fonte de força inesgotável que nasce em grandes torrentes e que precisa seguir em frente, para alimentar o caudaloso rio da existência. É assim que enxergo seu íntimo, filha. Aos poucos, você tem galgado os degraus da própria evolução, e tenho muito orgulho de você.

"Na Terra, na última vez em que estivemos encarnadas juntas, deveria ter-lhe acompanhado melhor os passos, pois sabia que lhe faltava a paciência e a temperança. Agora, tantos anos depois, vejo que está conseguindo conquistá-las. Sabia que chegaria o momento em que me procuraria, não mais como aquela garotinha tímida e obediente, mas como uma mulher consciente de si e ávida por descortinar esse imenso mundo que há à nossa volta. Acho que esse dia chegou, não é mesmo?"

Respondi apenas com um sorriso.

— Não precisa dizer nada. Sei que deseja libertar-se, conhecer lugares novos e folgo em dizer: você conquistou muitos méritos para isso. Procure Marly, diga-lhe o que deseja, e ela a auxiliará.

217

O que pensei que seria um cansativo diálogo, onde discutiríamos sobre os prós e contras de minhas intenções, acabou por tornar-se um monólogo a meu favor. Havia repassado mentalmente um diálogo entre eu e mamãe, imaginando as possíveis reações que ela poderia ter, mas de modo algum chegara tão próxima do que foi a realidade.

Sentia-me aliviada e animada para essa nova fase que iniciaria em minha vida. Quando encontrei Marly, logo trarei de lhe falar sobre os pensamentos que me animavam.

— Instrutora, preciso falar-lhe imediatamente sobre um assunto pessoal e que, para mim, é da mais alta importância!

— Ora, quanta formalidade! O assunto deve ser mesmo sério. Vamos até uma das salas de reunião, assim você poderá ficar mais à vontade.

E, estando a sós com Marly, movida por uma ansiedade que me queimava a alma, pude falar-lhe sobre minhas intenções.

— Venho a pedido de mamãe, que me aconselhou a procurá-la. Desde que cheguei ao Mundo Espiritual, tenho sido conduzida a diferentes atividades edificantes, envolvendo sobretudo o estudo e o trabalho, e nunca deixei de fazer o que fora indicado como o melhor para mim. Tenho me esforçado imensamente e julgo dar o melhor de mim em tudo o que faço.

— Certo, concordo...

— Mas, Marly, ultimamente tenho estado em contato com várias entidades advindas de muitos lugares e estou envolvida em muitas atividades diferentes. Tenho conhecido novos lugares e vivido inúmeras experiências ao lado de Keila, mamãe e Demétrius. Tenho vivido tão novas e maravilhosas experiências, como quando saí da cidadela e mudei para cá, que tenho despertado para a imensidão do mundo em que vivemos, tanto o mundo físico quanto o mundo espiritual.

Gostaria de ver mais coisas, de conhecer novos lugares, novas culturas. Eu entendo que até pouco tempo atrás eu não apresentava condições para isso, não tinha o equilíbrio necessário, muito menos méritos, mas sinto que melhorei. Pacientemente tenho estudado, trabalhado e esperado.

Estava nervosa, meu coração batia acelerado e minhas mãos estavam úmidas. Marly aproximou-se e colocou suas mãos sobre as minhas.

— Célia, fique tranquila. Eu entendo o que diz, existe muita justiça em suas palavras. Você tem sido uma ótima garota, portanto, não se preocupe. Acalme-se que tudo trabalha a seu favor!

As palavras de Marly eram um bálsamo para meus ouvidos. Já me via viajando, conhecendo o mundo, visitando dimensões para mim inéditas e até outros orbes quando a instrutora chamou-me de volta à realidade.

— Com certeza, Célia, você irá usufruir de tudo o que deseja, e muito mais. No entanto, é fundamental que cumpra com certos deveres assumidos. No caso de Clarisse, auxilie-a, para que sua mensagem consoladora chegue às mãos de sua mãe e, com relação a Tomas, acompanhe os próximos acontecimentos referentes à sua nova encarnação, apreendendo essa lição do começo ao fim. Assim, estará livre para tomar quaisquer decisões sobre que rumo tomará em sua vida.

"Nesses anos em que está em nossa dimensão, tem conquistado muitos méritos que a abonam, através de muito trabalho, em favor de teus projetos futuros.

— Isso é ótimo! Nunca pensei que esse assunto fosse ser encarado de forma tão natural. Pensei que teria tolhida minha liberdade, sendo considerada uma rebelde ou algo que o valha.

— Minha filha... Somos todos espíritos livres! Sua liberdade foi conquistada à custa de muita dedicação em prol da causa cristã. Se não fossem pelos estudos da doutrina espírita e, principalmente pelo trabalho, amparado pelas diretrizes do Evangelho do Mestre, você não teria realizado tamanho progresso em tão pouco tempo.

"E, de outra forma, qual de nós podemos nos considerar perfeitos? Ainda conservamos dentro de nós grandes doses de rebeldia e atraso moral, e, independentemente disso, somos muito úteis aos desígnios divinos. E, mesmo não sendo perfeitos, temos nosso valor. Você tem a minha bênção para qualquer decisão que tomar, confio muito em você, Célia. Rogo para você as melhores disposições. Já sabe o que irá fazer?"

— Por enquanto não tomei nenhuma decisão. A carta de Clarisse será transmitida em breves dias, e Tomas ainda demorará alguns meses para retornar ao ventre materno. Não tenho nada programado após isso, mesmo porque nem sei por onde começar. Infelizmente, aqui não temos agências de viagem!

E rimo-nos da observação. Após o feliz diálogo, retomei normalmente minhas atividades, sem imaginar que um crescente mal estava cada vez mais próximo do nosso querido Amor e Luz.

6
Herança maldita

Era uma tarde fresca de final de verão quando os espíritos começaram a chegar. No fim de tarde, o Amor e Luz já apresentava grande trânsito de entidades, e imaginei que fosse em decorrência do período de festas carnavalescas.

Os vícios desvairados de muitos de nossos irmãos desencarnados acabavam por lotar nossas enfermarias, e tínhamos muitas comunicações programas para a noite de quarta-feira de cinzas. O mundo espiritual apresentava-se muito mais tumultuoso do que a esfera física. Como frequentemente acontecia nesses casos, alguns trabalhadores extras foram deslocados de outros postos de trabalho, sobretudo na colônia, incorporando-se ao contingente do Amor e Luz. Às despreocupadas percepções dos encarnados, tudo transcorria na mais costumeira normalidade.

Após o início da reunião, aberta por uma bela prece proferida por Rubens através de um dos médiuns da casa, as entidades comunicantes foram posicionadas junto aos respectivos médiuns que lhes serviriam de aparelho, dando-lhes passividade e, um a um, foram transmitindo os recados, basicamente conclamando-nos à paz e à harmonia em um período tão perturbador, enquanto dois médiuns psicógrafos escreviam avidamente sob influência de uma fila de desencarnados com muitas histórias para contar.

Transcorria a reunião de forma pacífica quando vi os portões inferiores sendo abertos. Alguns agentes foram trazendo entidades revoltosas e preparando-as para o choque anímico de logo mais. Demétrius trazia um estranho visitante pela porta principal, que imaginei ter vindo da rua, como acontece às vezes.

A entidade, de negro aspecto, mostrava-se irritadiça, inquieta e barulhenta, ansiando por transmitir algum recado. Espíritos similares são famosos por escarnecer do grupo mediúnico e da casa espírita quando algum encarnado lhes garante a passividade para a doutrinação e, seguro pelo agente, dentro de sua inquietude, parecia procurar alguém entre os presentes.

De imediato, pus-me de prontidão para acatar a solicitação de Demétrius.

— Boa noite! Quer levá-lo pessoalmente até a mesa?

A criatura olhou-me indiscretamente de cima a baixo, lascivo e mal-intencionado, resmungando-me obscenidades. Desviando o olhar, encarei meu amigo agente constrangidíssima.

— Eu mesmo o encaminharei ao choque anímico. Um dos médiuns já foi designado para essa tarefa. Vá, ignore-o e não entre em sua faixa vibratória — decidiu Demétrius.

E Rubens, que já aguardava a visita da entidade, sinalizou para que a equipe de auxiliares amparasse Demétrius em sua tarefa.

O irritadiço foi levado à presença do médium, e a expectativa geral era de que o choque anímico, juntamente com a potente doutrinação, lhe modificassem a maneira de perceber a realidade. Quando Demétrius retornou, perguntei quem era tal indivíduo.

— Primeiramente, perdoe-me pelas ofensas que recebeu. Ele esteve nos assediando nos últimos dias. Queria entrar, conhecer a casa, mas, com pôde perceber, ainda é portador de profundos desequilíbrios. Recebemo-lo hoje para o tratamento de desobsessão e outros cuidados na enfermaria.

Mesmo envolvida na organização da entrada e saída dos espíritos, consegui prestar atenção no que dizia o atormentado ser.

— Vocês não sabem como é aqui! Vocês não fazem ideia de como são os abismos profundos de onde vim, mas vocês abriram suas portas para mim e, por isso, agradeço. Mas minha liberdade tem um preço, tem um custo. Eles não vão me deixar impune a troco de nada!

Ditas essas palavras, sem ao menos haver um preparo prévio sobre o assunto ou ao menos apresentar-se, um dos doutrinadores rapidamente pôs-se na presença do espírito.

— Boa noite, meu irmão. É um prazer recebê-lo em nossa casa e estamos aqui para auxiliá-lo no que pudermos. Aqui é uma casa simples onde buscamos praticar os ensinamentos do evangelho cristão, por isso, queremos que se sinta bem e se acalme, você está entre amigos agora, e aqui é totalmente seguro.

Por mais que o médium não reproduzisse de maneira fiel as feições do espírito, notei que a expressão "aqui é totalmente seguro" impressionou imensamente a entidade, que, amenizando o tom de voz, continuou.

— Tenho uma missão a cumprir antes de me entregar a vocês.

— E qual seria essa missão, meu irmão?

— Procuro um homem que também é um lobo! O homem-lobo! Preciso achá-lo! É o preço pela minha alma! Me auxiliem!

Tal foi o susto ao ouvir as palavras do infame que não segurei a forte emoção e, olhando para Demétrius, que impassível a tudo assistia, senti sua mão segurar a minha firmemente, pedindo silêncio. Lágrimas nervosas desciam pelo meu rosto enquanto recordava-me da tenebrosa visão que Keila havia compartilhado comigo. O medo tomava conta de mim.

— Meu irmão, como encarnados não poderíamos saber do paradeiro de tal espírito, mesmo que tivesse passado por aqui. Esta é uma casa cristã espírita que trabalha sob as orientações do Espírito Verdade, e nosso dever é acolher, proteger e esclarecer a todos que batem em nossas portas.

— Ora, como querem proteger-me se não podem sequer dar a chave que me libertará do cárcere?

— A chave de seu cárcere está dentro de você. Quando entender o significado das palavras de Jesus: "Eu sou o caminho, a verdade e a vida. Ninguém vai ao Pai senão por mim", você, então, a possuirá. O Cristo é o caminho que nos liga a Deus, o poder supremo do Universo!

223

Mostrando-se confuso, o espírito refletia sobre as palavras do doutrinador. Seu corpo perispiritual absorvia avidamente os fluidos anímicos provenientes do médium, que passaram a animá-lo. Calando-se, tomado por novas disposições, modificava a maneira de pensar. Enquanto ia sendo desligado do médium, o doutrinador agradeceu-lhe a visita rogando-lhe bênçãos do Mais Alto. O ser, agora calmo e sonolento, não esboçando antipatia ao auxílio da equipe espiritual, deixou-se levar. Seria encaminhado para uma das camas da enfermaria montada no recinto, visando à recuperação dos "enfermos espirituais".

Meu pensamento não se desligava de Tomas. Os rastros de sua passagem estavam sendo procurados, em cada casa espírita. Um desses seres estava aqui, ansiando por libertar-se do domínio do mal a troco de qualquer informação do paradeiro do vampiro.

Ao cruzar por mim a caminho da enfermaria térrea, ele encarou-me e, vendo-me ainda chorosa, parecia adivinhar meus pensamentos mais íntimos e lançou-me mentalmente o nome Tomas, que ecoou em minha mente. Nesse instante, visualizei várias imagens do antigo vampiro.

Notei que o ser assustara-se ante minhas visões e entendi que, sem querer, entregara a ele a verdade: conhecia Tomas e sabia de seu paradeiro. Terrível pavor percorreu-me o corpo e minha espinha gelou. Por culpa minha, Tomas havia sido descoberto. O estranho ser começou a balbuciar de maneira desagradável:

— Ela conhece o lobo. A ninfetinha é amiguinha dele...

Estava abalada pelas observações maliciosas do espírito, que, levado até um dos leitos, adormeceu profundamente.

Novamente grossas lágrimas rolaram pelo meu rosto. Soluçando em choro compulsivo, corri para o pátio externo da casa espírita — parecendo mais um teletransporte, tamanha a velocidade que empreguei —, pois precisava respirar novos ares. Queria sair mas fui impedida pelas pesadas grades do portão principal que, fechadas magneticamente, impossibilitavam o trânsito de qualquer desencarnado.

Rapidamente, vieram ao meu encontro Demétrius e Marly. Eu estava tonta e mal raciocinava. Não sabia que na troca de pensamentos com a desequilibrada entidade havia me intoxicado com seus fluidos deletérios.

Ouvindo o chamado de Marly, virei-me e uma forte luz inundou meus sensíveis olhos. Minha consciência se esvaiu como o dia dá lugar à noite.

Quando minha consciência, aos poucos, foi voltando, parecia que havia tido estranho e tenebroso sonho. Meus olhos, pesados, vagarosamente foram se abrindo e senti um agradável perfume de jasmim. A princípio, tudo parecia embaçado, e não sabia onde estava. Não era meu quarto! Afinal, onde estaria? O que havia acontecido?

— Bom dia, Célia. Para sua informação já é dia.

Ante a voz que me saudava, esforcei-me por acordar de vez. Vi mamãe sentada à beira da cama me olhando, e Marly em pé ao portal de entrada do quarto. Eu estava em uma das enfermarias instaladas no grande edifício que era o Amor e Luz.

— Gente, o que houve?

— Como se sente? — perguntou mamãe.

— Estou bem. Tudo normal.

— Você desmaiou. Sua mãe disse que há muito tempo isso não acontecia.

— Desmaiei?! Afff, que vergonha!

E, silenciando, esforcei-me para relembrar dos acontecimentos antes do "apagão" que sofri.

— Meu Deus! Tomas!

— Acalme-se, Célia!

— Mas, na reunião, um espírito procurava Tomas. Ele leu minha mente, eu entreguei de "mão beijada" tudo o que ele queria saber. Algo terrível vai acontecer por minha culpa!

As duas entreolharam-se, depois Marly tomou a palavra:

— Não fale dessa forma, não se culpe.

— Mas ele não sabia do paradeiro de Tomas, sua reencarnação estava sendo mantida em segredo. Tomas está sendo protegido, e eu entreguei tudo. A reencarnação dele está comprometida, e ele nem pode se defender, está em estado de suspensão.

— Célia, não se abale por isso. Não tome por certo aquilo que ignora. Tomas tem muitos crimes a serem resgatados, e o reencontro com suas antigas vítimas, hoje algozes, era uma questão de tempo.

— E agora, o que vai ser? Corremos algum risco?

— Acalme-se, não se afobe.

— Onde está aquele espírito?

— Se foi. Após o atendimento na enfermaria, ele descansou por algumas horas e, ao acordar, nos agradeceu, pediu-lhe perdão pelo palavreado chulo e pelo assédio e foi-se prometendo voltar assim que houvesse cumprido sua missão.

— Estão vendo? Ele foi avisar o grupo sobre o paradeiro de Tomas! Logo eles estarão por aqui. Que cara de pau! E ainda pediu perdão, dizendo que iria voltar à nossa casa a título de amigo? Vai voltar sim, mas trazendo um exército!

— Célia — disse mamãe com voz doce — o Mestre recomendou-nos "vigiai e orai", para que estivéssemos sempre preparadas e nunca sermos pegas de surpresa nas vicissitudes de nossa existência, pois tudo obedece aos desígnios divinos. O que tiver de ser será, por isso, devemos estar sempre atentas aos planos do Mais Alto, para que nos tornemos instrumentos úteis quando formos chamadas ao testemunho de nossa fé, à compreensão maior.

"Na situação de Tomas, por mais que nos escape do entendimento, cabe a nós fazer o melhor, pois, assim como em um jogo de xadrez, cada uma de nós é uma peça estrategicamente posicionada. Entenda, Célia, que há um motivo especial por que você revelou o segredo de Tomas.

"Raciocine, Célia. Aceite-se como instrumento do Mais Alto e você verá toda essa situação com novos olhos. Não deixe o vitimismo abalá-la, filha, entenda que tudo tem um motivo, e que o único caminho disponível é o do progresso a favor do bem maior. Vigie para não perder a oportunidade de ser útil, compreendendo a importância de seus atos, e ore para ser bem orientada nas decisões a tomar!"

— Tenho medo.

— É natural. Agora esqueça um pouco isso. Vamos sair dessa enfermaria e voltar para casa, esse leito é para aqueles que estão doentes de verdade!

E assim o fizemos. Despedindo-me de Marly, agradeci-lhe o auxílio e pedi mil desculpas pela "trapalhada" da noite anterior. Muito amável, a instrutora disse que era normal e que não havia nada de errado. Ela recomendou-me água fluidificada, oração e descanso.

Um pouco envergonhada, perguntei a mamãe detalhes do que houve.

— Algumas entidades, como a que encontrou, são portadoras de energias muito densas e negativas. O vício e os maus pensamentos os dominam. São pessimistas por natureza e mal-intencionadas em suas intenções.

— Senti-me supermal. Mal mesmo.

— Você foi intoxicada ao sintonizar-se com ele. Pensei que já estivesse mais esperta, minha filha.

— Ah, mamãe, é complicado...

— Deixou-se envolver por ele, Célia. Não precisa ter vergonha disso.

Mas, no fundo, sentia-me constrangida por ter sido manipulada de uma forma tão vulgar. Pensava que havia suprimido em mim todas essas tendências primitivas, mas parece que não. A entidade desejou-me tão intensamente que, de algum modo, encontrou respaldo em meu frágil íntimo, me influenciando e me sintonizando com o que havia de mais sórdido nele. Um verdadeiro choque de energias. Nunca a frase "vigiai e orai" pareceu tão certa quanto agora.

Fisicamente eu estava bem, mas emocionalmente, moralmente falando, estava arrasada. Até eu julgava-me mais forte, mas aí está o princípio da obsessão. Resistir ao que não gostamos é fácil, mas resistir àquilo que no fundo ainda faz parte de nós é a verdadeira provação.

Por isso é tão difícil resistir às tentações, mesmo sabendo que nos prejudicará. É um pequeno prazer frente a um grande prejuízo.

Deixando de lado essas questões e retornando à minha rotina, finalmente, chegou o dia tão esperado, destinado à transmissão da mensagem de Clarisse à mãe. Frente a tantos desafios que enfrentava — e ainda enfrentaria — enviar esse recado era como estar em um oásis em meio a um deserto de turbulências.

Primeira atividade do dia: ir até a cidadela e receber a carta de minha "irmãzinha caçula". Encontrei-a passeando pelos jardins da Escola Maria de Nazaré, entre uma e outra aula, logo pela manhã. Clarisse segurava a carta que escreveu e andava em atitude reflexiva, encarando o horizonte.

Observei-a por alguns instantes. Clarisse era portadora de uma beleza inocente, mais criança do que adulta. E, ao olhá-la com atenção, vi que algo nela se modificara. Parecia mais madura, mais alta e desenvolvida fisicamente e até suas roupas estavam menos infantis e mais juvenis, mais adequadas à bela adolescente que era. Julguei que, na verdade, não era seu corpo que se modificara, mas sua mente que amadurecera; e isso se refletia no perispírito dela, sem que ela mesma notasse.

Vagarosamente, aproximei-me de Clarisse e pronunciei mentalmente seu nome, para saber se ela conseguia ouvir-me. Era uma brincadeira que as garotas faziam para saber se uma novata já ouvia os pensamentos alheios e, imediatamente, Clarisse virou-se, impressionando-me, pois demonstrava que já não estava tão materializada quanto antes.

— Irmã!

Em um salto, agarrou-me e abraçou-me com força, de modo que quase caímos no chão.

— Achei que não viesse mais, Célia! Aqui, ó, a bendita carta! — disse quase esfregando o papel no meu nariz.

Alegrei-me imensamente ao vê-la animada daquela forma, mesmo sabendo que o excesso de humor podia ser fachada de um sério nervosismo. Enfim, frente a frente, pude conferir de perto que profundas transformações aconteciam no íntimo de Clarisse.

— Você está muito bem, Clarisse. Está linda! O que anda fazendo?

— Já que o jeito é continuar morta, vivendo por aqui, então vamos aproveitar o que a morte tem a nos oferecer, não é? Dei um "trato" para ver se sumia com essa cara de defunta precoce.

— Me alegra ver que está aceitando tudo. Era meu sonho que entendesse a realidade em que estamos vivendo.

— É, mas continue sonhando, Célia, que é difícil me acostumar com tudo isso. Nada é fácil aqui. Semana passada, acordei sonolenta de madrugada, achando que estava na Terra ainda. Quase enfartei quando saí do quarto e vi o corredor da escola!

Era realmente bom vê-la disposta daquela forma e, mesmo estando agitada, era muito melhor do que aquela tristeza em que vivia desde que chegara.

— Até hoje está nessa, irmãzinha?

— Eu falo: é complicado, mas as pessoas não acreditam... — disse em tom zombeteiro.

— Eu acredito! E a carta, revisou os pontos que indicamos?

— Ah, sim. É hoje mesmo, Célia, que minha mãe irá recebê-la?

— Se tudo correr como planejamos, sim.

— Em alguns momentos, ainda penso que tudo isso não passa de uma grande brincadeira e ainda vou acordar em minha cama, como se nada houvesse acontecido, como se fosse um sonho louco, uma espécie de Alice no País das Maravilhas. Talvez minha mãe entre, agora, por aquela porta e grite: "Surpresa!", e esse pesadelo, então, terá fim.

Clarisse encarou silenciosa a porta de acesso por cerca de cinco segundos e, como Marlene não a atravessara, a jovem continuou:

— Aqui está, Célia, a carta. Tem certeza de que não posso ir?

— Melhor não, Clarisse. Sua mãe anseia por esta carta, e o encontro de vocês duas será infrutífero. Ela não a veria nem ouviria. Seria um encontro contemplativo. O ideal é que vocês se encontrassem, como eu mesma encontrei minha família, em desdobramento. Essa carta auxiliará vocês duas a se prepararem para esse encontro. Logo sua mãe virá até aqui, e vocês poderão conversar da mesma forma que conversavam na Terra.

Mesmo insegura da reação de Clarisse, falei o que realmente pensava. Ela me ouviu docilmente. Parecia realmente compreender o significado do empreendimento que eu e mamãe fazíamos.

— Célia, vou aguardar.

— Sim, sem pressa, Clarisse. Ore, minha irmãzinha, ore. Rogue forças ao Pai Celestial.

Não queria esticar muito minha visita. Notando que Clarisse tornara-se mais triste e melancólica, despedi-me, não sem antes dar-lhe um longo e caloroso abraço. Senti suas lágrimas quentes molhando-me o ombro e quis consolá-la.

— Ânimo que o futuro a espera. Não quer que sua mãe lhe encontre triste, quer? Bote um sorriso neste rosto! Somos muito abençoadas, Clarisse!

E além de espírito, eu também fazia papel de irmã, carteira, instrutora, amiga, enfermeira, psicóloga, assistente, aprendiz e estudante, desdobrando-me tanto no dia a dia que restava-me apenas uma coisa a fazer: agradecer a Deus por todas essas maravilhosas oportunidades que me concedia!

Para mim, o trabalho no mundo espiritual era fonte de muitas satisfações. Entretinha-me trabalhando e manter-me ocupada era um grande prazer. Considerava meu trabalho leve e agradável, totalmente dentro de minhas possibilidades. Adorava sair de casa diariamente e, de outro modo, o que havia de se fazer?

Na colônia, não havia antenas parabólicas para que eu ficasse deitada no sofá o dia todo, assistindo a programas esdrúxulos. Tínhamos cinema, teatro e também *shows* musicais, mas eram eventos ocasionais. Utilizávamos grande parte de nosso tempo estudando e trabalhando e, nas horas livres, passeávamos e conversávamos. Buscávamos o que era essencial em nossa vida e imperativo ao nosso progresso, por isso, quando pedi para que Marly me liberasse das atividades do Amor e Luz, no dia de transmitir a mensagem psicográfica, ela não titubeou: "Vá, Célia, que será uma experiência de grande valia para todas vocês. Você aprenderá muito escrevendo sua primeira carta, ao mesmo tempo em que levará esse grande consolo ao coração calejado de Marlene. Clarisse está a meio caminho da aceitação total de sua condição, e hoje você contribuirá muito a esse respeito. Afinal, penso eu, trabalho é trabalho, e o bem é o bem, onde quer que sejam praticados".

Li com cuidado e, claro, imensa curiosidade, a carta de Clarisse à mãe, emocionando-me com sua sinceridade e, seguindo os conselhos do médium Maurício, reli-a calmamente, colocando-me no lugar de Clarisse em cada palavra para compreender-lhe os sentimentos, buscando reproduzir suas emoções na íntegra. Li e reli o documento várias vezes para decorar o conteúdo até ser capaz de lê-lo em voz alta, sob o prisma de minha própria emotividade. Foi um lindo momento. Eu tinha uma grande responsabilidade nas mãos.

Mentalmente, avisei mamãe de que já estava de posse da mensagem consoladora, em que ouvi: "Excelente notícia!", como resposta. A sessão se iniciaria por volta das 19 horas. Após encerrar suas atividades na cidadela, mamãe encontrou-me em casa.

— Linda mensagem! Clarisse está despertando para o entendimento de sua situação. Quanto amor essa garota tem no coração! Quando estiver consciente de suas capacidades, de seus deveres, será uma grande trabalhadora! É um desperdício vê-la entristecida e apática.

— Concordo! Se ela souber canalizar todo esse sentimento em prol do próximo, operará prodígios!

Ao fim do dia, rumamos à casa espírita. Ao chegarmos à entrada, assustamo-nos com a quantidade de entidades presentes. Além dos espíritos comunicantes, que já conhecia de antemão, junto com seus acompanhantes, havia muitos outros. Eram grandes grupos formados por visitantes, estudantes e instrutores, além de entidades que acompanhavam os próprios encarnados, a título de amigos, familiares ou mentores desencarnados.

Não havia bagunça, os presentes mantinham a mais perfeita ordem. Marlene não tardou a chegar, o que nos deixou muito aliviadas, do contrário, teríamos que ir até sua residência tentar, de alguma forma, inspirá-la a se locomover até o centro.

Logo haveria a palestra pública, antecedendo o momento dedicado à psicografia. Um grupo de encarnados fazia a triagem de todos aqueles que aguardavam mensagens de parentes ou amigos desencarnados. Solicitavam-lhes nome completo e data de encarne e desencarne. Marlene respondeu às questões de forma sucinta: Clarisse de Souza Albuquerque, nascida em 18 de abril de 1962, falecida em 14 de maio de 1978.

Nem eu, que lhe era tão próxima, conhecia essas datas. Clarisse havia desencarnado menos de um mês após seu aniversário de 16 anos. Outro grupo, formado por desencarnados, fazia a triagem dos espíritos comunicantes. Vários escreveriam com o auxílio de Núbio e, para mim, esse foi um dado interessantíssimo, pois tais espíritos não tinham a menor noção de como proceder durante a psicografia, já que, para a mensagem ser transmitida com perfeição, era necessária certa sintonia para que a ligação com o médium fosse perfeita.

Nenhum aluno, ao escrever pela primeira vez, obtém uma grafia perfeita e, da mesma forma, uma entidade, para tornar-se um exímio comunicante, deve conhecer certos pormenores da condição mediúnica. Ao ativarem-se certos pontos no cérebro do médium, durante o transe mediúnico, este se torna mais apto não somente para receber mais facilmente os pensamentos dos desencarnados, mas seu próprio sistema motor torna-se acessível para ser utilizado como instrumento, mais ou menos hábil, da escrita mediúnica. Era, de maneira grosseira, como um aluno que tem a mão guiada pelo professor para desenhar as primeiras palavras, ao mesmo tempo em que lhe dita o que está sendo colocado no papel.

A diferença básica era que não segurávamos exatamente na mão do médium, mas sintonizávamos com seu centro motor, responsável pela atividade escrita manual. Se o processo parece difícil de se explicar, era ainda mais complexo de se realizar. Enfim, Núbio seria responsável por dar esse suporte aos comunicantes, para que pudessem ligar-se de maneira mais proveitosa ao médium. Felizmente, Maurício era muito capaz, recebendo mensagens que lhes fossem apenas ditadas, pois seus sentidos ampliavam-se imensamente.

Apresentando-me ao grupo de triagem, mostrei-lhes a mensagem. Leram com cuidado e nos autorizaram a transmiti-la, como representante da comunicante. A primeira etapa havia sido vencida, restava-nos a derradeira.

Breve palestra foi-nos ofertada, com o intuito de instruir-nos sobre os pormenores da psicografia de logo mais. Não podíamos ter dúvidas, pois assim que terminasse a palestra pública, deveríamos estar a postos. Foi dito tudo o que já sabia sobre a ligação entre o espírito e o médium, inclusive sua grande capacidade de ouvir-nos. No entanto, ainda me restava uma dúvida, no que perguntei:

— Para facilitar ao comunicante transmitir a mensagem, o mentor do médium não poderia interceder por todos, utilizando-se, apenas ele, do aparelho mediúnico, já que tem mais facilidade no trato com o encarnado tutelado e melhor sintonia com suas funções medianímicas?

Após minha pergunta, o responsável fez uma breve pausa, respondendo-me em seguida:

— Seria esse realmente o objetivo de tal trabalho? Um espírito coletar pilhas de cartas e depois apenas "digitá-las" mecanicamente através do médium, como se este fosse uma simples máquina de escrever? Onde há trabalho precisa haver o progresso de todos os envolvidos. É necessário que os comunicantes mantenham certa disciplina mental, esforçando-se para transmitir seus recados; da mesma forma que o médium precisa desenvolver-se, crescendo como instrumento do Mais Alto, aprimorando seus dons. Sem o progresso, esse trabalho perde seu sentido. Não podemos desperdiçar oportunidades de crescimento, minha irmã.

"As mensagens, sejam elas escritas ou faladas, têm papel previamente definido, um dever a cumprir. Os encarnados não podem ficar incólumes ante a palavra que vem do mundo espiritual. Você mesma sabe quantos esforços foram dispendidos para que essa mensagem que tem nas mãos chegasse até aqui! Da mesma forma, todos os comunicantes aqui presentes moveram montanhas para entregar aos seus algumas linhas, na expectativa de trazer-lhes esclarecimento, conforto e alegria".

E, fazendo uma breve pausa, continuou.

— Roguemos, meus irmãos, que essas mensagens transmitidas aqui possam inspirar nossos irmãos encarnados a se conscientizarem sobre a importância do preparo para a continuidade de suas existências, renovando seu modo de pensar e suas atitudes perante a vida!

"É importante também que nós, desencarnados, no momento do transe mediúnico, pratiquemos o silêncio mental, para que não haja interferências junto ao aparelho mediúnico, que pode captar-lhes as imagens mentais. O médium, ampliando seus sentidos, poderá perceber-nos se não nos comportarmos com quietude".

Dado o breve recado e esclarecidas todas as dúvidas, posicionamo-nos para assistir à palestra proferida por um encarnado de nome Hugo, com o tema: "Daí a César o que é de César, e a Deus o que é de Deus". Nesse momento, vimos entrar no recinto Maurício acompanhado de Núbio. Curiosos, todos pusemo-nos a observar-lhes os passos.

O médium, comedido, não parecia tanto com aquele homem falastrão e alegre que nos encontrou durante a madrugada, em desdobramento, mas cumprimentava a todos com educação, lançando-lhes poucas palavras. Todos os desencarnados notaram seu constrangimento, pois a posição de destaque não deixava Maurício à vontade, já que não se julgava merecedor de tamanha atenção e evitava honrarias. Em seus pensamentos, víamos que considerava a mediunidade um dever assumido e não havia motivo para louvores quanto a isso, pois apenas cumpria com sua obrigação, dando o melhor de si.

De certa forma, isso nos tranquilizava, pois víamos que a vaidade, em vão, lhe batia à porta. Ele trabalhava com seriedade em face dos compromissos assumidos em existência remota, no que considerava ser sua pequena tarefa nessa existência, sem motivos para júbilo.

Posicionando-se à mesa, junto ao dirigente da casa, aguardava o momento para dar início às atividades do fim de tarde. Núbio, desvinculando-se dele por alguns instantes, veio até nós, cumprimentou-nos e nos tranquilizou sobre o programa a ser realizado.

— Maurício está mais do que preparado, está muito bem hoje. Por meio do jejum e da oração seu corpo está leve para o cumprimento dos compromissos de hoje. Recomendo dose extra de força de vontade quando forem até lá transmitir-lhe os recados. Afinal, nós também precisamos ter fé nas comunicações, para que sejam transmitidas da melhor forma possível.

— A mensagem que iremos repassar será captada integralmente pelo médium ou ele interpretará tudo o que lhe dissermos? — perguntou um dos comunicantes. — É a primeira vez que participo de uma reunião como essa, mas tenho estudado o assunto.

— Mesmo entre nós, quando dialogamos, corremos o risco de que uma ou outra palavra dita passe despercebida ou seja mal interpretada. O que dirá, então, de seres que dialogam em dimensões diferentes, tão distintas entre si?

"Digo isso sempre: não nos apeguemos tanto à palavra, pois elas podem nos trair, nos apeguemos naquilo que desejamos transmitir e tudo ficará mais fácil".

Ao mesmo tempo, eu também tive uma dúvida:

— Núbio, existe algum conteúdo na mensagem que o médium tenha mais dificuldade de reproduzir no papel?

— Pergunta interessante. Guarde minha resposta: mensagens que possuem nomes próprios, datas, locais e endereços carregam dose extra de dificuldade para muitos médiuns. Mas, claro, isso não significa que haverá erro ou omissão na mensagem. É apenas uma observação que faço para que mentalizem bem o que querem transmitir e não abusem de tais informações, para não sobrecarregar o médium de informações supérfluas, perdendo o foco da ideia que querem transmitir. Lembrem-se de que seus fluidos se misturarão aos fluidos do médium e que estes podem consumir-se rapidamente.

"Maurício se esforçará para bem representá-los, e é necessário que também se esforcem para não lhes prejudicarem as disposições. Que Jesus abençoe a todos!"

E, com um sorriso no rosto, deixou-nos para retornar para junto de seu tutelado. Na sequência, antes da preleção e durante a prece de abertura, pudemos acompanhar uma das entidades organizadoras inspirando o dirigente da casa para a escolha das palavras mais adequadas ao momento. Linda prece foi proferida, exortando-nos à fé e ao silêncio íntimo.

Ao término da palestra, todos ficaram em franca expectativa. O dirigente da casa, agradecendo a presença de todos, falou algumas palavras, primeiramente apresentando Maurício à assembleia como um médium engajado em representar as melhores disposições da doutrina espírita. Onde quer que fosse, divulgava os ideais de Kardec, exercendo a psicografia dentro das diretrizes determinadas pelo *O Livro dos Médiuns*, evitando assim que houvesse, por parte dos encarnados, algum tipo de mistificação quanto ao caráter de seu trabalho.

— Maurício é amigo de nossa casa e tem exercido a psicografia há muitos anos, não só aqui, mas em diversas casas espíritas pela capital e também no interior, levando consolo a incontáveis famílias.

"Gostaríamos de rogar a todos que façam silêncio. O silêncio é importante para a boa psicografia, pois o médium terá ampliado seus sentidos, sobretudo a audição, para bem receber as mensagens de nossos amigos espirituais e de nossos familiares que estão, hoje, no plano espiritual.

"Elevemos os nossos pensamentos, neste instante, abrindo o nosso coração às inspirações de nossos amigos espirituais, para que nos renovem a esperança e a fé. Enviemos a Maurício muita luz e muita paz para que possa realizar o melhor."

E, colocando uma suave música instrumental, apagou algumas luzes, deixando o ambiente em suave iluminação. O médium estava concentradíssimo. De olhos fechados, a mão esquerda segurava as têmporas, tapando os olhos e, pegando uma caneta, pôs-se em posição. Uma mulher posicionou-se como sua auxiliar, sentando-se ao seu lado. Aguçando minhas percepções através da concentração, pude notar que a aura de Maurício ampliava-se; uma luminescência que, ficando mais forte, expandia-se. Esse campo magnético que o recobria parecia aumentar-lhe o tamanho.

Sua mente adquiria luminescência especial, com vários pontos emitindo luz azulada. Nesse instante, Núbio acenou, e entendemos que poderíamos ir até ele. As entidades auxiliares foram, então, chamando um a um os candidatos à comunicante.

Quando o primeiro espírito posicionou-se ao lado do médium, com uma carta nas mãos, pude notar que ele também possuía ao redor um campo magnético semelhante ao do médium. Era como se as energias que deles emanavam se unissem, vibrando na mesma sintonia, mesma cor, com intensidade e força redobradas. Suas mentes estavam profundamente interligadas, e o pensamento do desencarnado fluía para a mente do médium como se fossem luzes disparadas cérebro a cérebro. O espírito foi, então, lhe ditando a carta, no que o médium escrevia freneticamente cada palavra. Às vezes, fazia breve pausa, esforçando-se para entender o que dizia ou aguardando que terminasse uma frase e depois continuava, em ritmo sobre-humano. Maurício demonstrava incrível habilidade.

Sabia, por minhas experiências no trato com a casa espírita, que as mensagens poderiam ser transmitidas de várias formas, e que o médium recebia as palavras dos desencarnados sob vários aspectos. Quando o espírito ditava o texto, o médium ouvia mentalmente as palavras e ia colocando as letras no papel. O influxo elétrico que lhe chegava ao cérebro era tão intenso que Maurício esquecia-se de si mesmo, abrindo a mente para que as palavras do mundo espiritual lhe ocupassem integralmente o raciocínio.

Notava que, à medida que escrevia, os fluidos elétricos, antes poderosos, tornavam-se intermitentes e menos luminescentes. Ao fim da carta, a energia que compartilhavam era quase nula. Apesar de o primeiro comunicante ter apresentado uma intensa sintonia com o aparelho medianímico, outros transes seriam ainda mais intensos.

O segundo comunicante era um homem que eu vira anteriormente e aparentava rudeza e inquietude. Não tinha nada nas mãos, e imaginei que talvez nem soubesse escrever. Nesse momento, Núbio entrou em ação e aproximou-se de Maurício. Enquanto o homem ia falando, o mentor tocava a mente de seu tutelado em pontos específicos, que já estavam iluminados, ao mesmo tempo em que lhe fornecia doses extras de energia. Grandes ondas elétricas partiam do corpo de Núbio caminhando pelas mãos dele e sendo absorvidas pela mente do médium.

Maurício, em resposta, escrevia avidamente, mas a mensagem foi curta. O homem não tinha muito o que falar aos seus familiares, transmitindo apenas o essencial.

Fui a próxima a ser chamada para transmitir a mensagem que tinha. Estava ansiosíssima, pois seria a primeira vez que inspiraria um médium a escrever. Rapidamente, posicionei-me ao lado de Maurício e notei que minha aura e a dele se atraíam, distorcendo-se como se se inclinassem uma ao encontro da outra, num processo de imantação, indicando que estávamos em boa sintonia. Havia várias entidades bem posicionadas que doavam fluidos para o bom andamento do processo psicográfico. Os desencarnados presentes olhavam-me sorridentes. Pareciam até saber o conteúdo da mensagem.

Respirando fundo, acalmei meus pensamentos, imaginando-me no lugar de Clarisse, representando-a. Fixamente olhei a carta, relembrando seu conteúdo. Quando comecei a ditar, automaticamente meu cérebro passou a disparar rajadas de luz azulada ao encontro do cérebro de Maurício, que começou a escrever freneticamente. Parecia um telégrafo futurista. De olhos fechados, cobertos pela mão esquerda, escrevia vigorosamente, derramando as palavras sobre o papel.

"Querida mamãe, sinto muito sua falta. Sinto falta de todos, do papai, da Hermínia, da Vanessa e da Cláudia. Nem preciso dizer, mas estou viva, bem viva. Não existe morte, mamãe. Descobri que ninguém morre. Na verdade, na minha cabeça, não parece que morri, parece que vocês é que se foram, e fiquei órfã.

Depois que parti, vim morar em uma escola cheia de jovens como eu. É tudo muito diferente por aqui e, às vezes, penso que estão fazendo alguma brincadeira comigo, e logo você virá me buscar.

Choro muito, mamãe. Choro de saudade. Anseio por rever a todos, mas isso ainda não será possível. No entanto, me garantiram que, assim que estivesse em condições, nos encontraríamos em sonhos.

Mamãe, morrer é como dormir e acordar em outro lugar. Fiz algumas novas amizades por aqui, e temos ótimas pessoas olhando por nós. Estou sendo muito bem tratada.

Meu coração dói muito, mamãe. Amo muito todos vocês. Muito, muito mesmo e sinto falta de todos, todos os dias.

Em breve, nos veremos. Eles me disseram que tudo tem um motivo de ser. Espero que logo descubra o motivo de ter ido embora tão cedo. Um beijão da sua filha Clarisse".

Quando acabei de ditar a mensagem, estava em prantos. Emocionei-me por Clarisse. Parecia sentir-lhe as mais íntimas dores. Como eu era privilegiada por participar de um processo tão sublime e especial. Silenciosamente agradeci a Núbio, Maurício e, em especial, a Clarisse, pela grande oportunidade que me dera de representá-la de tão linda forma.

Durante mais uma hora as mensagens continuaram a ser transmitidas, e até um garotinho, com o auxílio de Núbio, mandou seu recado à mãe. Quando, ao final da sessão, as mensagens foram reunidas, contabilizaram dezoito cartas. Um volume considerável de mensagens. Maurício era, realmente, muito experiente no assunto.

Ao iniciar a leitura das cartas, víamos encarnados irromperem em pranto, não raro antes de se ler o nome do comunicante, pois já de antemão reconheciam suas palavras ou os assuntos dos quais falavam.

O caso de Marlene foi um desses, pois já nas primeiras linhas constava o nome de suas três outras filhas. Com lágrimas inundando-lhe a face, ouviu silenciosamente cada palavra lida em voz alta pelo médium, e, levantando-se para receber a carta, irrompeu em choro descontrolado enquanto caminhava.

Transmiti-lhe ondas de paz por meio de um passe magnético e, de volta ao seu assento, aos poucos foi acalmando-se enquanto lia e relia a mensagem.

Foi, para ela, um momento impactante. A carta de Clarisse lhe marcaria a vida para sempre.

Sentada ao meu lado, mamãe estava radiante. Nosso bom projeto havia sido concluído com êxito. No momento da prece de encerramento, agradecemos a Deus a missão que havia nos endereçado e a graça de poder tê-la cumprido integralmente.

Dizíamos que nosso trabalho era como o de uma formiguinha, devendo ser feito com paciência, inteligência e esmero em cada detalhe.

— Agora, Célia, deixemos que o tempo auxilie Marlene no entendimento do significado da vida e da morte. Clarisse, mesmo que de maneira sutil, lançou grandes ideias para que a mãe refletisse sobre o assunto.

É uma mensagem profunda, escrita em linguagem simples. Para nós, que já estamos desencarnadas, não há nada demais ali, mas, para Marlene, ainda uma caloura nas questões do espírito, como entender que a filha está frequentando uma escola? Como entender que houve um motivo para sua morte? Essa mãe empreenderá uma busca para entender as palavras da filha, o que a levará cada vez mais à doutrina espírita.

Eu entendia perfeitamente o que mamãe dizia. Uma simples mensagem como aquela encerrava dentro de si grandes reflexões. Cada mensagem psicografada carregava em si um propósito, e feliz daqueles que conseguissem entender o significado daqueles recados do Mundo Maior.

— Mas, mamãe, e quanto ao restante da família? Será que compreenderão o recado de Clarisse?

— Hoje será o dia em que seus paradigmas existenciais serão desafiados. Primeiro se perguntarão como Maurício descobriu seus nomes. Depois entenderão que há algo ali, uma força maior, que irá corroborar com a autenticidade da carta. A sensibilidade e pureza de Clarisse estão estampadas em cada frase, e irão reavivar em seus familiares as melhores lembranças da jovem. Com o tempo, acreditarão nas palavras ali existentes, pois estão carregadas de sentimento sincero, que você, minha filha, soube traduzir muito bem.

— Mesmo assim, fico preocupada. Nesse caso específico, foram muitos os intermediários para que as palavras de Clarisse fossem colocadas no papel.

— A comunhão faz parte das relações humanas. Nosso maior desafio ainda é aprender a trabalhar em equipe. Hoje obtivemos sucesso em nossa empreitada, mas outros desafios virão.

E, fazendo uma pausa, iniciou novo assunto.

— Como foi a experiência de escrever com o auxílio de um encarnado?

— Legal! Mas não pude deixar de notar que a mensagem saiu um pouco diferente do que ditei. Algumas vezes, ele parava de escrever, como se buscasse uma alternativa para o uso dessa ou daquela palavra. Imagino que nas próximas mensagens serei melhor comunicante do que fui hoje. Vi que é minha própria mente que estimula o transe do médium.

— Está correta. Você foi muito bem apesar da pouca experiência. Maurício é um médium de muita sensibilidade, podendo captar-lhe as nuances do pensamento mais íntimo. Você ainda se sintonizará com muitos médiuns, de muitas formas diferentes. A experiência que teve com essa primeira psicografia foi única e, provavelmente, com outro deverá ser muito diferente.

Sim, mamãe me dizia o que já havia visto várias vezes nos trabalhos de desobsessão. Existiam várias formas de se comunicar por meio de um mesmo médium. Eu mesma já havia visto de tudo, espíritos sussurrando mensagens, outros narrando histórias em voz alta, alguns tocando o cérebro do médium enquanto outros se sintonizavam de longe e, uma vez, vi algo muito diferente: um desencarnado escrevia em um papel enquanto o médium narrava o que estava escrito. Um exercício de comunicação dos mais interessantes.

A tudo chamavam de psicofonia ou psicografia, mas os meios utilizados para esses fins eram os mais variados possíveis e inexplicáveis para mim. A mediunidade era um fenômeno bem abrangente, que englobava infinitas possibilidades.

Nesse ínterim, via as mediunidades menos ostensivas, como a clariaudiência, em que os médiuns, conscientes, recebiam recados diretamente dos espíritos ou eram utilizados como mensageiros para levarem conselhos a outros participantes da reunião. Mas era um fenômeno muito mais simplificado do que a psicofonia ou a psicografia.

De retorno ao lar bendito, nas dependências da colônia, eu, que andava alheia aos problemas mais sérios, pus-me a imaginar como estaria Clarisse. Contatei-a com uma mensagem, no que fui surpreendida com uma resposta rápida: "Célia, estou me sentindo tão bem, tão feliz! Estou ansiosa por saber notícias de minha mãe. Você e Celi já retornaram da casa espírita? Deu tudo certo? Assim que puder, me responda!". Imediatamente respondi: "Foi um

momento maravilhoso, mas amanhã logo cedo estarei na cidadela com minha mãe e falaremos pessoalmente".
E assim foi feito.

7
Uma nova esperança

Logo ao amanhecer, planávamos sobre a cidadela vendo o sol descortinar-se pelo horizonte infinito da Terra. Frente à escola Maria de Nazaré, Clarisse já nos esperava. Do alto, notei que nos observava. Ao pousar, abraçamo-nos como irmãs que há muito não se viam. Clarisse pareceu mais alta do que antes, mas ignorei o fato. Ela estava viva e radiante como nunca havia visto. Seus cabelos dourados pareciam fios de ouro sob a luz do sol que raiava.

— Bom dia! Caiu da cama hoje?— perguntei bem-humorada.

— Quase! Me conte tudo, Célia.

Mamãe, deixando-nos a sós, foi cuidar de seus afazeres semanais na cidadela e, durante quase uma hora, contei a Clarisse tudo o que ocorrera na noite anterior e muito mais. Falei-lhe sobre o encontro que tivemos com o médium desdobrado e seu mentor, da quantidade e da variedade de entidades comunicantes que encontramos, da sintonia com Maurício e da emoção em transmitir-lhe o sublime recado, finalizando com a emoção de Marlene ao receber nas mãos a carta tão esperada, renovando sua fé no futuro e secando suas dolorosas lágrimas.

— Agora, ela espera você estar preparada.

Clarisse enrubesceu, mostrando-se alarmada. Não encontrava mais nela os traços de revolta e pessimismo de antes.

— Será que darei conta, Célia? Sinto minhas pernas tremerem só de pensar em reencontrá-la.

— Então, espere um pouco mais. Você tem todo o tempo do mundo.

— Durante muito tempo pensei em voltar para casa, em rever minha família. Agora, questiono-me. Tenho medo de ruir como um edifício construído sobre um banco de areia. Reencontrar meus entes queridos pode ser como a maré alta levando-me as fundações!

Achei incrível a colocação de Clarisse. Como amadurecera. Há poucos meses teria se derramado em prantos aos meus pés, rogando que lhe levasse à presença da mãe. Deus é sábio, e o tempo é o melhor remédio para todas as dores.

Logo mamãe retornou chamando Clarisse para a aula que iniciaria. Realmente, a missão fora um sucesso. Com os olhos, acompanhei minha amiga retornar ao prédio. Admirei-a, vendo que estava tornando-se uma bela mulher, com fartos dotes femininos. Intrigada, aproveitei a presença de mamãe para iniciar um diálogo a esse respeito.

— Mamãe, não pude deixar de notar que Clarisse está diferente, está mais moça, menos menina e mais mulher. Sinto que nela fez-se grande progresso, a olhos vistos, e, fisicamente, está muito mudada.

— Sim, Célia. Aqui, no Mundo Maior, também amadurecemos, nos desenvolvemos e crescemos. O mesmo desenvolvimento que veríamos na Terra, a chegada à fase adulta, pode processar-se neste plano de existência. O desenvolvimento do ser humano ocorre de maneira integral, corpo, mente e espírito. Nos jovens encarnados, o crescimento do corpo não acompanha igualmente as mudanças no pensamento e no comportamento? Clarisse vive esse momento agora. À medida que aceita sua nova condição, tudo em sua constituição física, mental e espiritual amadurece.

Olhando-me no espelho, notei que minhas feições perispirituais haviam mudado, mas muito pouco, e aquele rosto rechonchudo de menina não era tão aparente. Traços levemente mais duros e retos indicavam o caminho da adulta que seria.

— Entendo, mamãe, e já observara esse fenômeno em mim mesma e com algumas garotas com quem convivo desde os tempos da cidadela. No entanto, Clarisse me assombra pela intensidade e rapidez de sua mudança "física". Só havia visto algo assim com Keila, que "do dia para a noite" transformara-se admiravelmente!

— Tenha calma em seu julgamento. Keila possuía méritos morais de outras existências que, acrescidos pelo estudo, a permitiram gozar de amplo desenvolvimento espiritual. Seu tempo na cidadela foi curtíssimo, apenas o suficiente para que adquirisse segurança para exercitar seus inúmeros talentos. Keila foi um caso excepcional entre as garotas da cidadela e ainda encarnada já cumpria papel de missionária entre os próprios familiares.

"O caso de Clarisse é muito mais adverso. Ela não se desenvolve da mesma forma. Assim como você, minha filha, ela conserva grandes débitos, e as mudanças que se processam em seu perispírito são muito maiores do que as mudanças que ocorrem em seu corpo mental. Clarisse quer sentir-se mulher novamente como foi outrora, mas, no fundo, ainda é a mesma garotinha mimada e acuada que chegou aqui. O fato de ter aceitado sua condição de desencarnada concorre a favor de seu progresso moral, mas ainda precisa ser acompanhada de perto. Ao amadurecer, Clarisse torna-se mais forte também e, nesse ínterim, suas tendências de outras existências também podem surgir, em ímpetos poderosos, interferindo em seu discernimento de certo e errado, já que ela é conhecida como questionadora e rebelde.

"À medida que for livrando-se dos grilhões da matéria, suas antigas memórias tendem a emergir, gerando a cada dia mais e mais questionamentos. Clarisse, como nós, é um ser em construção, e podemos observar que o excesso de vaidade que carrega de outras existências, mesmo inconsciente, já se manifesta em seu corpo perispiritual.

"Na Terra, no passado, foi uma exuberante mulher, que não utilizou seus dotes femininos a favor da edificação de sua alma. Essa antiga personalidade anseia por manifestar-se como a borboleta que rasga seu frágil casulo. O momento, agora, é de fazer com que sua alma embeleze-se mais do que seu corpo, o que será um grande desafio. Em algum momento, Clarisse terá que fazer a catarse desse triste passado".

Não poderia imaginar o quanto nós, seres humanos, éramos volúveis. O perispírito não mente, afinal de contas. A morte era a "hora do espelho"[35], o momento da verdade, que no Mundo Maior era impossível esconder. Passado e presente manifestavam-se simultaneamente e estavam em constante movimento.

De posse da minha tenuíssima tela, segurei-a à frente do rosto e tornei-a qual espelho, onde olhei meu reflexo juvenil em busca de como estava naquele momento.

Era praticamente a mesma Célia de 1972. Fisicamente havia quase parado no tempo e, no íntimo, ainda queria conservar minha inocência juvenil, como as crianças que foram ao encontro de Jesus. Inocência, sim, mas ingenuidade, jamais. Conhecia-me como poucas garotas se conhecem. Outra garota que se conhecia muito bem era Keila e, talvez por isso, nos déssemos tão bem.

Por um tempo ainda acompanharia Clarisse, tão inocente e ingênua sobre si mesma que, se já havia aceitado a vida do espírito, agora seguiria para a mais difícil das aceitações: aceitar quem era e o que havia feito em vidas pregressas, superando o próprio mal que causou aos outros e, principalmente a si mesma.

As reflexões de mamãe tocavam-me fundo. Mal me lembrava de que houvera passado por um doloroso processo de entendimento de meu próprio passado. Tive que depurar meus erros pregressos para, hoje, estar livre e viver em paz comigo, com o destino que eu mesma havia traçado.

Clarisse estava vivendo na ponta de um *iceberg* pessoal e, a qualquer momento, seus conflitos poderiam emergir. Roguei a Deus que me permitisse ampará-la nos momentos difíceis. Despedindo-me de minha querida e sábia mãe, cruzei os céus a caminho da colônia e, perdida entre nuvens que pareciam sonhos, parei um instante, observando a imensidão silenciosa que se estendia por todos os lados, onde apenas o vento sussurrava em meus ouvidos.

Lembrei-me de quando, pela primeira vez, voei através de grandes distâncias, junto de Keila, em um dia de folga que tivemos.

— Vamos, Célia, sua medrosa! A Terra a espera!

---

35 Célia/ Juliano P. Fagundes, *A Hora do Espelho*, FEEGO, 2015. Referência à obra da mesma autora espiritual.

E saltamos no espaço de mãos dadas, chegando à Terra em poucos segundos. A viva lembrança que tinha era que esse fenômeno fora semelhante à viagem que havia feito com mamãe, da cidadela para o cemitério onde meu corpo havia sido sepultado.

— É muito rápido, Keila. Nem percebi direito o que houve.
— Mas você fechou os olhos, engraçadinha!
— Claro, ora, era muito alto!

E rimos da ironia. Da mesma maneira que aprendi a ficar de pé e depois andar, quando ainda era criança, aprendi, literalmente, a voar através da imensidão azul que chamamos céu, depois de alguns anos no Mundo Espiritual.

O que nos entrava e nos incapacita de realizar prodígios como desencarnados é a nossa própria mente, ainda habituada às limitações da matéria, restrita às normas e sensações da vida na carne. O espírito só reproduz o que a imaginação é capaz de alcançar.

No entanto, não voamos a esmo, existem rotas seguras para que possamos navegar com segurança entre um ou outro ponto da Terra, guiando-nos até nosso destino. Claro que não eram como as vias terrestres, mas eram caminhos luminosos, que orientavam os desencarnados que transitavam à velocidade do pensamento.

De onde estava, avistei, então, o jorro luminoso que saía do Amor e Luz em direção ao alto e rapidamente segui para o templo, atravessando o vão central do prédio, como centenas faziam diariamente.

Cuidadosamente, pousei no solo. Era bom estar ali novamente.

Passei o dia entre enfermos espirituais, ouvindo-lhes as histórias e auxiliando-lhes no que necessitavam. Gostava de conversar, me achavam bonita e simpática, ouvia isso o dia todo. Graças ao bom Deus, minha presença era querida, e a cada dia buscava dar o máximo de mim nas tarefas da casa espírita.

Ao cair da noite, fez-se o encontro de numerosa assembleia preparando-se para mais uma reunião. Organizamos o ambiente com nossas melhores disposições, pois receberíamos visitantes de outros orbes logo mais, que acompanhariam os trabalhos de desobsessão.

Faltando cerca de uma hora para o início de nossa sessão, notamos que densas trevas envolveram o exterior de nossa casa, espalhando-se por becos e ruas, de modo que, no plano etéreo,

247

mesmo a luz artificial dos postes encontrava dificuldade em iluminar os arredores do Amor e Luz.

Muitos de nós aglomeraram-se no pátio do centro para ver o que havia de errado, e vi Demétrius e seu companheiro de farda posicionarem-se em alerta, discretamente. Mentalmente, os guardiões avisaram outros agentes de defesa sobre uma possível situação de perigo, mantendo-os em alerta caso houvesse problemas mais sérios.

A negra névoa tornou-se tão densa que não víamos nada fora dos portões, até que ouvimos o trepidar de cascos em atrito com o asfalto, que parecia o som de pequena cavalaria que se aproximava rapidamente. Quatro cavaleiros[36], então, abrindo caminho por entre as sombras espessas, estacionaram à nossa porta, fazendo suas montarias relincharem e chamando nossa atenção propositadamente.

Notei que eram arautos de um poder temporal, que reinava nos abismos inferiores. Estava acostumada a esse tipo de entidades, embora aqueles parecessem ser detentores de uma força incomum. Podíamos sentir o ódio deles, como alguém que sente o calor de uma grande fogueira à sua frente.

Desmontando de seus garanhões que, sem os seus guias, pareciam mais estátuas do que animais, os quatro seres adentraram os portões do Amor e Luz. Portavam túnicas negras como carvão e pareciam beduínos vindos diretamente do deserto árabe. Demétrius, colocando-se à frente do nosso grupo, interceptou os quatro visitantes.

— Viemos em nome do exército de Helm[37]. É necessário que falemos à sua assembleia, em caráter de urgência, sobre assuntos do mais alto gabarito. Com certeza ficarão muito interessados no que temos a falar. Onde está o representante desta casa? Deve ser informado de nossa visita imediatamente.

Mas, mal acabara de falar, Rubens e Marly atravessaram a pequena multidão reunida no pátio. Claramente, entre os cavaleiros

---

36 Os espíritos utilizam-se de uma referência bíblica, localizada em Apocalipse 6:4, a respeito dos quatro arautos do "fim do mundo".

37 Na tradução literal, tanto do inglês quanto do alemão, *Helm* quer dizer elmo ou capacete, além de leme. Mas também se flexiona em verbo, com o significado de dirigir ou liderar. Traduções muito sugestivas para um líder ou um general.

havia um líder protegido pelos outros três que, silenciosamente, guardavam seus flancos. Demétrius pôs-se, então, de lado, para que Rubens e o líder dos visitantes pudessem ficar cara a cara.

— Boa noite, meus irmãos. É um prazer recebê-los aqui em nossa humilde casa. Que assuntos tão urgentes os trazem aqui? Estamos aqui para auxiliá-los o quanto pudermos — disse Rubens calmamente.

— Boa noite. Somos representantes de Helm e seu exército. Trazemos um recado para esta casa. Temos ordens para falar à assembleia aqui reunida. Viemos em paz, no entanto, temos um dever imperativo a cumprir.

Os quatro homens possuíam símbolos semelhantes a runas incandescentes. Eram identificações que os distinguiam e os referenciavam aonde iam. Lembrei-me da simbologia utilizada por muitos agentes que, em regiões de grande densidade, necessitam de ícones que os identifiquem a distância, já que o pensamento não encontra forças para atravessar a materialidade de certos abismos umbralinos.

A essa altura, todo o pátio do Amor e Luz estava tomado por desencarnados. Rubens, notando o clima de tensão que se apresentava, tratou de organizar a situação o mais rápido possível.

— Ora, se o recado é importante, entremos e busquemos nossos lugares.

Enquanto todos se acomodavam, Rubens, acompanhado pelos quatro homens, posicionou-se no local reservado aos palestrantes em dias de reunião pública. Após todos se acomodarem e o silêncio fazer-se imperioso, o mentor foi o primeiro a falar:

— Recebemos hoje aqui quatro irmãos que vieram de esferas de trabalho muito diferentes da nossa, portando um importante comunicado a todos. Eles solicitam de nós especial atenção.

E virando-se para os cavaleiros, lançou uma observação.

— Queremos reiterar, aos que nos visitam pela primeira vez, que aqui é um hospital, um abrigo de enfermos, além de ser uma casa frequentada por muitas crianças de ambas as esferas da vida. Pedimos o cuidado com o linguajar, para que sua mensagem não seja interrompida, nem sua visita corra o risco de ser encurtada, e possa cumprir seu objetivo ao nos visitar.

Sem responder a Rubens, o líder negro posicionou-se para falar à plateia. Todos os observavam atentamente.

— Como já foi dito, trazemos uma importante mensagem. Estivemos, ao longo de muitos anos, sob o jugo de uma criatura cruel, detentora de grande poder. Aprisionados em trevas, tivemos os fluidos de nossos corpos físicos absorvidos por esse abominável ser, e depois, nossos fluidos espirituais também foram tomados por nosso terrível algoz.

"Muitas almas que, libertas das amarras da carne e arrependidas de seus erros buscavam as novas oportunidades que só a desencarnação poderia lhes proporcionar, foram capturadas e forçadas a viver em martírio por anos a fio, até que não lhes restassem mais forças e fossem abandonadas nas trevas dos abismos.

"No entanto, meus amigos, esse abjeto ser desapareceu sem deixar vestígios, deixando atrás de si um rastro de ódio e destruição. Agora, libertos e fortes novamente, a fome por justiça fervilha em nossas entranhas. Helm nos reuniu para que pudéssemos encontrar esse ser malévolo e os levássemos perante a justiça, fazendo-o pagar por séculos de crimes contra a humanidade.

"Muitos de nós foram enviados a muitos lugares. Muitas casas espíritas foram visitadas, até que, oportunamente, aqui, um de nossos companheiros encontrou uma forte pista do paradeiro do monstro. Graças ao auxílio de uma irmã aqui presente, temos a chance de erradicar da Terra um mal sem precedentes. Quem sabe essa garota, de beleza ímpar e ar angelical, queira ser nossa guia nessa empreitada em prol da justiça e em defesa de todos nós?"

E, olhando-me diretamente nos olhos, estendeu sua mão, convidando-me a estar ao seu lado na busca por Tomas. Emudeci. Meu corpo todo gelara e minhas mãos suavam. O medo ameaçava consumir-me, mas, entendendo que no Amor e Luz operavam forças divinas muito além de minha compreensão, pus-me firme, dando um passo à frente e respondendo em meio ao silêncio sepulcral que se fazia naquele instante.

— Não! Não posso auxiliar seu grupo. A justiça somente a Deus pertence.

Mal acabara de proferir as palavras, arrependi-me. Arrepiei-me da cabeça aos pés. Cada palavra dita, como a pedra lançada, não pode ser trazida de volta. O visitante ainda encarava-me e, recolhendo a mão que antes estava estendida, sorriu ironicamente e dirigiu-se novamente à plateia.

— Ora, é assim que todos aqui pensam? Mas não são vocês mesmos que cultivam ideais de justiça e paz? Todos vocês não trabalham pelo bem comum? Igualmente, nós queremos a paz e o bem de nossos pares.

Rubens, que se mostrava impassível até o momento deixando os visitantes à vontade, interveio, prevendo que a situação pudesse fugir ao controle. Demétrius a tudo acompanhava com olhos de águia.

— Querem paz... Mas a que custo? Uma perseguição infeliz não lhes trará de volta a vida que perderam. A justiça somente a Deus pertence. Não veem que já lhes foi restituída a liberdade? Não pararam para pensar que talvez tivessem merecido o cárcere e que talvez nova oportunidade lhes tenha sido dada, para reverem seus atos e recomeçarem?

— Vocês escondem o paradeiro de nosso algoz. Defendem um monstro! A chave que nos libertará de nossos infortúnios está com essa bela garota! Menina, nos auxilie, venha conosco. Se o desejar, poderemos transformá-la em uma rainha! Será nossa eterna heroína!

Antes reinar no Inferno que servir ao Céu?[38] Era essa a proposta que me fazia? Abaixando a cabeça, declinei da tentadora oferta do visitante.

Vendo que não conseguia o apoio que procurava, o ser mostrou-se irritado, revelando a fúria que carregava em seu interior.

— Muito bem. Se não vão nos auxiliar a fazer justiça e encontrar esse monstro que nos aprisionou e torturou é porque devem

---

38 *"Better to reign in Hell, than serve in Heaven"*, citação original de John Milton: The Poetical Works of John Milton: With Notes of Various Authors - Vol. II, Página 47, linha 263, de John Milton, Henry John Todd - Publicado por Printed for C. and J. Rivington; J. Cuthell; J. Nunn; J. and W.T. Clarke; Longman and Co1826.

se identificar com seus métodos. Pensei que fossem mais sábios e servissem a causas mais nobres. Se não são nossos amigos, serão nossos inimigos.

— Não podemos servir a dois senhores. Decidimos servir ao Senhor da Vida. Se quiser, pode ficar, reúna os seus sob nosso teto e vamos nos fortalecer juntos. Do contrário, sigam seu caminho, com as bênçãos de Jesus auxiliando-os a enxergar a verdade — disse Rubens sem se deixar abater. — O Evangelho nos traz o verdadeiro consolo. A vingança nos trará apenas mais tragédias e arrependimentos.

— Unirmo-nos a vocês? Jamais! Sua afronta merece uma contrapartida à altura.

E, rumando para a saída do salão, esbravejou uma última vez:

— Retornaremos! Mas não para engrossar suas fileiras. Vendo nosso poder, vocês é que desejarão unir-se a nós. Em breve, esta casa estará sob nossa custódia.

— "Haverá pranto e ranger de dentes"[39] — disse o Mestre.

Lançando-me um último olhar, o líder dos cavaleiros e a guarda, seguidos de perto por Demétrius, deram-nos as costas montando em seus negros corcéis. Cavalgando em direção às densas trevas exteriores, desapareceram, levando consigo as nuvens escuras que pairavam ao redor do Amor e Luz.

Durante alguns minutos após a partida dos espíritos, ainda ficamos perdidos em reflexões variadas, trocando impressões sobre a ocorrência do dia. Muitos me procuravam curiosos em saber o que havia acontecido em outro momento, já que eu parecia ser o motivo da estranha visita e posterior ameaça.

De certa forma, sentia-me um pouco culpada por ter causado tanto constrangimento ao Amor e Luz, mas todos com quem conversava buscavam consolar-me e livrar-me desse pesado fardo. De modo algum poderia ser responsabilizada pela irresponsabilidade alheia.

O clima de tensão era visível e a preocupação estampava o rosto de muitos dos espíritos presentes. Temia pelo que aconteceria dali em diante e, aproveitando um minuto de calmaria entre as atividades noturnas, procurei Demétrius para obter impressões mais detalhadas do que se passou.

---
39 Lucas 13:28.

— Eram seres de índole belicosa, Célia, como tantos que vemos por aí, filhos de Deus perdidos entre trevas. Sentem-se humilhados e acreditam que a desgraça de seu algoz pode ser uma espécie de escada que os elevará ao patamar mais alto da escala evolutiva. Acreditam que fazem justiça dentro da Lei de Causa e Efeito, como se fossem instrumentos de um bem maior. Pensam que, capturando um inimigo maligno, receberão bênçãos do Eterno, pavimentando o caminho para a redenção, como vingadores da humanidade. Na verdade, vivem na ilusão motivada pelo orgulho ferido.

— Tenho medo de que voltem trazendo todo o seu exército contra nós. É uma injustiça!

— Medo, Célia? Chama de injustiça aquilo que desconhece. Deus age em toda a parte, está agindo agora e continuará agindo quando esse "exército de Helm" der as caras por aqui. Já participei de muitos embates, minha irmã, e lhe afirmo que não estamos infimamente ameaçados. Aguardando pacientemente, Célia, verá que a misericórdia de Deus está agindo nos bastidores de nossas vidas.

Minha falta de fé era notória e retornei à colônia descrente das palavras de Demétrius. Decidi não julgar e limpei minha mente das opiniões. Tomas ainda dormia, aguardando o momento oportuno de ligar-se ao óvulo materno mais uma vez. Alheio a todas essas questões, ele descansava, preparando-se para outra batalha, dessa vez nas lides da carne.

No dia seguinte, encontrando Keila em casa, propus que fôssemos visitar Tomas. Queria saber como estava sob o influxo de tantas energias perniciosas ao redor de sua pessoa. Encontramo-lo ainda em estado de sono profundo, no entanto, sua psique mostrava-se agitada.

Mesmo dormindo, gemia, franzia a testa e seu corpo dava solavancos regulares. Ele não estava bem. A veneranda entidade, diretamente responsável pelo seu caso e que tantas vezes havia nos recebido e orientado, pôs-se a dar-nos explicações.

— Sabemos da agitação que está havendo no submundo e, pelo visto, Tomas também. De algum modo, ele sente a onda de ódio endereçada a ele. Como ainda não se livrou totalmente de seu lado sombrio e vingativo, capta parte das vibrações emitidas contra ele e se sintoniza com quem o persegue.

— Mesmo neste quarto hermeticamente fechado, onde nem o pensamento pode penetrar, ele capta o sentimento de ódio dos adversários?

— Nosso pensamento possui uma força descomunal. Tomas possui fortes pensamentos endereçados a ele e, de igual forma, endereça de volta pensamentos igualmente fortes. Pensamento é energia e, neste momento, as defesas de seu leito estão sofrendo com tamanhas correntes de energia, bombardeando seus módulos de força. Tememos que Tomas acorde e coloque a perder todo o progresso que fizemos até agora.

— A mãe de Tomas precisa recuperar-se psicologicamente e querer tornar-se mãe novamente. O trabalho de pré-natal espiritual continua sendo feito aqui, com seus futuros pais?

— Sim, mas a futura mãe mostra-se entristecida e sem coragem. Se os algozes de Tomas não podem encontrá-lo, a situação de sua mãe é muito diferente. Se for identificada pelas entidades malfazejas, podem complicar-lhe a maneira de agir e pensar, dificultando o nascimento da futura garota, e talvez até inspirando a mãe ao aborto delituoso, já que está fragilizada.

A reencarnação de Tomas tornava-se uma corrida contra o tempo. Entendia agora porque seu caso estava submetido aos cuidados de entidades tão elevadas. Sua ausência estava gerando grande revolução nos abismos mais profundos da Terra. Tomas se tornaria tema recorrente de nossas preces.

Igualmente, Keila e eu tínhamos receio de que todo aquele maravilhoso trabalho, iniciado havia alguns anos junto ao ex-vampiro e sua família, pudesse perder-se. Situações como essa nos chamavam a expressões da fé maior que deveríamos cultivar em nossos corações.

Meus pensamentos tornaram-se confusos. Deveria ou não ter medo? Estávamos ou não ameaçados? Como deveria encarar minha rotina? Certa noite, busquei mamãe no aconchego de nossa residência na colônia. No sofá, deitei-me em seu colo como uma criança acuada.

Ela, que tudo sabia, esperava silenciosamente que fosse procurá-la, manifestando meus anseios mais íntimos.

— Mamãe, estou com medo.

Ela, acariciando meus cabelos, pôs-se a falar mansamente:

— Certa vez, quando você tinha cerca de sete anos de idade, estávamos em casa quando ouvimos o ribombar de pesados trovões. Naquela época, 1911, eu acho, a cidade do Rio abarcava enorme quantidade de chuvas. O som foi tão intenso que as vidraças tremeram. Gritando descontroladamente, você correu em minha direção e abraçou-me tão fortemente que ameaçou derrubar-me. Você chorava acreditando que algo nos destruiria e que sua vida corria perigo.

Tentei acalmá-la, mas não me ouviu. Estava surda aos meus consolos de mãe amorosa. Com o passar do tempo, naturalmente, acalmou-se e, após alguns minutos, portava-se como se nada houvesse acontecido. Você ainda é a mesma garotinha daquele tempo, e só tenho a lhe dizer, filha, que o tempo ensina mais do que as palavras.

Estava aflita. Meu íntimo me cobrava a fuga mas minha razão me cobrava a fé. Resolvi, tomando o caminho consolador da fé, não mudar nada em minha rotina e continuei meus afazeres, ignorando o alarme interior que tocava insistentemente.

Nesses momentos de insegurança e sofreguidão, costumava me recordar de Tâmara, minha antiga professora que, trabalhando em esferas mais elevadas, raramente via. Desde os tempos da cidadela, uma simples palavra sua era capaz de encher-nos de amor ao ponto de verter lágrimas. Roguei-lhe em prece, certa noite, antes de dormir, que me desse luz e força. Luz para entender as provações que me aguardavam e força para vencer quaisquer desafios que se apresentassem.

Mesmo achando estranho rogar bênçãos a outro espírito, como eu mesma o era, pedi-lhe o amparo de que tanto necessitava, abrindo um olho de vez em quando para ver se ela não estaria lá, me olhando e rindo de minha inocência, mas felizmente — ou infelizmente — Tâmara não apareceu.

Imaginei se a fé que tinha nessa santa entidade não seria fruto de uma herança católica. Enfim, mais conformada, dormi sem esforço. No dia seguinte, recuperada, tornei a lembrar dos avisos de guerra, que não me deixavam esquecer do que me esperava para breve.

No Amor e Luz, vez ou outra, entidades menos nobres vinham escarnecer de nós, dando notícias de imenso exército que logo alcançaria as portas de nossa instituição, sedentos por vingança. Durante vários dias sofremos com esse tipo de assédio, até que o grupo de missionários do qual Keila fazia parte trouxe-nos notícias concretas do mal que nos avizinhava.

O líder de sua equipe socorrista, pedindo permissão a Rubens e Marly, solicitou uma reunião extraordinária apenas com os trabalhadores de nossa casa, tanto encarnados quanto desencarnados, configurando centenas de entidades filiadas ao Amor e Luz.

Reunimo-nos em amplo auditório no prédio etéreo da instituição, muitos andares acima do solo. Posicionando-nos em nossos lugares, aguardávamos o líder da equipe que, subindo à tribuna acompanhado de uma jovem, pôs-se a falar.

— Boa noite. Obrigado pela presença de todos. Sabemos que abandonaram importantes atividades para estarem conosco, mas não pediríamos a presença de tantos irmãos se nosso recado fosse menos grave. Nossa irmã Ananda fará uma breve prece para nossa harmonização e, em seguida, solicitaremos especial atenção.

Já conhecia todos os integrantes do grupo devido às visitas periódicas que faziam ao Amor e Luz para nos trazer entidades menos felizes para tratamento, bem como notícias da crosta e zonas umbralinas.

— Muito obrigada, Senhor da Vida, por essa sublime oportunidade que nos dá de reunidos em seu nome defendermos os nobres princípios de justiça e amor. Necessitamos, neste instante, de Sua luz e paz. Rogamos Sua presença em nossas vidas, pois somos ainda muito carentes do Senhor.

"Neste momento, louvamos ao Senhor, reforçando a aliança que fizemos em prol de seus ideais, visando ao bem maior, ao progresso da humanidade e ao progresso de nós mesmos. Muito obrigada!"

E, embalados por essa sublime prece, pudemos ouvir o líder da equipe com mais serenidade e atenção.

— Não tomaremos o tempo de vocês em demasia. Em nossas visitas às regiões do astral inferior, temos observado, nos últimos dias, intensa movimentação de forças nitidamente antagônicas aos nossos ideais. Grande número de entidades tem sido convocado a participar de um grande exército liderado por um espírito que se autodenomina Helm.

A cada dia, mais e mais seres têm engrossado as fileiras dessa infantaria, movidos por interesses diversos, promessas variadas e perspectiva de vantagens. O que iniciou com um pequeno grupo de espíritos rebeldes, unidos por um ideal de vingança, transformou-se em uma multidão caótica, visando à destruição de nossa casa espírita. Em breve, esse grande exército baterá à nossa porta e deveremos estar a postos para recebê-lo.

Grande burburinho se fez na plateia atenta. Não passava por nossa mente receber tão perigoso grupo em nossa casa.

— Ora, vocês parecem assustados. Só impera o ódio onde falta o amor. Nossos irmãos não estão cheios, estão vazios. Esse vácuo que reside em suas almas precisa ser preenchido. Onde melhor do que aqui, no Amor e Luz?

Boquiabertos, ouvíamos incrédulos as palavras do líder da equipe.

— Por mais que nossos visitantes nos pareçam uma horda vil e perigosa, formada por guerreiros armados e prontos a nos enfrentar, não podemos nos esquecer de que são nossos irmãos, incapazes de lidar com suas próprias mágoas e seu próprio orgulho.

"Estão doentes da alma e no fundo imploram por auxílio na ânsia de retirar pesado fardo dos ombros. Durante suas existências, esses nossos infelizes irmãos conheceram diversos tipos de violência e, ao mesmo tempo em que sofreram, também ofenderam. Muitas vezes foram vitoriosos e também sofreram muitas derrotas. Desencarnaram várias vezes sob o auspício de lutas intermináveis pela sobrevivência do mais forte. Logo trarão sua áspera realidade de vida até nós, nos instigando a nos sintonizarmos com suas energias deletérias, intentando colocar-nos no mesmo nível de desequilíbrio em que eles próprios estão, pois não conhecem outra realidade nem outra forma de agir. Veem-nos como inimigos, e devemos vê-los como enfermos.

"O que devemos fazer agora, meus irmãos, é orar e rogar que o Senhor da Vida ilumine-nos nos momentos vindouros, pois a luz afasta as trevas. E, ao mesmo tempo, agradecer pela oportunidade de auxiliar essa multidão de irmãos doentes que nos pede socorro, mesmo que de modo tão adverso. Em nenhuma ocasião, meus irmãos, deveremos esquecer os princípios do Evangelho trazidos até nós através das sábias palavras do Cristo: "Mete no seu lugar a espada porque todos os que lançarem mão da espada, à espada morrerão"[40]. Nossas verdadeiras armas são a fé, a oração, o amor e o exemplo através do nosso trabalho.

"'A fé move montanhas'[41] e nossa fé poderá facilmente movimentar uma multidão, se assim o quisermos. A vitória será nossa se estivermos ao lado do Cristo".

As palavras proferidas pela entidade foram lindas e, mesmo sem saber ao certo como seria quando esse grande exército chegasse à nossa casa, nos sentíamos confiantes de que tudo acabaria bem. Mais despreocupados, retornamos aos nossos afazeres, não sem antes notar que seleto grupo ficou em reunião, formado por Rubens, Marly, o chefe da equipe e mais alguns de nossos diretores. Senti-me muito amparada ao vê-los deliberando em meio à crise que se instaurava, em prol do bem e da harmonia de todos.

Poucos dias se passaram até que pudemos, enfim, ouvir o rufar de estranhos tambores, uma batida lenta e rítmica que vinha de longe. Em um primeiro momento não atentamos para o que se tratava, mas logo chegou a notícia de que uma "guerra" estava se aproximando e não tardaria a chegar. O momento derradeiro avizinhava-se.

Com nossos sentidos em alerta ao que se passava lá fora, notamos que se juntava à batida dos tambores o som da marcha de inúmeros seres que se aproximavam, ferozes, vestidos de armaduras e capuzes que lhes escondiam as rugas de sofrimento e os esgares de revolta. Seguravam tochas e portavam armamentos

---

40 Mateus 26:52.

41 Mateus 17:20.

medievais, como espadas, lanças, arcos e outros que desconhecia. Notava-se que só portavam as armas que suas mentes eram capazes de conjurar.

Os quatro cavaleiros de outrora iam à frente e, logo atrás, no que parecia ser uma carruagem, estava o líder de todo aquela tropa, o espírito que se intitulava Helm. Ostentava grande capacete negro incrustado com dois chifres. Pesada armadura lhe protegia o corpo e uma longa capa vermelha tremulava ao ritmo da marcha. Um exército fiel o seguia logo atrás, marchando sob negro véu de brumas.

A noite já estava alta quando conseguimos ver o clarão das tochas. Várias entidades fugiram apavoradas, com medo de sofrerem algum tipo de retaliação, pois estavam no caminho da turba ensandecida, exalando ódio.

No Amor e Luz, o silêncio era total. Quando os quatro cavaleiros, verdadeiros arautos da desgraça, alcançaram os portões da casa espírita, as defesas magnéticas estavam levantadas e a grade trancada. Os homens, ainda montados nos cavalos, entreolharam-se, indecisos.

Quando a carruagem parou, Helm desceu vociferando.

— O que estão esperando?

— As defesas estão levantadas! Estão protegendo-se lá dentro.

— Ora, pensam que podem se safar de nós? Bando de cov...

Ao levantar a mão revestida de pesada manopla até a grade que fechava a entrada do centro, uma luz se fez seguida de forte estalido, e Helm foi arremessado a vários metros de distância. Ao cair no chão, urrou de dor. Ele olhava horrorizado para o que restara de seu braço, que havia sido destruído devido ao forte choque de forças antagônicas. As moléculas de seu perispírito foram desagregadas, e no lugar do membro saudável se via apenas algo disforme e enevoado, como se houvesse se dissipado.

Mudo, o guerreiro contemplava seu braço sem compreender o que aconteceu. Passados alguns segundos, as partículas de seu corpo perispiritual foram se reagrupando e reconstituindo o braço como era antes. Restabelecendo-se do susto, o homem retomou a postura altiva. Dessa vez, a distância, gritou contra a silenciosa casa espírita:

— Covardes! Fogem à nossa presença através de subterfúgios. Pois saibam que daqui não sairemos! Somos espíritos imortais como vocês e podemos ficar aqui por toda a eternidade!

Gritando palavras de insulto, Helm ameaçou-nos incessantemente. Em um determinado momento, vociferou meu nome, acusando-me de ignomínias e bravejando como iria violentar meu corpo quando me encontrasse.

Envergonhada, deixei verter uma lágrima. A situação havia chegado ao limite da tolerância e necessitava de atenção imediata. As fortes barreiras de energia que protegiam a casa espírita foram desligadas, e os portões do Amor e Luz foram abertos automaticamente, silenciando os algozes. No entanto, nenhuma alma viva foi recebê-los. A casa espírita continuava silenciosa e aparentemente deserta.

Rapidamente, os cavaleiros avançaram pátio adentro, seguidos pelo general que conclamava a invasão.

— Andem! Ataquemos! Vamos invadir! Vamos forçá-los a aparecer! Devemos aprisioná-los e torturá-los.

Guerreiros afoitos atravessaram o pátio vazio de nossa instituição, pensando que estivéssemos escondidos e procurando-nos em cada fresta pela qual passavam. Mas não havia ninguém ali.

A porta do salão de reuniões foi aberta. Lá, havia uma luz que chamou a atenção do odioso grupo.

Ordenando que dez guerreiros atuassem como guardas e vigiassem a entrada do salão, Helm e seus cavaleiros penetraram a nave vazia. No centro, ao alto, uma luz flutuante a tudo iluminava e, antes que dissessem qualquer coisa, o foco iluminado foi descendo do teto lentamente.

Outros pontos luminosos se acenderam no ar e caíram sobre o grupo de intrusos. Curiosos, os guerreiros erguiam suas manoplas para pegar as pequenas luzes, que imediatamente penetravam no corpo deles, instalando-se no tórax, que passava a brilhar.

Estavam encantados com o fenômeno qual crianças na presença de um novo brinquedo, tentando aprender o funcionamento dele. Mais uma vez o líder vociferou.

— Que brincadeira é essa?! Onde estão vocês?! — gritava o transtornado homem a plenos pulmões.

Imediatamente, após aquelas palavras terem sido proferidas, elevada entidade manifestou-se com intensa luz, atrapalhando a visão da horda confusa. De onde estávamos pudemos ver que se tratava de uma presença feminina, que suavemente flutuava sobre eles. Quem seria ela? Um anjo enviado dos céus, perguntávamos uns aos outros. Grande parte dos guerreiros presentes, lançando suas armas ao chão, caiu de joelhos implorando perdão frente ao que consideravam uma emissária divina para puni-los. Em sua culpa, imaginavam que o brilho provinha da espada flamejante da justiça que cairia sobre eles.

Logo uma voz feminina pôde ser ouvida por todos, a mais bela voz que qualquer um ali já ouvira em suas existências. Ela falava diretamente em suas mentes.

— Boa noite, meus irmãos. Sentimos muitíssimo se em algum momento causamos algum tipo de dor a algum de vocês, não era nossa intenção. Nossas defesas servem apenas à defesa e não ao ataque. Perdoe-nos.

— Sua covarde, quem é você? Onde estão os trabalhadores desta casa?

— Não há covardes aqui, apenas não temos guerreiros à altura de enfrentá-los.

— Então seja você a futura mártir desse grupo! Ataquem! — bradou o líder.

Lanças e flechas cruzaram o ar em direção a Tâmara. Vidrados, acompanhávamos cada milésimo de segundo da ofensiva sem precedentes contra a entidade tão maravilhosa. No entanto, para surpresa geral — inclusive a nossa — os armamentos desviaram-se dela — ou ela desviou-se —, sem causar-lhe dano algum, espatifando-se no chão[42]. Com os olhos, busquei Demétrius que, a postos, calmamente observava o desenrolar dos fatos, com um sorriso de satisfação no rosto. Entendi que tudo o que acontecia havia sido minuciosamente planejado.

Sem titubear, o líder Helm, vendo o fracasso da primeira investida, utilizou de outra técnica de combate: a persuasão.

---

42 Ernesto Bozzano, *Pensamento e Vontade*, FEB, 1995. Allan Kardec, *O Livro dos Médiuns*, cap. 8, FEB, 2005. Allan Kardec, *A Gênese*, cap. 14, FEB, 2013.

— Procuramos por um monstro conhecido por Tomas. Queremos justiça!

— Ora, a justiça divina chegou antes de vocês. Ele reencarnará em breve, e não há nada que eu ou vocês possamos fazer a esse respeito.

Impotente frente à presença angelical, vimos a fúria ensandecida da multidão perder força. Nunca vira Tâmara tão bela e luminosa quanto se mostrava naquele momento. Helm não estava preparado para o diálogo e sentiu-se deslocado, pois só conhecia a linguagem da violência. Dor e revolta eram as suas motivações.

— Meus irmãos, ouçam, por favor. Forças superiores a todos nós operam a favor do cumprimento de uma lei maior. Tomas terá um futuro condizente com os crimes que cometeu. Além de penalizado, ainda terá que ressarcir todos os danos que causou. Seus crimes contra a humanidade serão resgatados em existência próxima.

"Nós compreendemos que a mágoa de vocês tem uma razão de ser, no entanto, a solução dessa contenda está além do nosso alcance, pois ele, já tendo sido julgado como culpado pela própria consciência perante os tribunais do Eterno, solicitou para si mesmo merecido destino. Serão cumpridas as leis da justiça e do progresso. Acabaram-se os motivos para ódios descabidos e rancores. Tomas foi-se".

— Mas ainda podemos persegui-lo enquanto estiver na carne, fazendo com que sofra parte dos horrores que nos causou.

— Sim, é claro que podem. Mas é isso que querem? Persegui-lo indefinidamente, mesmo sabendo que já está sendo cumprida sua sentença? Não temem vocês próprios incorrerem no crime, desafiando a justiça do Eterno, tornando-se réus de novas justiças? Se até ele, que foi entre vocês o maior algoz, recebeu a devida corrigenda, que será de vocês, menores em força? Acreditam que farão melhor do que ele e fugirão à presença da Verdade?

As criaturas refletiram e, cabisbaixas, entreolhando-se. Estavam aturdidas, confusas. A voz de Tâmara incutia-lhe novas ideias, fazendo-os refletir sobre suas vidas e seus propósitos.

O líder do grande grupo apertava os olhos e bufava. Via seus planos ruírem. Anos de planejamento e intenso trabalho caíam por terra. Ali, naquele momento, sua vida parecia perder o propósito.

— Você foi um valoroso guerreiro no passado, Helm. Ainda existe muita honra em seu coração.

— Eu sofri! Eu sofri! Agora só penso em vingança! Vim aqui para destruir todos vocês!

— Sofreu, pois se desviou dos bons propósitos de liberdade e igualdade. Tornou-se ambicioso e cruel, transformando justiça em vingança. Deveria pensar em se aliar a nós e fortalecer-se. Não deseja acabar com suas dores? Acabar com o objeto de seu ódio? Não prefere ser um emissário de um poder supremo, além dos limites humanos? Aproveite essa oportunidade começando por não reunir mais crimes sob sua sombra.

— Ora, mas nós não viemos como criminosos, viemos como arautos da justiça que merecemos. Não somos criminosos!

— Muito bem, no entanto, daqui em diante, devem ficar em paz, pois já foi estabelecido o devido resgate àquele que os injustiçou. O objetivo de vocês foi cumprido por outro caminho, apesar de não ser da forma que esperavam.

— Mas como saberemos se ele receberá a devida punição, equivalente a todos os crimes que cometeu?

— É uma dúvida pertinente, já que talvez vocês ignorem os meios pelos quais Nosso Pai Celestial opera. Tomas nascerá em uma situação totalmente adversa à que viveu até hoje. O corpo será para ele uma prisão, onde terá dificuldades em manifestar seus desejos primários e nem terá forças para dominar a outrem. Além disso, estará submetido a rígidas disciplinas durante toda a vida, sob pena de ter sua existência destruída e perder sua reencarnação, o que resultaria em uma nova encarnação com restrições ainda maiores a penitenciá-lo.

"O cerco sobre ele fechou-se de tal forma que, além de todas as limitações, ainda terá que restituir os prejuízos que causou a encarnados e desencarnados com os quais conviveu, de modo que até o último ceitil deverá ser pago. Em dado momento, todos

263

vocês serão levados até ele e, frente a frente, terão direito ao último acerto de contas. Não duvide disso!".

Assustado, o grande general Helm deu um passo para trás e encarou Tâmara sem palavras para expressar seus confusos sentimentos. Notamos que sua expressão de ódio e rancor havia se dissipado.

— Junte-se a nós, Helm. Convença seus seguidores a ficarem. Acompanhe de perto a resolução desse caso tão complexo. Esteja conosco para que possamos estar com vocês.

— Como conseguiram capturar a fera? Seu poder era imenso!

— Tomas entregou-se a nós convencido de que seus crimes precisavam de punição e reparação. Arrependido de sua vida de crimes, solicitou-nos asilo, tratamento e nova oportunidade de vida. Aquilo que destruiu será reconstruído, as vidas que comprometeu serão restauradas, como as de vocês. Se ficarem, terão seus casos analisados um a um, e suas perdas serão ajuizadas. Novas oportunidades esperam a todos.

— Ora, mas que poder é esse que detém? Custo a acreditar!

— Deus opera em toda parte. E, para todos os Seus filhos, reserva um vida gloriosa. No entanto, o Pai Eterno trabalha leis soberanas que, muitas vezes, estão além de nossa compreensão. Todo ensejo de vingança é fruto de nosso orgulho e nossa vaidade, contra os ideais nobres de justiça do Pai Maior.

"Deus opera em nós através do progresso, dando-nos oportunidade de reparar nossos erros através do sacrifício e do trabalho. Tomas irá colher tudo aquilo que plantou. Ao mesmo tempo em que semeará novamente, na busca por colheitas melhores. Vocês, de igual forma, terão as mesmas disposições. Por favor, aceite. A companhia de vocês será importante para nós e sentimo-nos entristecidos por esse grande mal-entendido!

"Se por um lado sentem-se frustrados por seus planos não terem sido cumpridos a termo, deixe-nos recompensá-los, pois as bênçãos que nosso mestre Jesus nos reserva são ilimitadas. Todos sairemos vitoriosos daqui hoje!".

Por alguns segundos, Helm olhou, imóvel, para o rosto angelical de Tâmara. A beleza dela era indizível. Com os punhos cerrados, virou-se e contemplou seu séquito de legionários que, impassível, aguardava mais uma ordem. Era responsável por cada uma daquelas almas. Seria justo também escolher por eles? Retirando o capacete com chifres que lhe cobria o rosto, lançou-o no chão. Era o fim.

Tâmara, esboçando enorme sorriso e com lágrimas correndo-lhe pelo rosto, desceu ao solo, reduziu a intensidade de seu brilho e, caminhando suavemente em direção de Helm, disse olhando-o nos olhos:

— Bem-vindos, meus irmãos!

Ela abraçou-o ternamente como uma mãe abraça um filho. Helm devolveu o abraço, constrangido por seus atos hostis e duras palavras que endereçara àquela casa, sentindo que despertara, dentro de si, sentimentos adormecidos por longo tempo. Centenas de armas caíam no chão, o exército de Helm desarmava-se voluntariamente. Não havia mais fúria, nem violência e o cansaço era visível em seus rostos. Erguendo a fronte, Helm fez, então, um pronunciamento.

— Estão livres! Podem ficar, se quiserem, ou irem embora, se assim desejarem.

Dos pavimentos superiores do prédio imaterial do Amor e Luz assistíamos comovidos ao desenrolar das sublimes cenas. Ansiosos como estávamos desde a chegada dos intrusos, fomos nos acalmando ante a doce voz de Tâmara. Aos poucos, os tarefeiros espirituais foram se integrando ao grupo recém-desarmado, oferecendo-lhes leito e alimento.

O tratamento despendido ao grande exército de Helm refletia a vontade que tínhamos de manter a paz, transformando inimigos em amigos, e, quem sabe, em futuros tarefeiros. Grande parte formava-se por desorientados, sem saber que rumo tomar dali em diante. Alguns ainda mostravam-se contrariados, ainda que pacíficos, pois esperavam algum tipo de acerto de contas, ora devido ao ódio que ainda carregavam de Tomas, ora por acordos escusos feitos com Helm e seus cavaleiros, com o intuito de engrossar-lhe as fileiras de combatentes.

Notando a insatisfação destes outros, o general retomou a palavra para a resolução das insatisfações.

— Não me sinto mais responsável por nenhum de vocês. Se ainda acreditam terem contas a acertar com Tomas, então, por si só, resolvam suas pendências, mas os que ainda se achem credores de agravos meus, digo-vos que isento-me de responsabilidades, pois a partir de agora deixo de ser líder e entrego meu elmo ao primeiro que desejar vesti-lo. Não tenho nada mais a oferecer a nenhum de vocês.

Alguns guerreiros, lançando-lhe olhares de desagrado, saíram blasfemando e jurando vingança próxima. Mas Helm estava sob os auspícios de uma força maior do que todos ali presentes e se tornaria inalcançável para o tipo de vingança que planejavam. Separado o joio do trigo, pudemos retornar aos nossos afazeres, e os visitantes foram incorporados às nossas hostes como enfermos habituais.

Tamanho número de espíritos demandando atendimento necessitava de número extra de trabalhadores, em caráter de urgência. Felizmente, todos os guerreiros se mostravam "saudáveis" e "lúcidos", de posse de suas faculdades mentais. Separados para serem atendidos individualmente, mostraram-se mais abertos à conversação e até gentis ao tratar conosco.

De minha parte, não sentia raiva pelas ofensas proferidas por Helm a meu respeito. Mas, entristecida, evitei-lhe a proximidade, principalmente por não conhecer, realmente, as intenções dele. Ele e Tâmara permaneceram em íntima conversação por vários minutos até que ouvi o chamado mental de nossa angelical defensora. Mesmo com medo, fui até a presença de Tâmara e Helm. Como se localizavam em um patamar mais elevado da instituição, tive que subir um pequeno lance de degraus. Ambos me olhavam. Evitei cruzar olhares com o general, mas foi inevitável.

— Célia, minha querida irmã, Helm solicitou sua presença. Que bom que veio. Em silêncio, mantive-me cabisbaixa.

— Minha filha, chamei-a aqui para pedir-lhe perdão pelas atrocidades que disse. Sinto-me envergonhado ante tua presença casta e pura. É como um anjo juvenil e nunca deveria ter maculado seu nome perante os seus! Sou um réprobo e mereço o inferno como recompensa! Perdoe-me! Perdoe-me! — e, ajoelhando-se, beijou-me os dedos dos pés em uma cena que, sinceramente, nunca esperava ver.

Toda a multidão de seres parou para ver o acontecimento, e o silêncio se fez geral. Sem mostrar-me abalada frente a atitudes tão discrepantes, segurei o choro e, olhando-o, meneei a cabeça. De certa forma também me sentia injustiçada e, nesse dia em especial, tive que exercitar a misericórdia e o perdão, frente à injúria e à maledicência.

Mais tarde, na intimidade do lar, as lágrimas brotaram aos jorros quando pude lavar a alma pelas ofensas recebidas e, esquecendo a mágoa, busquei o colo de mamãe que, solícita, aguardava-me o desabafo.

8
Tempo de colheita

No dia seguinte, já restaurada e de consciência limpa, retornei à cidadela, buscando um clima mais ameno e convidativo ao refazimento. A colônia havia crescido desde o tempo em que nela habitei e imaginei que, na verdade, havia conquistado mais relevância entre as colônias espirituais da Terra, amealhando mais e mais recursos para a própria sustentação.

A administração de Niras era exemplar, e o bom andamento de seu trabalho demonstrava que estava amadurecendo como "governador". Encontrando Clarisse e algumas colegas que ainda estavam por lá, reunimo-nos para pôr as "fofocas" em dia e, com a bela paisagem que se descortinava aos fundos da escola servindo-nos de inspiração, conversamos animadamente por horas.

Foi um encontro muito divertido, no entanto, a situação de Clarisse ainda preocupava-me. Entre um e outro assunto, observava-a atentamente. Mostrava-se alegre, porém, destemida e impetuosa, ostentando beleza e maturidade com uma ironia desnecessária perante suas companheiras.

Achavam-na divertida, no entanto, eu notei que estava esnobe a ponto de ultrapassar os limites da tolerância. Sua personalidade anterior consolidava-se a cada dia. Clarisse era a garota mais bela entre suas companheiras na cidadela, mas essa beleza máxima aliava-se a manifestações de desvios morais que desabrochavam de maneira divertida e despretensiosa. Acreditando que deveria intervir antes que essa ironia se transformasse em arrogância e crítica, procurei mamãe para conversar a esse respeito.

— Mamãe, sinto-me responsável por Clarisse. Estive na cidadela e, ao mesmo tempo em que fiquei feliz ao vê-la tão bela e madura na aceitação da vida espiritual, também vi que muitas de suas tendências provenientes de vidas anteriores vêm se manifestando sutilmente. E não são suas melhores tendências! Quis dar-lhe conselhos, mas depois desisti ao vê-la retrucar comentários com ironia, a título de piada, para divertir as companheiras.

Mamãe, refletindo por alguns instantes, respondeu:

— A saudade que sente da mãe é nossa aliada nesse caso, filha. Não seria o momento de reuni-las, para que, recordando-se do sentimento que nutria pela genitora na Terra, possa reconectar-se com a Clarisse-menina frágil de antes? Esse encontro poderia ser o palco para aprender certas lições sobre o amor e a humildade como passagem para uma vida mais feliz.

Você poderia levar Clarisse para participar do Evangelho no Lar, ministrado pela mãe dela, ou acompanhar os trabalhos que realiza na casa espírita e depois, se ela se mostrar equilibrada nesses encontros, aproveitaríamos o desdobramento noturno para reuni-las em uma primeira conversação.

Formalizando o encontro dessas duas almas que tanto se amavam, objetivávamos despertar em Clarisse ternas lembranças de sua breve vida como adolescente, reavivando sentimentos que haviam se apagado, reacendendo a chama do amor filial e da pureza que tinha quando a conhecemos.

Sabíamos que a tarefa seria difícil, mas estávamos otimistas. Em uma reunião com Niras e Luzia, conversamos sobre nossas pretensões, pois, como nossos planos envolviam idas e vindas de Clarisse à crosta, deveríamos informá-los de cada detalhe do que pretendíamos.

Compreendendo o caráter de urgência que a situação exigia, foram condizentes conosco e apoiaram tal missão, já que Clarisse e eu possuíamos uma íntima relação de amizade, e ela confiava mais em mim do que em si mesma.

Refiz meu calendário de atividades e conciliei meus dias de trabalho no Amor e Luz com os dias em que Marlene frequentava o centro espírita, que seriam os dias em que levaria Clarisse para ver a mãe.

Niras havia solicitado à casa que aceitasse Clarisse como voluntária, deixando-lhe as portas abertas ao trabalho produtivo ao lado da mãe, o que as auxiliaria a compartilhar pensamentos enquanto estivessem dentro do centro.

Esperávamos ótimos resultados, pois a presença de uma ao lado da outra geraria grande sintonia entre ambas e, pressentindo a presença da filha, Marlene continuaria a alimentar a fé na continuidade da existência após a morte.

***

No dia destinado ao encontro entre mãe e filha, Clarisse mostrava-se forte e desinteressada, avessa a sentimentalismos e acusando-me de impor-lhe "mais disciplina". Com paciência quase maternal, segurei a mão dela e guiei-a em sua primeira volitação.

A vida cotidiana na cidadela era muito segura e cômoda para Clarisse. Colocando-a em contato com situações desconhecidas, eu esperava obter ótimos resultados, despertando-lhe novas emoções através da curiosidade juvenil. Quando me acompanhou na montanha russa de sensações que era a movimentação livre do espírito à incrível velocidade, vi que minha irmãzinha ingênua ainda estava viva sob a altivez daquela jovem madura que apenas aparentava ser.

Às portas da casa espírita, fomos recebidas com muita disposição e alegria por uma mulher chamada Alice, uma das responsáveis pelo atendimento fraterno.

— Muito bem-vindas! É gratificante conhecer jovens tão dispostas a encarar o trabalho cristão, principalmente dentro da doutrina espírita. Meninas, estou impressionada, vocês duas são belíssimas, uau! Com certeza devem ter arrasado muitos corações na Terra, hein? — e deu uma piscadinha.

— Só não deu tempo de desfilar muito por lá... — eu disse em tom de brincadeira, e todas rimos.

— Niras havia me avisado que viriam, mas que apenas uma de vocês duas estagiaria por aqui.

— Sim, a vaga é para essa minha irmãzinha Clarisse.

— Irmãzinha? Uma loirona desse tamanho? — Alice disse fazendo uma cômica expressão de assustada. — Mas e você, minha irmã, já está trabalhando?

— Sim, sou efetiva do Amor e Luz.

— Meus parabéns, está muito bem empregada, graças a Deus. Deve ter muitos méritos para ter sido efetivada lá!

Alice era alegre e divertida, parecia ligada em 1000 voltz, e conversava conosco com intimidade e respeito. Simpaticíssima, apresentou-nos a casa, que eu conhecera outrora, embora superficialmente, com mamãe. Clarisse parecia uma criança em uma loja de brinquedos, arregalando os olhos para tudo que via. Logo mostrou curiosidade para conhecer melhor a evangelização.

— Menina do céu, se você se acertar no trabalho com essas crianças, irá para o céu de elevador, porque esses pequeninos não são fáceis!

Alice envolvia-nos em vibrações de alegria, e sua presença era capaz de iluminar qualquer um imediatamente.

— Mas não se preocupe, Clarisse. Sabemos que, antes de tudo, está por aqui por sua mãe. Provavelmente quer estar ao lado dela no trabalho — Clarisse concordou silenciosa. — Logo mais ela estará aqui. Já a encontrou após desencarnar?

E, após seus olhos brilharem, respondeu não meneando a cabeça. Alice apenas sorriu sem dizer mais nada. Eu sabia que Clarisse ansiava por reencontrar a mãe.

Misturada como estava aos outros trabalhadores, Clarisse parecia outra. Conversava alegremente sem queixas ou ironias e fazia observações divertidas de vez em quando. Aos poucos se soltava, dando asas à menina alegre que ainda morava em seu coração.

Intimamente, agradeci a Deus. Tive certeza de que tínhamos tomado a decisão certa. Cerca de uma hora antes do início da reunião pública, Marlene apontou na porta de entrada. Como se um raio a houvesse atingido, Clarisse notou a presença da mulher imediatamente, como se a mãe fosse um clarão em meio à escuridão. Quando a viu, os olhos da menina encheram-se de lágrimas.

Lembrei-me de mim mesma quando fui ao meu velório e encontrei minha família pela primeira vez após desencarnar.

— Mamãe! — disse minha irmãzinha quase perdendo o fôlego.

Correndo de braços abertos, Clarisse foi na direção de Marlene que, mostrando-se confusa como se houvesse ouvindo algo, parou e olhou ao redor. Não vendo nada que se encaixasse em sua percepção, continuou sua caminhada. Uma de suas companheiras, intrigada, perguntou:

— O que foi, Marlene? Parece procurar algo. Perdeu alguma coisa?

— Não é isso... Pensei ter ouvido meu nome, como se alguém me chamasse.

Clarisse, chocada, buscava chamar a atenção da mãe, mas ela era imune aos seus afagos e palavras de afeto.

— Mãezinha, estou viva, mamãe.

Eu e alguns outros espíritos aproximamo-nos emocionados e erguemos as mãos para transmitir intensas vibrações de calma e paz. Clarisse mostrava-se encantada ao ver a mãe tão próxima. Admirava-a como se a mãe fosse uma artista famosa ou algo assim.

— Alice, ela não me ouve? Não me vê?

— Não, Clarisse, mas capta seus pensamentos em seu subconsciente. Acalme-se e concentre-se.

Como sempre acontecia nesses casos, alguns poucos desencarnados mostravam-se interessados e curiosos com esse inusitado encontro entre mãe e filha, separadas pelas duas esferas de existência, enquanto a grande maioria continuava seus afazeres, sem incomodar-se com o "*show*" que acontecia à parte. Já vira esses reencontros inúmeras vezes em minhas atividades dentro das casas espíritas.

— É sempre assim, não é, Célia? Quase todos os dias algum desencarnado reencontra-se com algum familiar ou amigo dentro das dependências de uma casa espírita...

Marlene, alheia ao que acontecia ao seu redor no plano espiritual, pôs-se a trabalhar. Guardou a bolsa e buscou uma grande jarra juntamente com um pacote de copinhos de café nas dependências da casa. Depois, abrindo um grande armário, retirou duas caixas, onde lia-se em uma encarnados e, na outra, desencarnados, colocando-as sobre uma grande mesa ao lado de várias canetas e blocos de papel. Após o início da palestra, encheu a jarra com água filtrada, organizou dezenas dos copinhos sobre a mesa e foi abastecendo-os, um a um.

Clarisse observava atentamente a mãe que, sozinha, trabalhava, e pôs-se a conversar com ela como se a mulher pudesse ouvi-la, contando-lhe sobre tudo o lhe acontecera desde que desencarnara. Por vezes, Marlene fazia-se pensativa, como a refletir sobre as palavras da filha.

Acabando seus afazeres imediatos, Marlene juntou-se rapidamente à plateia para assistir à palestra. Clarisse foi no encalço da mãe e sentou-se ao lado da mulher, colocando a mão sobre a da mãe, e vez por outra recostando a cabeça no ombro materno.

Clarisse, equilibradíssima, transbordava de amor filial. Acompanhando tudo, eu sorria de orelha a orelha junto de Alice.

— Parece que Clarisse voltou a ter três anos de idade. Só falta agora sentar-se no colo da mãe — disse Alice.

— Parece um milagre. Devia tê-la conhecido antes, não a reconheceria hoje.

Realmente, ela havia se modificado profundamente. E era isso que mais me alegrava. No momento de despedir-se, Clarisse quis acompanhar a mãe, mas não pôde. Chorando, seus grandes olhos verdes ficaram vermelhos e seus longos cabelos dourados estavam desgrenhados. Não mais aparentava aquela beleza óbvia de antes, a "fera" havia sido ferida pela emoção do reencontro com quem mais amava no mundo.

Despedindo-se da genitora, Clarisse veio até mim e deitou o rosto sobre meu pescoço e chorou descontroladamente como uma pequena e indefesa criança. Ela foi encaminhada para a sala de passes e a conduzimos a um estado inconsciente para que pudesse descansar. Estava exausta pela emoção que a consumiu imensamente.

Como convidada de Alice, resolvi aproveitar os estudos, que iniciariam à noite, enquanto minha abalada irmãzinha recompunha-se das desventuras vividas.

Horas depois, quando o sol despontava com seus primeiros raios, Clarisse acordou de um sono profundo. Era hora de irmos embora. A luz solar, dissipando as trevas da noite, convidava-nos a cruzar os céus.

Sentada no leito de minha irmãzinha, acariciei os cabelos de Clarisse. Ela ainda não havia perdido o ar de inocência no rosto. De certa forma, ainda lembrava a criança de outrora.

Ao despertar, ficou a me olhar meio constrangida, como se houvesse feito alguma traquinagem. Senti que o íntimo dela havia se modificado. Os artifícios da ironia e da crítica excessiva que se acostumou a utilizar no dia a dia apenas refletiam o amargor que estava vivendo.

Mostrando-se mais disposta agora, sentou-se na cama sorrindo e me abraçou.

— Obrigada, Célia. Muito obrigada! Nunca vou esquecer o que tem feito por mim. Você salvou minha alma. Não sei como agradecer, não mereço 1% do que faz por mim. Por que tem tanta paciência comigo?

— Porque é minha irmãzinha, e a amo.

Com lágrimas escorrendo pelo rosto, Clarisse abraçou-me mais uma vez como uma criança que busca consolo no regaço materno. "Ai de mim!", pensei. "Tão pequena e frágil tendo que consolar uma mulher desse tamanho, muito maior do que eu!". Mas, enfim, tendo cumprido meu papel, nos preparamos para as despedidas. Alice aguardava-nos quando saímos do quarto.

— Bom dia, Clarisse. Vejo que está muito melhor. Dormiu bem?

— Dormi como uma princesa de contos de fadas. Parece que nunca havia dormido tão profundamente.

— Ah, é o sono dos justos. Com a consciência tranquila, a "coisa" anda melhor, não é verdade? Aguardo você aqui de agora em diante. E, Célia, você é nossa convidada de honra. Nossas portas estarão sempre abertas para você.

De retorno à cidadela, fui pensando em Alice, esse grande espírito que nos recebeu tão bem. Tê-la conhecido e conquistado sua amizade significou muito para mim. No mundo maior, cada amizade era um porto seguro, um refúgio e um refrigério para a alma!

Nossa visita havia sido de grande valia, não apenas para Clarisse, mas para mim também, que aprendi muito junto às novas amizades que cativei.

Deixei minha irmãzinha às portas da escola Maria de Nazaré e parti para a colônia. Em poucos instantes, já estava em minha cama, enroscando-me entre os lençóis e buscando o sono reparador. Estava cansada, exaurida de tantas atividades. O trabalho me consumia cada dia mais, e sentia-me grata a Deus pelas oportunidades que me concedia. Sua misericórdia para com uma criminosa como eu era infinita, e deixei as lágrimas de gratidão correrem soltas antes de me desligar de tudo num sono profundo.

Nos dias que se seguiram, ensinei Clarisse a movimentar-se entre os planos, mostrando-lhe como chegar com destreza à casa espírita. Ocupando o tempo de maneira útil, ela adquiria oportunidades de elevação moral e, entendendo a gravidade de sua própria situação, passou a dedicar-se com esmero às atividades da casa espírita.

Como uma coisa leva à outra, para se tornar melhor trabalhadora, teve que voltar-se ao estudo das obras básicas de Allan Kardec, sem as quais seria como um barco à deriva, sem o leme para guiar o caminho dela. Assim, matriculou-se no grupo de estudo da própria casa, e, como também queria visitar o antigo lar, engajou-se em um dos grupos que faziam visitas a lares e instituições na Terra, de modo a aprender a locomover-se e portar-se entre os encarnados. Em poucos meses, seu progresso foi grandioso, e isso me encheu de alegria. Aquela menina, que apenas destacava-se pela beleza ímpar e as piadas irônicas, passou a destacar-se pela dedicação ao estudo e pela excelência do trabalho que realizava dentro da doutrina espírita.

E, tão envolvida fiquei em tantos acontecimentos que quase esqueci-me do importante caso de reencarnação que estava acompanhando, de um espírito que aprendi a amar apesar das adversidades: Tomas.

Quando Keila me sacudiu na cama, certa manhã, dizendo que ele havia sido ligado ao corpo físico, quase não acreditei. Eu me arrumei rapidamente e, em segundos, estávamos no Departamento de Planejamento das Reencarnações solicitando uma visita à futura trabalhadora da mediunidade.

Fomos muito bem recebidas pela entidade veneranda, responsável por Tomas. Ao vê-lo, ainda inconsciente, já conseguia enxergar o fio de prata tenuíssimo que o ligava ao feto. Nos próximos meses, seria "absorvido" por seu corpo material e seu perispírito adquiriria uma nova roupagem, dessa vez, feminina.

Através desse novo corpo, a justiça divina se cumpriria, permitindo que Tomas restaurasse os danos causados em eras passadas, contribuindo para o progresso dele e de tantos outros espíritos que sofreram sob seu jugo.

Nesse ínterim, tive que me acostumar a chamar Tomas por outro nome: Felícia. Seria essa a nova identidade desse espírito, que nasceria em berço espírita, apresentando desde jovem poderosa mediunidade. Os fenômenos que acompanhariam Felícia mobilizariam seus pais mais e mais a se tornarem frequentadores assíduos do centro e trabalhadores dedicados na lide espírita.

Nasceria ali mais uma companheira para as tarefas de desobsessão que, servindo de ponte entre os mundos, auxiliaria na conversão de inúmeros espíritos à causa do Cristo, muitos deles suas vítimas de outrora ou comparsas em situação semelhante a que estivera anos atrás.

Se, do ponto de vista espiritual tudo corria muito bem, do ponto de vista material, não poderia estar melhor. A futura mãe de Felícia estava radiante com a notícia de que estava grávida novamente. Nova esperança enchia seu coração, após a decepção da última gestação. A boa sintonia que havia entre ela e sua nova filha refletia em seu perispírito, revitalizando-o e fazendo com que aquela jovem parecesse ainda mais bela, disposta e sem os enjoos característicos do início da gravidez. Ela mesma dizia várias vezes que nem parecia estar grávida.

E, como Felícia apresentaria forte mediunidade, desde cedo, a começar pela clariaudiência, que depois evoluiria para a psicofonia quando estivesse na adolescência, a jovem mamãe passou a partilhar momentaneamente da sensibilidade mediúnica desse espírito. Assim, tinha vários sonhos premonitórios, onde se via brincando com a filha, cercada por anjos luminosos. Esses sonhos faziam-lhe muito bem e fortaleciam sua fé, mesmo sem entender-lhes muito bem o significado.

Às vezes, via a filha adolescente, como a comandar extensa legião de seres, que se enfileiravam segundo suas ordens, quando, então, buscava nos livros e na oração as chaves para interpretar tais visões, entendendo, por fim, que talvez sua filha tivesse uma importante tarefa na Terra. Mal sabia ela o quanto estava correta.

Felícia nasceu durante a primavera de 1980. Forte e robusta, o parto foi rápido e indolor, sendo a mãe totalmente auxiliada por uma experiente equipe espiritual.

Acompanhando tudo de perto, Keila e eu nos derramamos em lágrimas quando ouvimos o primeiro choro daquela linda bebezinha de olhos cor de mel que, notando nossa presença, fitava-nos sem entender quem seriam essas jovens que lhe sorriam encantadas.

Desmantelado o exército de Helm, sabíamos que Felícia iria desfrutar de certa paz no que dizia respeito às suas companhias espirituais. Mas, na adolescência, suas tendências se manifestariam e seus conflitos viriam à tona, facilitando que, aqueles que foram suas vítimas no passado e que ainda lhe cultivassem o ódio e o rancor, lhe procurassem. Manifestariam-se nela, então, os primeiros sinais de psicofonia, que levariam Felícia aos trabalhos de desobsessão para quebrar os círculos viciosos, que se formavam entre vítima e algoz, libertando todos esses espíritos das algemas da vingança.

Era um excelente plano de vida, e rogávamos a Deus que tudo desse certo. Para mim, era uma nova experiência que via realizar no laboratório da vida, sabendo que dali a quinze ou vinte anos, reencontraria os ex-combatentes de Helm que, ainda sequiosos por vingança, sucumbiriam ante o choque anímico ao reencontrarem-se com seu antigo algoz na figura de Felícia, que ofertaria a eles nova oportunidade de vida.

Pacientemente, a justiça divina aguardava para ser cumprida. Será que, se esses espíritos rebeldes pudessem vislumbrar seu futuro, da forma como o víamos, já não mudariam sua maneira de pensar logo de imediato, poupando a todos e, principalmente, a eles mesmos décadas de espera inútil? Infelizmente existiam situações que só o tempo era capaz de solucionar.

E, para mim, que ainda passaria muitas décadas no Mundo Maior, ter recebido a permissão de acompanhar a vida e a obra de Felícia, como uma amiga e protetora desencarnada, foi a maior dádiva que jamais pensei merecer um dia.

CONHEÇA OS GRANDES SUCESSOS DE

GASPARETTO

E MUDE SUA MANEIRA DE PENSAR!

Atitude
Afirme e faça acontecer
Conserto para uma alma só
Faça da certo
Gasparetto responde
Para viver sem sofrer
Prosperidade profissional
Revelação da luz e das sombras
Se ligue em você
Segredos da prosperidade
O corpo – Seu bicho inteligente

Livros infantis

A vaidade da Lolita
Se ligue em você 1
Se ligue em você 2
Se ligue em você 3

Coleção Metafísica da saúde

Vol. 1 – Sistemas respiratório e digestivo
Vol. 2 – Sistemas circulatório, urinário e reprodutor
Vol. 3 – Sistemas endócrino e muscular
Vol. 4 – Sistema nervoso
Vol. 5 – Sistemas ósseo e articular

Coleção Amplitude

Vol. 1 – Você está onde se põe
Vol. 2 – Você é seu carro
Vol. 3 – A vida lhe trata como você se trata
Vol. 4 – A coragem de se ver

Coleção Calunga

Calunga – Um dedinho de prosa
Calunga – Tudo pelo melhor
Calunga – Fique com a luz...
Calunga – Verdades do espírito
Calunga – O melhor da vida
Calunga revela as leis da vida
Fazendo acontecer! Calunga

Saiba mais: www.gasparetto.com.br

GRANDES SUCESSOS DE
ZIBIA GASPARETTO

Com 18 milhões de títulos vendidos, a autora tem contribuído para o fortalecimento da literatura espiritualista no mercado editorial e para a popularização da espiritualidade. Conheça os sucessos da escritora.

Romances
pelo espírito Lucius

A verdade de cada um
A vida sabe o que faz
Ela confiou na vida
Entre o amor e a guerra
Esmeralda
Espinhos do tempo
Laços eternos
Nada é por acaso
Ninguém é de ninguém
O advogado de Deus
O amanhã a Deus pertence
O amor venceu
O encontro inesperado
O fio do destino
O poder da escolha
O matuto
O morro das ilusões
Onde está Teresa?
Pelas portas do coração
Quando a vida escolhe
Quando chega a hora
Quando é preciso voltar
Se abrindo pra vida
Sem medo de viver
Só o amor consegue
Somos todos inocentes
Tudo tem seu preço
Tudo valeu a pena
Um amor de verdade
Vencendo o passado

Crônicas

A hora é agora!
Bate-papo com o Além
Contos do dia a dia
Pare de sofrer
Pedaços do cotidiano

O mundo em que eu vivo
O repórter do outro mundo
Voltas que a vida dá
Você sempre ganha!

Coleção – Zibia Gasparetto no teatro

Esmeralda
Laços eternos
Ninguém é de ninguém

O advogado de Deus
O amor venceu
O matuto

Outras categorias

Conversando Contigo!
Eles continuam entre nós vol. 1
Eles continuam entre nós vol. 2
Eu comigo!
Em busca de respostas
Grandes frases
Momentos de inspiração

O poder da vida
Pensamentos vol. 1
Pensamentos vol. 2
Recados de Zibia Gasparetto
Reflexões diárias
Vá em frente!

Sucessos
Editora Vida & Consciência

Amadeu Ribeiro

A herança
A visita da verdade
Juntos na eternidade
O amor não tem limites
O amor nunca diz adeus
O preço da conquista
Reencontros
Segredos que a vida oculta vol.1
A beleza e seus mistérios vol.2
Amores escondidos vol. 3

Ana Cristina Vargas
pelos espíritos Layla e José Antônio

A morte é uma farsa
Além das palavras
Almas de aço
Em busca de uma nova vida
Em tempos de liberdade
Encontrando a paz
Escravo da ilusão
Ídolos de barro
Intensa como o mar
Loucuras da alma
O bispo
O quarto crescente
Sinfonia da alma

André Ariel

Além do proibido
Em um mar de emoções
Eu sou assim
Surpresas da vida

Carlos Henrique de Oliveira

Ninguém foge da vida
Tudo é possível

Carlos Torres

A mão amiga
Passageiros da eternidade
Querido Joseph (pelos espírito Jon)
Uma razão para viver

Cristina Cimminiello
A voz do coração (pelo espírito Lauro)
As joias de Rovena (pelo espírito Amira)
O segredo do anjo de pedra (pelo espírito Amadeu)

Eduardo França
A escolha
A força do perdão
Do fundo do coração
Enfim, a felicidade
Vestindo a verdade
Vidas entrelaçadas

Evaldo Ribeiro
Aprendendo a receber
Eu creio em mim
O amor abre todas as portas (pelo espírito Maruna Martins)

Floriano Serra
A grande mudança
A outra face
Amar é para sempre
Ninguém tira o que é seu
Nunca é tarde
O mistério do reencontro
Quando menos se espera...

Gilvanize Balbino
De volta pra vida (pelo espírito Saul)
Horizonte das cotovias (pelo espírito Ferdinando)
O homem que viveu demais (pelo espírito Pedro)
O símbolo da vida (pelos espíritos Ferdinando e Bernard)
Salmos de redenção (pelo espírito Ferdinando)

Jeaney Calabria
Uma nova chance (pelo espírito Benedito)

Juliano Fagundes
O símbolo da felicidade (pelo espírito Aires)
Nos bastidores da alma (pelo espírito Célia)

Lucimara Gallicia
pelo espírito Moacyr

O que faço de mim?
Sem medo do amanhã
Ao encontro do destino

Marcelo Cezar
pelo espírito Marco Aurélio

Acorde pra vida!	O preço da paz
A última chance	O próximo passo
A vida sempre vence	O que importa é o amor
Coragem para viver	Para sempre comigo
Ela só queria casar...	Só Deus sabe
Medo de amar	Treze almas
Nada é como parece	Tudo tem um porquê
Nunca estamos sós	Um sopro de ternura
O amor é para os fortes	Você faz o amanhã

Maura de Albanesi
pelo espírito Joseph

O guardião do Sétimo Portal
Coleção Tô a fim

Maurício de Castro
pelo espírito Hermes

Caminhos cruzados

Meire Campezzi Marques
pelo espírito Thomas

A felicidade é uma escolha
Cada um é o que é
Na vida ninguém perde
Uma promessa além da vida

Mônica de Castro
pelo espírito Leonel

- A força do destino
- A atriz
- Apesar de tudo...
- Até que a vida os separe
- Com o amor não se brinca
- De bem com a vida
- De frente com a verdade
- De todo o meu ser
- Desejo – Até onde ele pode te levar? (pelos espíritos Daniela e Leonel)
- Gêmeas
- Giselle – A amante do inquisidor
- Greta
- Impulsos do coração
- Jurema das matas
- Lembranças que o vento traz
- O preço de ser diferente
- Segredos da alma
- Sentindo na própria pele
- Só por amor
- Uma história de ontem
- Virando o jogo

Rose Elizabeth Mello

- Como esquecer
- Desafiando o destino
- Livres para recomeçar
- Os amores de uma vida
- Verdadeiros Laços

Sérgio Chimatti
pelo espírito Anele

- Ecos do passado
- Lado a lado
- Os protegidos
- Um amor de quatro patas

Thiago Trindade

- As portas do tempo (pelo espírito Joaquim)

Conheça mais sobre espiritualidade com outros sucessos.

vidaeconsciencia.com.br   /vidaeconsciencia   @vidaeconsciencia

O símbolo da felicidade

Você tem sonhos recorrentes e se pergunta, muitas vezes, o que eles querem lhe mostrar?

Conheça a história de Helena, uma jovem bela e temperamental, empresária de sucesso, que, aos olhos de Marília, mãe da moça, leva uma vida intensa e pontuada de excessos. Preocupada, a senhora roga à espiritualidade que auxilie a filha a fazer boas escolhas.

Neste romance, você certamente descobrirá muitos pontos em comum com a protagonista e como ela aprenderá a adquirir bons hábitos e a manter os pensamentos elevados para a conquista de uma vida equilibrada.

Este e outros sucessos, você encontra nas livrarias e em nossa loja:

www.vidaeconsciencia.com.br/lojavirtual

Rua Agostinho Gomes, 2.312 — SP
55 11 3577-3200

contato@vidaeconsciencia.com.br
www.vidaeconsciencia.com.br